비판사회이론: 경제학 비판

비판사회학 강의 1

비판사회이론

: 경제학 비판

Critical Social Theory

비판사회학회 엮음

백승욱 · 김주환 · 김성윤 · 조은주 · 김주호 지음

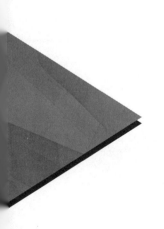

한울
아카데미

발간사

비판사회학 강의 시리즈를 발간하며

비판사회학회는 1984년 설립 이후 지난 40여 년간 현대 사회의 비판적 이해를 위한 학문적·실천적 노력에 많은 힘을 기울여 왔습니다. 현대 사회에 대한 비판적 관점을 발전시키고 공유하기 위한 연구자들의 모임을 지속해 왔으며 새로운 사회적 쟁점을 분석하고 해결하기 위한 이론적 관점을 찾기 위한 노력도 지속해 왔습니다.

비판사회학회는 학회 구성원들이 연구하고 토론한 성과를 관심 있는 분들과 공유하기 위한 교육과 강연 활동 또한 중요하게 여기고 있습니다. 이런 취지에서 2021년부터 매년 하계에 비판사회학교를 열어 중요한 주제들에 대한 연속 강연회를 개최하고 있습니다.

비판사회학회에서는 이 비판사회학교 강의 성과를 '비판사회학 강의' 시리즈로 계속 발간할 계획입니다. 2021년 첫해 비판사회학교에서 강의한 성과가 이번에 『비판사회이론: 경제학 비판』과 『세계화와 사회변동』 두 권의 교재로 발간되며, 이후에도 비판사회학교의 성과를 후속 발간할 계획입니다.

이 강의 교재가 사회학 전공자뿐 아니라 현대 사회에 대해 비판적 관점에서 성찰해 보고자 하는 많은 분들께도 도움 되기를 기대합니다.

2022년 6월

비판사회학회 운영위원회

비판사회이론: 경제학 비판이라는 질문

비판사회학회가 주최한 이번 비판사회학교는 '비판사회이론'을 중요한 주제로 다루어볼 것입니다. 우리가 비판에 특별한 의미를 부여하는 것은 현실을 자명하고 당연하게 보지 않고, 분석적으로 뒤집어 보고, 달리 보고, 그리고 지금까지 이르게 된 뿌리를 좀 찾아보자는 데 강조점을 두기 위한 것입니다. 이런 고민을 통해 더 나은 세상을 열어가기 위한 모색을 함께해 갈 수가 있을 것입니다. 이번 강의를 수강하시는 분들은 하나의 답을 찾기보다는 문제를 분석하기 위해 서로 다른 생각의 방식들이 어떻게 전개될 수 있는지에 좀더 관심을 기울이면 좋겠습니다. 사회이론을 배울 때 많은 사람들이 그 이론가가 무엇이라 생각했는지만 외우는 데 그치고 마는 경우가 많지만, 더 중요한 것은 그 이론가가 왜 그런 방식으로 생각했는지, 어떤 방식으로 자신의 논점을 전개해 갔는지를 한 걸음 한 걸음 따라가 보는 일일 것입니다.

이번 강의에서 여러분은 마르크스는 뭐라고 말했는지 뒤르켐은 뭐라고 말하고 베버는 뭐라고 말했는지를 아는 것이 중요한 것이 아니라, 그 사상가들이 무엇을 공박(攻駁)하기 위해서 어떤 방식의 논지를 펴갔는지, 어떤 개념들을 사용했고 그 개념은 무엇을 말할 수 있으며 또 무엇을 말할 수 없는지, 이렇게 논지를 펴감으로써 어떤 새로운 지식을 제공할 수 있는지를 살펴보는 데 초점을 맞춰주면 좋겠습니다. 고전사회학의 대표적 사상가로 마르크스, 뒤르켐, 베버를 거론하는 경우가 많고, 거의 모든 사회학과에서 이들의 주장을 간단하게 가르치긴 하지만 이들의 사상을 당시의 시대 상황이나 논쟁 구도를 통해 공부해 볼 기회는 많지 않습니다. '뒤르켐은 유기적 연대와 아노미, 베버는 자본주의 정신과 이념형, 마르크스는 계급과 소외'와 같은 식으로 이런 몇 개의 단어만 기억하고 마치는 경우도 많은 것 같습니다. 100년도 더 된 사람들을 지금 불러내서 우리가 다시 공부하는 이유는, 그 오래된 이야기의 먼지를 털어 다시 한 번 들여다보자는 것이 아니라 그 시기 이들이 처한 지적 도전 상황을 우리도 비슷하게 경험해 보고 그 사상가들의 사유 방식에 한번 젖어 들어가 보면서, 19세기 말 20세기 초라는 세기말적인 혼란기이자 격변기에 이들이 대체 어떤 사회변동을 인식하고 거기에 이론적으로 개입하기 위해 어떤 사고를 했는지 자기만의 방식으로 체험을 해보자는 것입니다. 이 고전사회학을 공부해서 바로 자기가 쓸 논문에 적용하는 것은 불가능하겠지만, 이들의 사유 방식에 젖어 들어본 후에 스스로 자기 나름의 사고하는 법을 세워가는 데는 큰 도움이 될 수 있을 것입니다.

2021년 비판사회학교를 여는 비판사회이론 과목의 주제는 '경제학 비판'입니다. 이번 강의는 이 '경제학 비판'이라는 주제로 5명의 사회학 이론가들을 다룰 예정인데요, 각 사상가가 경제학 또는 경제에 대한 지배적 사고를 어떻게 비판하는지, 그리고 경제를 독립적·자기조정적으로 보는 사고를 비판하면서 각자 자기 나름의 대안적 주장을 어떻게 전개하는지 검토함으로써 비판사회학의 여러 가지 자원들을 찾아볼 수 있을 것입니다. 경제학 비판은 우리가 자본주의라고 부르는 대상에 대한 비판적 접근이기도 합니다. 이 자본주의라는 현실에 대해서 경제학도 나름의 설명을 하지만, 경제학의 그 설명 방식이 왜 문제가 되고 있는지, 무엇이 비어 있는지, 사회학은 이들에 대해서 어떤 비판을 하려고 했었는지, 그게 왜 19세기 말 고전사회학 출현기에 중요했는지, 이런 질문을 따라가 보려는 것이 이 과목의 목표입니다.

우리는 경제를 무시할 수 없는 세계에 살고 있고 그 경제라는 현실을 설명하는 '경제학'적 사유의 헤게모니를 벗어나는 것이 쉽지 않겠지만, 왜 비판적 사고를 통해 그 한계를 넘어서야 하는지를 살펴볼 것입니다. 고전사회학이 다루는 많은 주제 중에서도 경제학 비판이라는 주제를 가지고 고전사회학의 질문을 재검토해 봄으로써 우리는 현재에도 고전사회학이 지니는 중요한 함의를 잘 이해해 볼 수 있을 것입니다.

고전사회학과 경제학 비판: 사회란 무엇인가

고전사회학자들에게 경제학 비판이 왜 중요했는지부터 같이 생각해 보도록 합시다. 왜 사회학자들은 뒤르켐, 베버, 마르크스 세 명을 고전사회학의 중심인물로 삼는 것일까요. 여기에는 19세기 말의 상황과 연결된 경제학 비판이라는 질문이 있습니다. 사회학사를 배울 때 오귀스트 콩트나 허버트 스펜서에 대해서 간략히 언급하는 경우가 있지만, 대체로 고전사회학에 앞선 콩트나 스펜서를 중시하는 경우는 많지 않습니다. 그 이유는 무엇일까요? 스펜서를 한번 살펴보면 알 수 있습니다. 사회학에 왜곡되어 수용된 진화론인 '사회진화론(사회 다윈주의)'이라는 관점을 세운 인물이 영국 학자인 허버트 스펜서인데, 그는 '자연적 질서가 사회에도 적용되고 있는데, 그 사회에서 작동하는 자연적 질서란 자기 작동하는 경제적 질서인 시장 경제의 조화로운 질서를 의미한다'고 보았습니다. 손대지 않더라도 사회는 경제와 마찬가지로 잘 진화해 간다는 생각이 사회진화론의 바탕에 깔려 있었던 것이죠. 그런데 1870년대 이후 유럽 전체가 심각한 경제 불황을 맞으면서 사회적인 동요가 발생합니다. 이런 복잡한 문제를 자유방임의 신화에 서 있는 경제학이나 사회진화론으로는 해결하기가 어려워졌습니다. 그리고 무언가 비어 있는 부분, 경제학이 해결하지 못하는 부분에 대한 도전이 발생합니다. 20세기 초반에 보수적인 사회학의 체계를 세운 탤컷 파슨스 같은 사람은 "누가 아직도 스펜서를 읽는가"라는 질문을 던지면서 자기 입론(立論)을 세우는데,

스펜서를 거부할 수밖에 없다는 이 비판점은 모든 고전사회학자의 출발점이라고도 할 수 있습니다. 이런 새로운 문제의식의 등장이 '경제학 비판'과 연관되는데, 몇 가지 측면을 살펴보도록 합시다.

첫 번째로 경제가 모든 나라의 현실을 균질적으로 만드는 것이 아니라, 국가별로 직면한 과제가 상이해지고 있다는 문제가 드러납니다. 특히 후발 주자인 독일의 경우 선두 주자 영국과는 다른 경제의 특성을 보였는데, 영국을 따라잡고자 하는 독일 경제의 시도는 여러 한계에 부딪히고 또 영국과의 갈등을 낳게 됩니다. 그렇다면 여기서 경제라는 보편적 주제를 다루면서도 '독일적 특성'을 어떻게 설명할까가 문제가 됩니다. 경제라는 현실을 다루더라도 나라마다 작동 방식이 다르게 나타나는 문화적·역사적 배경과 조건의 차이가 중요한 분석 과제가 되는 것입니다. 독일 사례를 분석할 때 막스 베버가 보여주듯, 도덕경제나 문화과학에 대한 관심이 등장하는 것이 그 예입니다.

두 번째로 '사회문제'가 중요한 현안이 됩니다. 공동체가 해체되고, 자본주의의 모순이 부각되고, 노동자 계급이 형성되면서 파업도 늘어나고 실업자도 만연하는 변화들과 함께 '위험계급'이라 불리는 집단이 출현해 기존 질서에 도전하고 그에 따라 사회의 안정이 흔들리는 상황이 발생하는데, 경제학의 낙관주의처럼 시장에 맡겨둔다고 이러한 사회문제가 해결되지는 않습니다. 그래서 비스마르크 이후 독일에서는 사회정책학회가 등장해 이른바 '사회국가/복지국가'라는 구도하에서 사회문제를 해결하려 시도하기도 합니다. 뒤르켐이 유기적 연대와 아노미에 관한 질문을 제기하고, 마르크스가 본격적으로 자본주의의 구조와 위기에 대한 분석을 제기하는 것도 이 맥락에 따른 일입니다. 즉, 경제학 비판은 근대 자본주의가 불가피하게 낳는 위기구조에 대한 질문이라고 할 수 있습니다.

세 번째로 근대 사회가 안고 있는 복합적 위기 구조의 특성에 대한 진단과 처방이 필요해집니다. 위에서 언급한 노동 문제 외에도 식민지 문제, 전쟁 문제, 민족 동일성 문제 등 다양한 쟁점이 불거져 나오고 사회의 통합력이 약화되는 상황이 출현하는데, 여기서도 경제학의 시장 낙관주의는 적절한 답을 주지 못합니다.

이런 맥락에 따라 스펜서의 사회진화론 같은 기존의 입장을 비판하면서, '경제'의 논리와 구분되는 '사회적인 것'에 대한 질문이 본격적으로 제기되기 시작했다고 할 수 있습니다. 이 시기 '사회적인 것'에 대한 접근을 크게 세 가지 상이한 방식으로 유형화해 볼 수 있겠고, 뒤르켐, 베버, 마르크스는 각 접근법을 대표한다고 할 수 있습니다.

뒤르켐

세 고전사회학자 중 첫 번째로 에밀 뒤르켐(Émile Durkheim)의 경제학 비판의 질문을 살펴보도록 합시다. 잘 알다시피 뒤르켐은 '사회적 사실'에서 출발하며, 이를 물리학적 사실이나 경제학적 사실과는 구분합니다. 경제학을 통해 설명할 수 있는 사실과는 구분되는 사회적 사실이 있는 것입니다. 가치나 규범 같은 것을 말하지요. '사회는 어떻게 개인들 사이의 결합에 의해 유지될 수 있는지'가 그가 던지는 질문의 핵심이고, 사회적 연대가 핵심 개념이 된다는 것을 우리는 잘 알고 있습니다. 뒤르켐이 분업에 대한 관심을 많이 표명하는 것 같지만, 사회 분업이 어떻게 출현하고 경제적으로 어떻게 작동하는지를 설명하는 것은 경제학자의 과제이지 사회학자의 과제는 아닙니다. 사회학자들의 과제는 그 분업이 연대의 측면에 어떤 영향을 주었는가를 살펴보는 것입니다. 그렇다면 우리는 뒤르켐의 '사회적인 것'의 구도를 **경제 외부의 자율성의 공간**이라고 규정할 수 있습니다.

경제가 자율적 영역으로 있는 것처럼 경제 외부의 사회 또한 자율적 영역으로 존재해야 한다는 생각이죠. 여기서 자율적인 경제와 자율적인 사회 사이에는 어떤 외적 연관성이 존재해야 합니다. 현대 사회란 분화가 진행되고 분업이 세밀해지는 사회를 말하는 것이고, 그 분업에 따라서 변화한 경제 구조에 대해 사회는 적합한 가치와 규범을 만들어내야 하는 과제를 갖고 있습니다. 뒤르켐은 과거의 경제 구조에 적합한 사회의 가치 규범 체계를 '기계적 연대'라 하고, 19세기 말의 변화한 사회와 그 이질적인 사회를 묶어내는 가치와 규범은 '유기적 연대'라고 부르는데, 변화한 분업 상황에 적절하게 적응하는 유기적 연대가 등장하지 못한다면 사회적 위기가 불가피하다는 사고라고 할 수 있습니다. 뒤르켐에게 사회는 경제와 분리되어 자율성을 가지는 영역입니다. 경제와 사회의 관계가 조화롭게 가느냐, 조화롭게 가지 못하느냐에 따라서 아노미가 발생할 수도 있고 다른 여러 가지 통합의 위기가 발생할 수도 있습니다. 경제와 사회는 외면적인 **적응** 관계에 있는데, 사회 변화의 원인은 경제에 있고 사회는 경제의 변화에 적응하는 관계라고 정리될 수 있을 것입니다. 이런 사고가 사회학에서 '사회적인 것'을 다루는 가장 일반적 사고라고 할 수 있습니다.

이런 구상의 장점은 사회를 독립적인 공간으로 분리해 연구의 대상으로 삼을 수 있다는 것입니다. 반대로 단점은 경제학을 비판하긴 하지만 경제학의 전제 자체를 비판하는 건 아니고, 경제학이 하지 못하는 것을 별도로 사회학이 독립된 주제로 다루는 범위 내에서만 경제학을 비판한다는 점입니다. 이렇게 한정된 범위 안에서 경제학을 비판하는 뒤르켐의 방식은 마르크스의 정치경제학 비판과는 상이하게, '반(反)경제학적' 지향을 보인다고도 할 수 있습니다. 사회학의 과제는 경제학이 아닌 것을 탐구한다는 것입니다. 이처럼 경제학과 사회학은 다른 길을 추구한다는 입장이기 때문에 뒤르켐은 은연중에 근대 경제학의 전제들을 상당히 받아들이기도 하는데, 그런 점에서 자유주의이긴 하지만 내적 비판을 진행한다는 점에서 사회자유주의 (social liberalism)라는 평가를 받게 됩니다. 그의 연대이론의 바탕에 공화주의적 지향이 있던 것도 이런 배경 때문이었습니다.

두 번째 고전사회학자로 막스 베버(Max Weber)를 살펴보겠습니다. 베버는 경제학자이자, 법학자이자, 사회학자이자, 정치학자이기도 한 다면적 모습을 지녔고 각 측면에 따라 상이한 학문적인 업적을 남겼습니다. 베버가 스스로 사회학자로서 저술을 할 때는 사회학의 의미를 '제도를 구성하는 사회적 행위를 연구'한다는 것으로 엄밀하게 한정했습니다. 예를 들어 앞에서 본 것처럼 독일 경제를 연구한다고 할 때, 사회학적 접근의 함의는 영국 경제가 작동하는 제도적 특성과 독일 경제가 작동하는 제도적 특성이 어떻게 다른지를 탐구하는 것이 됩니다. 독일 경제는 어떻게 보면 '보이는 손'과 국가가 개입하는 형태의 경제로 나타나고, 귀족 세력인 융커(Junker)도 중요합니다. 이런 특징들이 비스마르크의 독일 통일 과정에서 중요하게 부각됩니다. 후발국가라는 조건 때문에 말이죠. 이런 차이에 대해 단지 선진성과 낙후성이라는 진화론적 구도에서 이해하는 것이 아니라, 문화적인 맥락의 차이로 보게 된다면 우리는 상이한 결론을 얻게 됩니다. 경제 현상을 연구할 때 중요한 것은 문화적 차이를 밝히는 것이고, 문화적 차이를 밝히려면 경제 활동의 기초를 이루는 행위의 특성을 고찰해야 합니다. 여기에 베버의 접근이 지닌 특징이 있습니다.

독일 경제의 특성이 왜 달라지는가 하면, 독일 경제라는 제도를 구성하는 개인들의 행위가 갖는 문화적 지향이 상이하게 나타나기 때문입니다. 베버는 경제 외부에 있는 자율적인 사회 영역을 연구하고자 한 것이 아니라, 이 '경제'라는 제도를 구성하고 있는 하나하나의 행위가 갖는 지향성을 연구하고자 했습니다. 이 행위가 바로 사회적 행위죠. 베버는 행위와 사회적 행위를 구분하는데, 사회적 행위는 '타인을 지향하는 행위'를 말합니다. 이런 사회적 행위들이 묶어서 특정한 방식의 제도를 구성한다고 할 수 있겠죠. 경제라는 제도도 있을 수 있겠고요. 법이라는 제도 또한 있을 수 있는데, 경제라는 제도를 구성하는 개인들의 행위는 법이라는 제도를 구성하는 행위와는 지향성이 다르면서도 더 넓은 맥락에서는 유사한 일관성을 보일 수도 있습니다. 베버에게 사회적인 것은 **사회 제도를 구성하는 행위기초**라고 할 수 있습니다. 사회학은 여러 제도를 구성하는 행위의 기초가 어떤 특성을 갖는지 연구하는 것이라고 할 수 있는데, 경제학자들은 경제 제도를 보편성의 맥락에서만 이해하지 '사회적 맥락'에서 이해하지는 못한다고 할 수 있을 것입니다.

이런 사회적 행위의 분석은 이후 독일 사회학에 큰 영향을 주었는데, 현대 사회학자인 위르겐 하버마스(Jürgen Habermas)에게까지 이어진 오래된 학문적 전통이라고 할 수 있습니다. 이 접근 역시 경제학 비판의 함의를 지닙니다. 여기서 사회학은 경제를 구성하는 구성적 기초를 분석하는 학문으로 이해되고, 경제학이 균질적으로 보는 사회들의 이질적인 문화적 특성을 밝히고자 하는 것을 알 수 있습니다. 이런 점에서 베버의 경제학 비판 또한 뒤르켐의 경제학 비판과 비슷하게 제한적 조건하에서의 경제학 비판이라고 할 수 있습니다. 베버와 경제학의 관계를 살필 때, 한편에서는 경제학을 비판하지만 다른 한쪽 측면에서는 다시 경제학의 전제들을 수용하는 경향이 확인되는 것이 바로 이런 이유 때문입니다. 베버는 당시에 오스트리아로부터 시작된 '한계효용 혁명'이라고 하는, 경제학에서 신고전파의 전제가 되는 행위의 논리를 수용합니다. 개인들이 추가적 행위에 대한 효용이 증가하느냐 증가하지 않느냐를 판단하고, 그걸 가지고 특정한 행위, 투자나 소비를 하거나 혹은 하지 않는다는 논점이죠. 여기서 경제학의 기초로서 '심리적인 효용'이라고 하는 논점이 출현하는데, 이렇게 '합리적으로 판단하고 계산하는 개인'이라는 행위 특성을 베버는 한계효용학파와 공유하고 있는 측면이 있습니다. 물론 베버는 개인이 자신의 이득을 극대화하기 위해 노력하는 계산적 행위를 '목적합리적 행위'라고 부르며 여러 행위의 한 유형으로 분류하긴 했지만, 이 논점은 근대적 행위 전반으로 확장되는 경향을 가지고 있고, 그런 점에서 베버는 신고전파 이론가들과 동일한 행위이론적 기초를 가지고 있다고 말할 수 있습니다.

그렇지만 모든 면에서 개인의 행위에 이렇게 계산된 행위들만 나타나는 것은 아니라고 베버가 말했다는 점도 강조해 두는 것이 중요합니다. 베버에게는 다른 한편에서 목적합리적 행위와 구분되는 '가치 합리적 행위'도 있고, 합리적 행위와 구분되는 '전통적 행위'나 '감정적 행위'도 있습니다. 그래서 경제학과 어떤 면에서는 기초를 공유하기도 하지만, 다른 한편에서는 경제학으로부터 벗어나 특정 제도들이 등장하는 맥락 속에서 행위들이 얼마나 상이한 문화적 지향성을 갖는지, 그에 따라서 얼마나 상이한 문화적 제도들을 만들어내는지를 분석하려고 하게 되겠죠. 그래서 베버에게는 해석과 이해가 중요하고, 사회적 행위가 중요하며, 의미 연관이 중요하고, 이것들을 특정한 이념형으로 만들어서 모델을 만드는 게 중요합니다. 이렇게 경제학자들이 뭔가 분석하려고 하는 것에서 더 근본적으로 들어가, 그 기초에 붙어 있는 행위의 문화적 특성이 무엇인가를 봐야 된다면서 경제학을 비판하는 접근을 우리는 '베버적 접근'이라고 이해할 수 있습니다.

마르크스

세 번째 고전사회학자인 카를 마르크스(Karl Marx)를 이해해 보기로 합시다. 사회적인 것에 대한 관심사에서 마르크스는 앞의 두 사회학자와는 상당히 다른 접근을 하고 있습니다. 마르크스는 그의 주저인 『자본』에 '정치경제학 비판'이라는 부제목을 달았을 만큼 의식적으로 경제학 비판 작업을 중시했습니다. 그의 경제학 비판 작업의 관점은, 경제라고 부르는 것을 바로 '사회'라고 본다는 것입니다. 이 관점은 다시 말해 '사회'는 경제와 다른 독립된 별도의 장소가 아니라 어찌 보면 경제 그 자체이고 경제라는 방식으로 작동한다고 할 수 있는데, 문제는 경제학자들이 사회를 오직 편협한 '경제학'의 시각에서 바라보기 때문에 그 동역학(動力學)을 파악하지 못한다는 것에 대한 비판이라고 할 수 있습니다. 경제라는 구조가 어떻게 작동 가능한지, 여기서 왜 위기가 발생하는지, 때로 적대가 출현하는 이유가 무엇인지 기존의 경제학자들은 이해할 수 없는 것입니다. 마르크스의 경제학 비판은 경제 외부의 자율적 영역으로서 사회를 연구하는 것도, 경제 제도의 기초를 이루는 행위의 특징을 연구하는 것도 아닙니다. 그의 비판은 이런 우회 대신 경제학과 정면 대결을 벌이는 비판이라고 할 수 있습니다. 경제학의 전제부터 결론까지 전면적인 분석을 거쳐 그 논리를 해체하고, 경제학적 서술이 실패할 수밖에 없는 이유, 논리적·현실적 궁지를 밝혀내는 것이 과제가 됩니다. 경제학자들은 사회적인 것이 무엇인지 모르기 때문에 실패할 수밖에 없다는 것이죠.

마르크스가 이야기하는 사회적인 것은 '계급으로 분열된 경제'라고도 부를 수 있습니다. 자본주의라는 특성을 지닌 경제체계는 사실 계급으로 분할된 사회적 관계 위에 서 있고, 이 사회적 관계는 적대와 모순으로 가득 차 있는 것이며, 경제가 작동하는 것은 자동적인 어떤 기계 장치가 저절로 돌아가는 것이 아니라 사회의 여러 적대와 모순들이 계속 재생산되고 억압되고 관리되면서 비로소 작동한다는 주장입니다.

그래서 경제학자들이 보기에 마르크스는 너무 사회학적일 수 있고, 사회학자들이 보기에 마르크스는 너무 경제학적일 수 있습니다. 경제적인 것과 사회적인 것 사이에 넘을 수 없는 분할선을 긋는 것을 거부하니까요. 경제학을 비판하면서 마르크스는 경제학자들이 보지 못하는 것을 드러내려면 경제학자들이 쓰는 개념과는 다른 개념을 가지고 이 현상을 분석해야 된다는 '입장'을 취합니다. 그런 점에서 마르크스의 연구 대상은 경제학자들이 말하는 연구 대상과 동일한 개념적 대상이라 할 수 없습니다. 그래서 마르크스는 자신의 연구 대상에 '자본주의 생산양식'이라는 새로운 이름을 붙이고, 그 동역학을 규명하기 위해 노동력, 생산관계, 잉여가치, 경향적 법칙 같은 새로운 개념들을 등장시킵니다.

'비판사회이론' 강좌의 목표

이처럼 고전사회학의 세 사상가가 펼치는 경제학 비판의 상이한 접근법을 비교해 본 이유는, 우리가 지금도 여전히 사회학의 중요한 관심사인 현대 사회 비판 작업에 고전사회학 사상이 어떻게 의미를 지니는지 확인해 보기 위해서였습니다. 신자유주의라고 지칭되는 20세기 후반 이후의 세계적 변동을 분석하고 그 한계를 넘어서기 위한 해결책을 모색하면서, 우리는 여전히 경제학 비판의 질문을 사회학적으로 던지고 있다고 할 수 있습니다.

우리가 고전사회학자들을 다시 연구하는 이유 또한 100년 전 혹은 150년 전의 사상을 끄집어내 단순한 호기심이나 훈고학적인 관심사에서 공부하고자 함은 아닐 것입니다. 지금도 여전히 논쟁이 되고 있는 어떤 질문들을 다르게 접근해 보고, 우리가 생각해 내지 못한 한계들을 넘어서기 위해 복잡한 격동기를 거쳤던 사상사들의 어깨에 잠시 올라타 보고자 하는 것이라 할 수 있습니다.

비판사회학회가 여는 비판사회학교에서 핵심어는 '비판'입니다. 비판은 비난과 다릅니다. 경제학 비판은 경제학의 핵심 논점에 들어가서 그 한계를 넘어서고 새로운 지식의 가능성을 탐색하는 것이지 단순히 경제학을 욕하는 것이 아닙니다. 비판이 성공하려면 자신의 비판의 대상의 사고의 심층까지 들어가서 그 한계를 내부로부터 해체하고 또 넘어서고자 시도해야 합니다. 이런 노력이 성공하려면 우리가 관습처럼 여겨온 익숙한 경험적 사고를 벗어나 '개념적 사고'를 하는 노력이 필요할 것입니다. 이『비판사회이론』에 담긴 다섯 번의 강의가 사회학 이론을 비판적으로 읽어내고 이를 바탕으로 현대 세계를 비판적으로 이해하는 데 도움을 줄 수 있으면 좋겠습니다.

이 강의록은 지난 2021년 8월 9일부터 13일까지 온라인으로 개최한 '비판사회학교' 강좌를 기록한 것입니다. 이 강의에서는 고전사회학의 세 명의 대표적 이론가인 마르크스, 뒤르켐, 베버와 더불어, 현대 사회이론에서 주목할 만한 이론가로 미셸 푸코와 뤼크 볼탕스키를 다루었습니다.

다섯 번의 강의의 녹취록을 정리하고 각 강의 말미에는 강좌에서 제기된 질문에 대한 답변과 읽을거리를 추가했습니다. 각 강의를 담당한 강사들께서 녹취록을 보완하고 이해가 쉽도록 여러 번의 작업을 해주었습니다. 당시 5회분 강의의 진행과 녹취록의 정리 과정에서는 강좌 조교로 참여했던 중앙대학교 사회학과 박사과정의 강석남 씨의 많은 도움이 있었습니다.

비판적 사유를 함께 나누어가고자 하는 비판사회학회의 노력이 많은 호응을 얻기를 바랍니다.

2022년 6월
저자를 대표해서 백승욱 씀

차례

카를 마르크스의 정치경제학 비판과 사회적인 것

백승욱

(중앙대학교 사회학과 교수)

1.   마르크스와 경제학 비판

이번에 비판사회학교『비판사회이론』강좌에서는 고전사회학으로 시작해서, 다섯 명의 사상가를 강의할 주제를 경제학 비판으로 정했습니다. 경제학 또는 경제학적 사유라는 비판 대상을 설정하고 이로부터 '사회적인 것'의 고유성을 어떻게 찾아내고자 하는지 함께 생각해 보는 것이 중요할 것입니다. 이런 비판이 제기되는 이유는 근대 자본주의라는 현실을 비판하기 위해서인데, 근대 자본주의의 현실에 대한 경제학적 사유를 비판하면서 고전사회학의 질문이 수립되었다고 할 수 있기 때문입니다. 자본주의라는 현실을 경제학이 나름대로 설명은 하지만, 고전경제학의 설명 방식에 어떤 문제가 있는지, 무엇이 비어 있는지, 사회학은 이에 대해 어떤 비판을 하려 했는지, 이것이 왜 19세기 말에서 20세기 초 시점에 중요했는지, 이런 논점을 확인해 봄으로써 사회학은 무엇을 탐구하려 했는지 살펴보고자 하는 것입니다. 고전사회학은 매우 많은 주제를 다루고 있는데, 이런 경제학 비판이라는 맥락에서 고전사회학과 그 이후의 발전이 우리에게 제시하는 함의가 무엇인지 이해해 보면 고전사회학의 질문이 지닌 현재성을 발견할 수 있을 것입니다. 우리가 사는 현 시점에도 경제학 또는 경제학적 사유를 비판하고 그 한계를 넘어서고자 하는 시도가 왜 여전히 중요하고 유의미한지 확인해 볼 수 있겠죠.

이런 구도에서 마르크스의 작업도 이해할 필요가 있습니다. 오늘 강의는 경제학 비판이라는 관점에서 마르크스의 작업을 소개하는 것입니다. 150년도 더 된 과거에 출판된 마르크스의『자본』을 아직도 이야기하고 다시 읽는 이유는 무엇인지 고민이 필요하겠죠. 시작하면서 비교를 하나 해두자면, 지금도 경제학자들이 높이 평가하는 애덤 스미스의『국부론』은『자본』보다 100여 년 전에 출판된 책이죠. 1776년 미국 독립선언이 있었고, 조선에서는 정조가 즉위하던 그 해에 출판된 책이 아직도 경제학자들의 필독서라는 점을 상기한다면, 마르크스의 150년 정도 된 저서의 역사도 생각보다 긴 것은 아니라 할 수 있습니다.

자, 그럼 마르크스를 만나러 가볼까요? 제가 다룰 강의의 제목을 「카를 마르크스의 정치경제학 비판과 사회적인 것」이라고 정했습니다. 마르크스의 주저가 『자본』이란 것은 알아도 그 책의 부제가 '정치경제학 비판'이란 것을 아는 사람은 많지 않을지도 모릅니다. 마르크스는 1857년부터 짧게는 10년 길게는 20년 이상 『자본』의 다양한 초고를 집필하고 여기에 항상 '정치경제학 비판'이라는 제목을 붙였습니다. 정치경제학 비판을 요즘 식으로 번역하자면 '현대 경제학 비판' 정도가 될지도 모르겠네요. 그럼 마르크스는 왜 경제학을 비판하려고 했는지, 이 작업을 왜 그렇게 중시했는지, 그리고 자신의 주저 『자본』의 부제에 왜 이 말을 붙였는지도 중요할 것입니다. 그리고 여기서 우리의 중요한 관심인 '사회적인 것'에 대한 마르크스의 독특한 접근을 발견할 수 있을 것입니다.

그런데 사상가 마르크스의 삶을 따라가 보면 처음부터 그의 작업이 정치경제학 비판에서 시작한 것은 아니라는 사실을 알 수 있고, 그에 앞서 철학을 탐구하고 저널리스트의 삶을 살고 혁명사의 삶을 살았던 시절을 발견할 수 있습니다. 그래서 우리에게 또 중요한 질문은, '왜 마르크스는 이런 삶을 거친 후 정치경제학 비판으로 나아갔는가?' 하는 것이 되겠죠. 그에 앞선 시기의 고민은 무엇이었는지 알아보는 우회로도 필요할 것입니다. 여기서 유명한 청년기의 '인식론적 단절'이라는 쟁점이 제기됩니다. 마르크스의 이론적 관점이 정치경제학 비판으로 나아가게 된 중요한 전환점이 있었던 것이죠. 그래서 이 강의는 크게 두 부분으로 나뉘는데요, 첫 번째 부분은 청년 마르크스의 고민이 어떻게 철학적 비판을 정리하고 정치경제학 비판으로 나아가게 되었는가를 인식론적 단절과 '사회적 관계의 존재론'의 형성이라는 주제하에서 살펴보는 것이고요, 두 번째 부분은 그가 『자본』의 집필 과정에서 정치경제학 비판의 작업을 통해 제기한 핵심적 논점이 무엇인지를 알아보는 것입니다.

2.   마르크스의 '인식론적 단절'

철학자로서 활동을 시작한 마르크스는 현실의 모순에 대면해 해방으로 나아
가려면 자본주의의 문제점을 파악해야 한다는 점을 깨닫게 됩니다. 친구로
만난 프리드리히 엥겔스(Friedrich Engels)의 도움이 컸고, 모제스 헤스(Moses
Hess)의 이론적 논점이 영향을 끼쳤던 1843~1844년 시기의 변화였죠. 그렇
지만 이후 마르크스가 정치경제학의 핵심 논점을 파악하고 그 문제의 본질
을 찾아내기까지는 상당히 오랜 시간이 걸렸습니다. 어떤 노력이 있었고 어
떤 굴절이 있었는지 파악하는 것이 그의 정치경제학 비판 작업의 요체를 파
악하기 위해서도 중요하다고 할 수 있습니다. 이를 위해서 마르크스는 그의
비판적 사고의 오랜 준거점이었던 헤겔 철학을 청산하는 과정을 거쳐야 했
습니다. 여기서 청년 마르크스의 '인식론적 단절'이라는 쟁점이 부각되는데,
1960년대에 프랑스 철학자인 루이 알튀세르(Louis Althusser)가 쓴 『마르크스
를 위하여』라는 저서에서 제기했던 주장이죠.[1]

청년 마르크스는 당대의 혁명적 젊은이들처럼 처음에는 헤겔 철학에 매료
되었다가 그 한계를 돌파하기 위해 루트비히 포이어바흐(Ludwig Feuerbach)
의 철학의 구도에 빠져드는 시기를 겪습니다. 그렇지만 이 철학적 사유로 현
실이 해결되지 않음을 발견하고, '포이어바흐 테제'와 『독일 이데올로기』 저
술 작업을 통해서 이 관념론적 구도에서 벗어나 자신의 고유한 역사유물론
의 관점으로 넘어가게 되었고, 이를 바탕으로 이후 정치경제학 비판의 작업
을 수행하게 되었다는 것이 마르크스의 인식론적 단절의 핵심 주장일 것입
니다. 마르크스가 수행한 정치경제학 비판의 본격적인 작업은 런던으로 망
명해 대영박물관 도서관에 틀어박혀 경제학 저작을 집중 탐구하는 1850년

---

1   루이 알튀세르, 『마르크스를 위하여』, 서관모 옮김(서울: 후마니타스, 2017).

대 이후의 일이죠. 우리가 우선 관심을 기울이려는 것은 '철학자' 마르크스가 어떻게 철학자로서의 한계를 벗어나 경제학 비판, 사회적 문제의식과 역사유물론의 영역에 들어서게 되었는가 하는 것입니다.

여기서 쟁점이 되는 것은 마르크스가 헤겔의 한계를 돌파하기 위해 포이어바흐로부터 차용한 '소외론'이라는 분석의 구도입니다. 마르크스를 간략히 설명하는 많은 개설서를 읽어보면 마르크스 사고의 중심에 소외론이 있고, 노동의 소외가 그 핵심이라는 지적이 많습니다. 노동의 소외란 노동자가 자기 생산 수단으로부터 소외되고 노동 과정으로부터 소외되고 생산한 결과로부터 소외되기 때문에, 자기 노동의 의미를 자기 스스로를 실현하는 것으로 인정받지 못하면서 인간의 유적(類的) 본질로부터도 소외된다는 것이죠. 이것이 마르크스의 자본주의 비판의 요점이라는 설명이 앤서니 기든스의 교과서적 저술을 포함해 많은 소개서에 담겨 있습니다.

마르크스의 소외론은 특히 20세기 초에 마르크스를 '환원론적 경제주의자'라는 평가로부터 구원해 줄 수 있을 것 같은 중요한 재해석의 논점이었습니다. 마르크스는 딱딱한 법칙을 다루는 경제학자가 아니라 자본주의가 만든 인간 소외 현실을 비판하고 해방으로 나아갈 것을 천명한 철학자였다고 평가하는 '인간주의적 마르크스 해석'이라는 쟁점이죠. 소외론을 재평가하고 높은 점수를 주면 마르크스의 『자본』이나 후기 저작에서도 소외론의 구도가 유지되는지, 이 구도를 통해서 마르크스를 해석하는 것이 중요한지가 논점이 될 것입니다. 비판하는 쪽에서는 소외론의 질문을 잘못 남겨진 '유제(遺制)' 같은 것으로 보겠죠.

저는 마르크스가 남긴 주저 『자본』의 정치경제학 비판의 논점에서 마르크스를 현재적으로 재해석하고자 하면 마르크스가 소외론이라는 문제 설정을 폐기하고 '사회적 관계의 존재론'으로 자신의 관점을 전환했다고 보는 것이 더 타당하다고 생각하고, 이런 관점에서 마르크스의 사상 발전을 설명해 볼 것입니다. 그래야만 자본주의 역사의 구체성과 복잡성에 대한 유의미한 분석을 더 살려낼 수 있다고 생각하기 때문입니다. 자 그럼, 마르크스가 왜 처음에 소외론에 관심을 두었는지, 두 번째로 왜 그 관점을 버리게 되었는지 이 두 가지를 살펴보아야 하겠죠.

이 질문에 대한 답을 구하려면, 위기로 둘러싸여 있지만 가능성도 넘쳐나던 한 시대를 살아간 당대 지식인들의 고민에 좀 더 접근해 볼 필요가 있습니다. 중요한 전환점은 1789년 프랑스혁명입니다. 프랑스혁명은 유럽 세계 전체에 엄청난 충격을 주었고 사상적 대전환을 일으켰습니다. 프랑스 밖에서 혁명의 소식을 접한 젊은이들은 매일매일 새로운 시대를 경험하는 것 같은 피 끓는 삶을 살았겠죠. 프랑스혁명이 발발했을 때 막 20대에 진입한 1770년생 세 사람, 영국의 윌리엄 워즈워스와 독일의 게오르크 빌헬름 프리드리히 헤겔, 그리고 독일에서 태어나 빈에서 활동한 루트비히 판 베토벤 이들 모두 그런 시대적 경험을 공유한 사람들이었습니다. 당시 프랑스혁명의 여파는 생각보다 광범했습니다.

그중 헤겔의 삶을 조금 더 들여다보기로 하죠. 청년 헤겔에게 프랑스혁명은 시대의 획을 긋는 사건이었고, 이는 그의 철학 작업에서 '절대정신'이라는 개념을 통해 등장합니다. 헤겔은 참 어려운 철학자지만, 여기서는 마르크스와 연관된 일부만 살펴보겠습니다. 헤겔을 보통 관념론자로 여겨 쉽게 판단해 버리는 경우가 많은데, 여기서 프랑스혁명의 시대라는 측면에 우리가 좀 더 관심을 가져볼 필요가 있습니다. 헤겔이 프랑스혁명의 열렬한 지지자였고 프랑스혁명의 세례를 받은 근대를 성찰한 철학자였다는 측면 말이죠. 17세기 초의 30년 전쟁의 결과로 300개의 공국으로 쪼개진 이른바 '독일'은, 프랑스혁명이 터져 나온 당시에도 이 상태로 남겨지고 반동적 세력들의 지배를 벗어나지 못하던 곳이었습니다. 우리가 알고 있는 독일은 역사적으로 상상·소급된 영토적 단위라고 할 수 있는데, 헤겔이 활동하던 당시 이른바 '독일' 지역은 하나의 동질적 근대국가의 영토공간이라고 보기 어려웠고, 바이마르 같은 데서 부분적으로 괴테의 계몽주의 세례를 받았을 뿐, 대부분 보수·반동의 지배력이 관철되던 공간이었습니다. 프랑스혁명이 일어나자 헤겔 같은 열혈 청년들은 프랑스혁명의 새로운 물결이 독일을 휩쓸어 독일에도 계몽주의의 시대가 열리고, 자유와 평등 이념이 지배하는 새로운 세계에 들어서는 것이 필연적이라는 꿈에 부풀었을 것입니다.

헤겔의 『정신현상학』이라는 책은 그런 이념을 담고 있습니다. 여기서 절대정신은 결국 프랑스혁명의 이념이고, 이 새로운 절대정신이라는 이념이 새로운 시대를 지배하게 될 것입니다. 프랑스혁명 이념이 자기운동하면서 낡은 세력들을 무너뜨리고 우리가 살고 있는 이 세계를 새로운 이념의 전개에 의해 통일시켜 갈 수 있다는 낙관적·역사주의적 기대가 청년 헤겔을 지배했던 것이죠. 반동이 사라지고 새로운 계몽주의의 이념이 통일시킨 이 위대하고 새로운 세계는 아마도 '유럽'으로 지칭될 수 있었을 것입니다. 협소한 독일이 아니라 말이죠. 프랑스혁명 이념이 영국, 프랑스, 독일 할 것 없이 새로운 시대를 지배한다는 사고, 이 정신이 세계 전체를 새로운 이념으로 통일시킨다는 것, 이것이 절대정신이라는 개념을 가지고 헤겔이 설명하고자 했던 불가역적 역사, 미래를 향해서만 열려 있는 목적론적 역사였을 것입니다. 이것이 '근대'를 사유하는 틀로 등장했다는 것이 중요합니다. 우리는 지금도 '시대정신' 같은 표현에서 그런 사유를 되풀이하고 있습니다. 관념론적이긴 하지만 미래를 향한 진보적 변화의 방향성을 보려 하고, 이 방향성은 과거로 역진할 수 없다는 것을 보여주고자 하는, 헤겔의 낙관적 역사주의가 등장하는 것이죠.

그런데 불행하게도 현실은 그렇게 낙관적이지 않았습니다. 나폴레옹의 황제 등극부터 비극은 시작되었을지 모르지만, 1815년 나폴레옹이 패배하고 전 유럽이 반동적 성격을 지닌 메테르니히의 체제로 퇴행하고 나서는 헤겔 자신도 이 받아들일 수 없는 현실을 어떻게 해석해야 할지 곤경에 빠집니다. 그러면서 헤겔 사상도 점차 반동적 현실을 인정하는 보수성을 띠게 됩니다.

이제 문제는 이 곤경에서 어떻게 벗어날 수 있는가겠죠. 헤겔은 "이성적인 것은 현실적이고 현실적인 것은 이성적"이라고 주장했는데, 이 말이 미래로 열린 진보로 해석되는 것이 아니라 현재에 갇힌 보수로 해석되는 현실이 문제가 되었습니다. 헤겔은 시민사회의 특수성을 지양한 국가를 보편성의 정점에 두고자 했는데, 그의 논리가 현실에 나타난 수많은 반동적 소'국가'를 이성적이라고 변호하는 논리로 변질되어 버린 것이죠. 우리의 이상을 현실로 만드는 대신 현실이 이상이라고 눈감아 버려야 하는 상황이 도래했던 것입니다.

3.   포이어바흐 테제

1) 인간, 본질, 소외의 구도

헤겔의 철학 구도 내에서는 이렇게 반동적 현실이 역사를 지배하는 것을 설명하기 어렵습니다. 반동적 국가를 시대정신을 거스르는 것으로 비판하면 되었을까요? 문제의식을 느낀 일군의 청년 연구자들이 '청년헤겔학파'로 모였고, 프랑스혁명기의 헤겔의 사상을 재해석하고자 노력을 기울였습니다. 여기서 획기적인 하나의 탈출구가 제시되었는데, 바로 포이어바흐의 출현 덕분이었습니다. 그가 인간, 본질, 소외 같은 개념을 가지고 헤겔을 비판할 수 있는 무기를 제시했던 것입니다.

포이어바흐의 작업은 직접 헤겔을 비판한 것이 아니라 기독교를 비판하면서 헤겔의 논점의 한계를 넘어서고자 한 것이었습니다. 종교의 논법에 따르면 여기 지상의 세계가 있고 반대편에 천상의 세계가 있다고 구획하는 경우가 많습니다. 여기 지상의 세계는 아무것도 아니고, 우리가 지향해야 할 것 삶의 목적으로 삼아야 할 것은 저기 저편 천상의 세계라는 것이죠. 그런데 포이어바흐의 비판에 따르자면, 천상의 세계에는 아무것도 없고 종교는 허상에 불과합니다. 그러면 종교라는 허상에 매달리는 대신 여기 지상으로 되돌아와 찾아야 하는 것이 무엇일까요? 바로 인간입니다. **인간들**이 아닌 단수 추상명사 **인간**이죠. 영어로는 'man'이라고 쓰는, 이 추상적이고 보편적 인간은 현실에 있는 구체적 인간이 아니라, 인간을 인간으로 규정지을 수 있는 어떤 추상적이고 본질적 속성을 지닌 것으로 간주되는 존재죠. 다시 말해, 모든 인간에게 고유하게 있다고 간주되는 속성을 지닌 본질적 존재, Gattungswesen(가퉁슈베센)이라고 하는 '유적 존재'(종적 존재)가 되는 것입니다. 인간은 다른 종과 구분되는 위대한 속성을 지니고 있었는데 우리가 그것을 잠시 잊고 있었던 것이죠.

우리 자신이 그런 본질을 가지고 있다는 것을 잊은 채, 이런 본질을 빛에 투영해 벽에 비추면 그림자가 생길 것입니다. 이처럼 우리의 유적 본질을 천상에 투영해 생겨난 그림자는 이제 너무나 커져서, 우리는 그것을 신으로 오해하게 됩니다. 인간의 본질이 허상의 그림자로 비춰진 존재일 따름인데, 그 신이 너무나 위대하고 전지전능해 보이고, 반면 우리 인간은 보잘것없어 보이는 전도가 발생하는 것입니다. 그래서 그 허상적 존재가 우리를 지배하게 되고, 우리 자신은 보잘것없다고 생각하고, 비추어진 불멸의 신적 존재만 전지전능하다고 여기게 되는 것이죠.

이 전도된 구도에 대한 비판이 포이어바흐의 논점입니다. 헤겔적 개념을 거울 구도로 확장해 더 강하게 소외라는 개념으로 만들어낸 사람이 포이어바흐라고 할 수 있습니다. 그럼, 인간의 본질이 외부로 투영되어 인간이 그 지배를 받게 된 것이 소외라면, 소외를 극복하는 길은 무엇일까요? 비판, 이론적 비판이 필요합니다. 신은 존재하지 않는다는 것, 신이라는 허상은 우리의 인간적 본질이 외화해서 외부에 투영된 것에 불과하다는 것, 우리는 자신의 본질의 외화인 허상의 지배를 받고 있다는 것을 깨달아야 하겠죠. 이런 작업을 우리는 '계몽'이라고 부릅니다. 칸트적 전통에서 '비판'이라고 부를 수도 있겠습니다. 이론적 비판을 통해 자기가 잘못 알고 있던 것을 깨닫고,

사실 신이 존재하는 게 아니라 내가 있을 뿐이며 인간의 유적 본질을 지닌 나 자신의 위대함을 잊고 있었다는 사실을 깨달으면, 그다음에 나아가야 할 길은 유적 본질을 깨달은 인간들 사이의 새로운 관계를 전개하는 것이 되겠죠. 사랑이라는 주제가 그것입니다. 이제 인간의 본질을 실현할 해방의 길이 열릴 것입니다. 매력적인 구도로 보이죠.

마르크스가 포이어바흐로부터 차용한 소외의 도식은 1843년 시기에 국가론 비판에 적용되었고, 그 이듬해인 1844년에는 노동의 영역으로 확장됩니다. 소외의 도식이 왜 문제가 되는지 알아보기 위해 마르크스 이론의 핵심으로 오해되는 노동의 소외에 대해서 좀 더 살펴보기로 하죠. 1844년 시기 『파리 수고』(『경제학 철학 수고』라고도 부름)는 발간을 목적으로 한 저서가 아니라, 정치경제학에 처음으로 관심을 가지게 된 마르크스가 여러 서적들로부터 발췌 노트를 작성하고 그 여백에 자신의 논평을 적어놓은 것임에 유의해서 읽어야 합니다. 이 수고에서 마르크스는 포이어바흐로부터 한 단계 벗어나는 노력을 기울이면서도, 아직은 포이어바흐의 소외론의 도식에 사로잡혀 있습니다. 마르크스는 포이어바흐가 모호하게 인간의 유적 본질이라고 부른 것을 조금 더 구체적으로 설명하고 현실에 기반해 비판을 전개하고자, 다시 헤겔을 참조해 인간의 유적 본질을 노동으로 규정하는 한 걸음을 내딛습니다. 인간의 본질은 노동이고 인간은 자연에 대해 노동이라는 활동을 통해 자기 해방으로 나아가야 하는데, 해방되지 못하는 이유는 노동의 결과물이 내가 통제할 수 없는 외부로 외화해 저기 저편 천상의 세계로 넘어가 자본이라는 형태를 취하고, 이 자본이 나의 노동을 지배하게 되기 때문이지요. 자본은 사실은 인간의 노동의 결과물이 독립적 실체로 외화해 축적된 결과물일 뿐입니다.

그럼 노동의 소외를 넘어서는 해결책은 무엇일까요? 이 자본의 지배를 버리고 우리는 노동의 본질을 재발견해 내며, 노동의 본질을 실현해서 해방으로 나가는 길을 찾는 것입니다. 이렇게 분석의 구도는 여전히 포이어바흐적

임을 알 수 있습니다. 또, 인간, 본질, 소외라는 세 개념이 노동자로서의 '인간', '노동으로서 인간 본질', '노동의 소외'라는 도식의 형태로 그대로 유지되고 있는 것을 알 수 있습니다. 한 걸음 내딛은 것 같지만 아직은 포이어바흐의 틀 내에서 빙빙 돌고 있습니다. 이게 왜 문제냐면, 이런 소외론 비판이 도덕적 비판이고 비역사적 비판이기 때문입니다. 이 비판의 논지에서 보자면 자본주의는 처음부터 끝까지 노동이 소외된 체제겠죠. 그렇다면 우리는 자본주의에 대해서 구체적으로 분석할 필요가 없이, 19세기 말 자본주의는 어떤 역학을 갖고 있었는데 그게 어떻게 대불황을 거치며 바뀌었는지, 20세기 자본주의의 전환의 특징은 무엇인지, 그 이후 신자유주의는 왜 나타났고 신자유주의하에서의 노동의 분할은 어떤지, 정규직과 비정규직의 분할은 왜 나타났고 그 후과(後果)는 무엇인지 등에 대해 구체적·역사적 분석을 할 필요가 별로 없어집니다. 분석하기 이전부터 우리는 '자본주의는 노동의 소외'라는 정답을 이미 알고 있습니다. 그 극복의 방향에 대해서도 자본주의는 곧 노동의 소외이고, 노동의 소외를 극복하는 건 인간의 본질인 자기실현 노동으로 되돌아가는 것이라고 답을 이미 말할지 모릅니다. 이처럼 노동의 소외라는 구도는 자본주의에 대한 비판이되, 철학적·비역사적·도덕적 비판에 멈추고 마는 것입니다. 정치경제학 비판으로 나아갈 길을 스스로 봉쇄하고 있다고 할 수 있겠죠. 또는 경제학에 대한 철학적 비판에 머물고 있다고 할 수도 있겠고요.

그렇다 하더라도 이 1844년 수고에는 중요한 전환의 계기가 포함되어 있습니다. 아까 제가 종교 비판을 수행하면서 포이어바흐는 뭐라고 말했다고 했나요? 종교가 허상에 불과하다 했고, 이론적 비판을 수용한 이후 계몽된 인간들은 종교 없이 살 수 있다고 했죠. 그런데 마르크스의 노동의 소외에 대한 비판에 오면 해결 방향이 달라집니다. 노동의 본질과 소외의 구도를 깨달으면, 이 계몽 작업을 수용하면 우리가 잃어버린 노동의 유적 본질을 되찾을 수 있나요? 그렇지 않습니다. 여기서 우리가 제도나 체계라는 구도가 중요하게 등장한다는 것을 알 수 있습니다. 노동의 소외가 발생하는 건 우리가 허상으로 그걸 오해해 받아들이기 때문이 아니라, 생산 수단이 자본가의 소유이기 때문에 발생하는 구조적 문제죠. 포이어바흐가 종교를 허상이라고 보았다면, 마르크스는 노동의 현실을 단순한 허상이라고 말하지 않습니다. 노동의 유적 본질이 외화된 것으로서 자본은 허상이 아니라 물질적 실체입니다. 그래서 사유 재산이 문제가 되죠. 노동의 소외라는 논점에 오면 마르크스는 실천적 차원에서는 관념론 또는 기계적 유물론을 벗어납니다. 단순한 계몽에 의해 세상을 바꿀 수 있는 것이 아니기 때문이죠. 이제 마르크스에게는 사유재산 철폐를 목적으로 하는 현실의 변혁으로서 혁명이 중요해집니다. '비판'의 의미가 칸트로부터 계승된 이론적 비판의 경계를 넘어서기 시작하는 것입니다. 그리고 실천은 정치적 함의에서 크게 한 걸음 나아갔는데, 그 실천의 바탕이 되는 이론적 틀은 아직 소외론에 사로잡혀 있는 과도적 시기였다고 할 수 있습니다. 그래서 마르크스는 이 시기에 쓴 수고를 출판하지 않았습니다.

　여기서 계속 문제로 남는 것은 추상적 '인간'이라는 본질의 규정입니다. 서로 다른 복잡한 특성을 지닌 복수의 '인간들'과 그들 사이의 관계를 구체적·역사적 복잡성 속에서 보는 것이 아니라 추상적·관념적으로 포착한 인간 일반만 존재할 뿐이고, 그래서 이 문제 설정은 되풀이해서 '인간의 본질은 무엇인가'라는 잘못된 질문으로 회귀합니다. 인간 본질에 대한 대안적 답을 찾더라도 '인간'과 '본질'이 답에 꼭 들어가야 한다는 점에서 문제 설정은 유지됩니다. 이 문제 설정으로는 대중이나 계급을 분석할 수도 없고, 현실에 있는 인간들을 이야기하고 있지도 않습니다. 인간들 사이의 복합적인 사회적 관계를 묻는 것도 아니고 인간들과 사물들 사이의 관계를 탐구할 수 있는 것도 아닙니다. 구체적으로 매우 모순적인 역사가 어떻게 구현되고 전개되는지, 자본주의 역사가 어떻게 각 시기에 따라 변화하는지 설명하지도 않습니다. 이후 마르크스가 상부 구조라고 부른 국가나 법률 등에 대해서도 구체적으로 분석하지 않아요. 시민사회와 국가의 대립 구조를 소외론적으로 이해할 때도 마찬가지입니다. 거기서도 국가는 구체적인 장치나 제도로 분석되는 것은 아니며, 본질의 반대편으로서, 소외의 지양으로서 사라져야 할 대상으로만 상정됩니다. 프롤레타리아트라는 개념도 이 맥락에서 관념적으로 등장하게 되죠. 도덕적 비판이란 자본주의가 나쁜 것이라는 이야기 이상의 것이 아니며, 위기의 원인과 현상에 대한 구체적 분석으로 나아가기 어렵습니다. 급진적 비판인 듯하지만 사실 무기력한 비판으로 끝날 수밖에 없는 것이죠.

2) 포이어바흐 테제

이런 문제 설정을 어떻게 극복할 것인가와 관련해, 마르크스의 자기비판으로서 포이어바흐 테제의 중요성이 있습니다. 마르크스 스스로 자신의 이론적 구도의 한계를 찾아내고 넘어서려는 노력이 체계적으로 담겨 있기 때문입니다. 마르크스는 소외론의 도식을 넘어서서 역사 과정, 변증법과 같은 이런 부분을 담아내며 구체적 역사 분석으로 나아가려 했고, 그러기 위해서는 소외, 본질, 인간 같은 범주를 버리고 그것을 대체할 다른 범주와 개념을 찾아내야 했습니다. 이렇게 남긴 11개의 메모를 '포이어바흐 테제'라고 부르고, 마르크스 사후에 엥겔스의 손을 거쳐 출판이 됩니다. 이제 분석은 소외를 중심으로 하는 도덕적 비판이 아니라 과학적 비판, 이론적 비판의 영역으로 나아가야 하고, 관심의 초점을 사회적 관계와 역사에 맞출 것이라는 철학적 다짐이라고 할 수도 있겠죠.

이 테제는 11개로 구성되어 있는데, 설명을 듣고 읽어보면 그렇게 어렵지는 않습니다. 설명 없이 처음 접하면 난해하겠고요. 몇 가지 테제를 간단하게 해석해 보겠습니다. 가장 유명한 건 11번 테제입니다. 독일 베를린시 중심지에 훔볼트 대학교가 있는데, 브란덴부르크 문에서 이어진 운터덴린덴

거리에 자리 잡고 있습니다. 마르크스가 다녔던 바로 그 베를린 대학교죠. 그 로비에는 이 유명한 테제가 독일어로 크게 쓰여 있습니다.

철학자들은 세계를 단지 다양하게 해석해 왔을 뿐이다. 그러나 중요한 것은 세계를 변화시키는 것이다.

멋진 말이지만, 정말 오해가 많은 테제죠. 어떤 오해가 있을까요? '이제 공부는 필요 없고 길에 나가서 직접 혁명에 참여해 세상을 바꾸자', 이런 말일까요? 그렇지 않습니다. 그럴 것이면 왜 마르크스는 고심해서 철학에 대한 자신의 관점을 정리하려 노력해 그 앞에 10개의 철학적 테제를 설명했을까요?

지금까지의 철학자들이 세계를 해석해 왔을 뿐이라고 한다면, 이 테제와 앞의 다른 테제들을 통해 마르크스가 우리한테 알려주는 것 또한 세계에 대한 또 다른 해석 아닌가요? 그걸 벗어날 수는 없잖아요. 그런데 그 해석이라고 하는 게 세계를 변화하는 것과 어떻게 관련될 수 있는가라고 하는 새로운 관점이 들어가는 부분이 중요합니다. 여기서 실천이라는 관점이 등장하고 '철학의 새로운 실천'이라는 선언이 등장하는데, 좀 더 고민을 해보시기 바랍니다.

이것을 전제 삼아 테제 1번으로 가봅시다.

지금까지의 모든 유물론(포이어바흐의 유물론을 포함해)의 주요한 결함은 대상, 현실, 감성이 오직 객체의 혹은 관조의 형식 아래에서만 파악되고 있다는 것, 그리고 감성적 인간 활동으로서, 실천으로서 파악되지 않고, 주체적으로 파악되지 않는다는 것이다. 따라서 **능동적 측면은** 유물론에 대립해서 관념론에 의해 ― 물론 관념론은 현실적 감성적 행위 자체를 알지 못한다 ― 추상적으로 발전된다.

마르크스는 지금까지의 모든 유물론이 단순한 기계적 유물론이었고, 따라서 사실상 관념론이었을 뿐이라고 비판합니다. 어떤 객관적 실체들이 있고 그 사물들에 대해서 우리가 감각 기관을 동원해 직관과 관조로 곧바로 사물에 대한 인식에 도달할 수 있다는 경험주의를 우리는 유물론으로 착각해 왔는데, 그것이 사실 유물론이 아니라는 것입니다. 그런 철학은 현실을 인간의 실천 활동과 관계 속에서 파악할 수 없는 관념론이고, 사실 능동적 측면은 오히려 관념론이라고 비판받았던 철학이 더 잘 보여준다면서 관념론에 더 높은 점수를 주는 것처럼 보입니다.

중요한 반전이죠. 마르크스를 유물론자라고 말하는데 마르크스는 지금까지 자기가 보니까 유물론이 자기 성찰에 기여한 바는 없고 오히려 자신은 관념론에서 더 배운다고 말합니다. 헤겔을 다시 높이 평가한 것인데, 그럼 그냥 단순히 헤겔로 다시 돌아간 것일까요? 마르크스가 여기서 관념론을 중시한 이유는 사물들을 관계 속에서 보여준다는 점 때문이었습니다. 그렇지만 이 관념론은 많은 한계 속에 있는데, 그 관계성을 관념적인 관계 속에서 관념의 자기 전개로만 보여주지 현실 속의 관계로 설명해 주지는 않는다는 것입니다. 관념론을 단지 뒤집기만하면 유물론이 되는 것은 아닙니다. 여기서 실천이라는 질문이 등장합니다.

한번 생각해 봅시다. 우리가 현실을 바로 관조하고 직관해 현실을 꿰뚫어 보면 사회적 관계들이 보이나요? 예를 들어서 여러분이 지금까지 배운 지식이 없다고 전제할 때, 내 앞에 등장한 세 사람을 가족 관계라는 틀로 인식할 수 있을까요? 가족 관계는 가부장적 관계이자 특정한 생산의 관계이기도 할 수 있는데, 이런 관계의 복합성을 알기 위해 우리는 우리 앞에 있는 세 사람을 관조하고 투시하기만 하면 될까요, 아니면 그들을 잇는 관계와 이 관계를 통해 진행되는 실천 활동을 설명해 주는 많은 선행 지식들이 필요할까요?

우리가 아는 것은 자명하게 아는 것처럼 보이지만, 세상을 분석하는 어떤 틀에 비추어 보지 않고서는 어떤 사실의 관계성을 보기는 불가능합니다. 모든 비판은 따라서 앞선 어떤 종류의 인식에 대한 비판이어야 합니다. 마르크스의 중요한 지적이죠. "사물을 있는 그대로, 세상을 있는 그대로 써봐." 논문 쓸 때 그런 얘기 많이 합니다. 있는 그대로 좀 기술해 오라고. 그런데 있는 그대로 서술한다는 것은 사실 불가능해요. 관계성은 관계를 바라보게 해주는 어떤 안경, 어떤 창에 의지해서만 규명될 수 있기 때문입니다. 있는 그대로 보라는 것은 사실 지금까지 사회적 관계를 살펴보던 이론적·이데올로기적 틀을 그대로 받아들이라거나 또는 그것을 넘어설 것을 요구하는 것일 따름이겠죠. 마르크스는 이제 추상적 '인간' 대신 다른 대상을 연구의 주제로 제기합니다.

> 낡은 유물론의 입지점은 시민사회이며, 새로운 유물론의 입지점은 인간적 사회 혹은 사회적 인류이다(테제 10).

이제 추상적 '인간' 대신 '인간들'로 구성된 복합체, 관계 속의 복수성이 강조되고, 동시에 이 관계성이 지닌 특정한 역사성을 '사회적'이라는 규정에서 찾고 있음을 알 수 있습니다. 인간들은 관계 속에서 존재하며 거기에는 특정한 사회적 성격이 각인되어 있는 것이죠. 이렇게 되면 인간 본질과 종교를 대립시킨 것에 비유해 시민사회와 국가를 대립시키고 둘 중 어느 쪽이 진리의 쪽인가를 찾던 앞선 시기의 주장 또한 소외론의 구도에 사로잡힌 '낡은 유물론'임을 토로하게 됩니다. 이제 시민사회 일반이라는 추상성은 더 이상 등장하지 않습니다. 구체적인 '인간들'의 실천적 활동들을 보아야 하니까요. '인간적 사회'와 '사회적 인류'라는 표현은 이후에 등장하지 않는 과도기적 언어들이며, 모순적 두 표현을 결합함으로서 난점을 드러내려는 시도를 잘 보여줍니다. 이 비판을 거쳐 우리는 포이어바흐의 구도의 한계를 명료하게 지적하는 테제 4번으로 갑니다.

> 포이어바흐는 종교적 자기 소외라는 사실, 종교적인 세계 및 세속적인 세계로의 세

계의 이원화라는 사실에서 출발한다. 그의 작업은 종교적 세계를 그것의 세속적 기초로 해소한 데에 그 요체가 있다. 그러나 세속적 기초가 자기 자신으로부터 떨어져 나와서 위로 올라가 구름 속에 하나의 자립적인 영역으로 스스로를 고정시킨다는 사실은 **이러한 세속적 기초의 자기분열과 자기모순으로부터만 설명될 수 있다.** 따라서 세속적 기초 자체가 자기 자신 안에서, 자신의 모순 속에서 이해되어야 할 뿐 아니라 실천적으로 혁명화되어야 한다. 그러므로 예를 들면 세속적 가족이 신성 가족의 비밀로서 폭로된 이후에 이제 전자 자체가 이론적으로나 실천적으로나 파괴되어야 한다.

테제 4번은 세계를 둘로 나눕니다. 포이어바흐가 지닌 핵심 문제점은 세계를 종교적 세계와 세속적 세계로 이원화한 다음 "종교적 세계를 그것의 세속적 기초로 해소"한 데, 즉 본질로 환원한 데 있습니다. 그런데 정작 포이어바흐가 보지 못한 것은 "**세속적 기초의 자기분열과 자기모순**"이었습니다. 이제 마르크스에게는 되돌아가야 할 기원의 본질 같은 것은 없습니다. 그것이 노동의 본질이라 하더라도요. 왜냐하면 이 세속적 기초, 그러니까 종교를 만들어내는 이 세속적 기초라는 게 이미 분열되고 모순으로 가득 차 있는 사회이기 때문이고 어떤 쪼갤 수 없는 단일한 본질 같은 게 아니기 때문입니다. 여기 이쪽에 있던 것은 더 이상 분할되지 않을 어떤 '본질'이 아니라 앞서 말했듯이 '인간들'의 '관계성'의 구체적인 모습이고, 그것은 지금 여기서 계급적인 분열 속에서 갈등과 모순 속에 존재하는 것이죠. 그 자체가 핵심적인 분석의 대상이 되어야 합니다. 마르크스는 우리가 살고 있는 세속적 기초가 이미 어떻게 분열되고 모순으로 가득 차 있는지를 알아야 종교라는 현상이 왜 벌어지게 되는지를 그다음에 알 수 있다고 말합니다. 그래서 두 가지 과제가 제시되죠. 세속적으로 분열된 세계의 구체적 분석을 먼저 진행해야 합니다. 이것이 일차적 과제이고, 그다음에 전도된 세계는 어떻게 나타나게 되는지, 환원되지 않는 별도 영역으로 분석을 하는 것이 또 하나의 과제가 됩니다. 첨언해 둘 것은 여기서 첫 번째 과제를 잘 수행하면 그 '반영'으로 두 번째 과제의 답이 자동으로 나오는 것은 아니라는 점입니다.

이런 모든 논지는 테제 6번에서 종합됩니다.

포이어바흐는 종교적 본질을 인간의 본질로 용해시킨다. 그러나 인간의 본질은 각각의 개체 속에 내재하는 추상물이 아니다. 인간의 본질은 그 현실에 있어서 **사회적 관계들의 앙상블**이다.

포이어바흐는 종교적 본질을 규명하면서 인간의 유적 본질을 여기 이쪽에 두고 종교를 저기 저쪽에 외화한 허상으로 설정하는 소외 관계와 환원관계로 설명했습니다. 그러나 '사회적 인류' 같은 개념을 통해 마르크스가 선을 그었듯이 이제 마르크스에게 인간의 본질 같은 것은 없습니다. 이제 질문을 던지는 방식이 근본적으로 달라집니다. 문제 설정이 바뀌는 것이죠. 지금까지 모든 철학자는 "인간이란 무엇인가", "인간의 본질은 무엇인가" 이렇게 물어왔습니다. 이 문제 설정에 사로잡히면 대답도 "인간이란" 또는 "인간의 본질이란" A, B, X, Y 중에 어떤 것이라고 대답해야 할 것입니다. 그러나 이제 마르크스는 질문을 근본적으로 바꿉니다. 이제 본질 같은 것은 없습니다. 그걸 굳이 본질이라고 부르고 싶더라도 **이제 질문이 바뀝니다. 현실에서 작동하는 지금의 "사회적 관계들의 앙상블"은 어떤 것인가라고 묻습니다. 이제 여러분은 바뀐 질문에 대해 대답해야 하며, 지금까지 익숙했던, 인간, 본질, 소외라는 개념은 더 이상 유효하지 않습니다.**

이 표현에는 세 가지가 포함되어 있죠. ① 사회적 관계, ② '들', ③ 앙상블. 그래서 여러분의 대답도 이 셋 모두를 담아내는 것이 되어야 합니다. 우리는 (인간-인간이 관계뿐 아니라, 인간-사물과 사물-사물의 관계도 될 수 있는) 객관적인 어떤 관계를 첫 번째로 '사회적 관계' 분석에 담아야 합니다. 그리고 이 사회적관계가 '관계들'이라는 복수의 것으로 제시되어야 하는 것이 두 번째 과제입니다. 마지막 세 번째로 이 복수의 관계들이 특정한 지배-종속의 관계의 지속성을 유지하는 복합체로서 '앙상블'이라는 특정 구조를 이루는 것을 밝히는 것이 세 번째 과제가 되어야 합니다. 인간들은 사회적 관계 속에서만 인간이고 그 사회적 관계는 하나가 아니라 여러가지가 있고, 여러 가지 사회적 관계는 위계적 구조 속에서 그때그때 다른 형태로 변환되면서 특정한 사회적 효과를 발현하면서 출현하게 되죠. 이렇게 되면 소외론의 시기와는 매우 다른 과제에 직면하는데요. 포이어바흐 테제 이후에 마르크스의 중요한 착목점은 이제는 사회적 관계, 사회적 관계들의 앙상블이 어떻게 역사적으로 전개되는지를 분석하는 것이 됩니다. 이 앙상블들은 영구적인 것이 아니라 시간 속에서 변화하고, 따라서 역사 분석이 매우 중요해집니다. 헤겔에서 포이어바흐로 가면서 사라졌던 역사, 운동, 모순 이런 개념이 다시 중요해집니다.

경제학 비판으로 나아가는 중요한 출발점이 여기에 있는데요, 중요한 건 뭐냐 하면 바로 이 사회적 관계들의 앙상블 분석을 우리가 살고 있는 이 시대로 옮겨와 분석 과제로 삼았을 때 바로 지배적 형태로 등장하는 것이 경제라는 모습이라는 점입니다. 그런데 경제라는 모습이 경제학자들이 보는 좁은 경제 범위에 한정해 자동적으로 움직이는 것이 아니라 경제를 틀 지우고 있는 역사적 조건들, 즉 법, 이데올로기, 국가, 사회적인 여러 가지 제도들이 작동함으로써만 경제의 작동이 가능해지는 것이죠. 그것이 바로 '사회적 관계들의 앙상블'을 통해 마르크스가 강조하려 했던 요점이라고 이해해야 할 것입니다. 경제를 움직이는 사회적 조건들이 이미 경제 내부에 들어와 작동하고 있다고 할 수 있습니다. 경제를 마치 보이지 않는 손에 의해서 자동적으로 움직이는 것처럼 보이게 만드는 것도 바로 이 경제를 작동시키는 역사적·제도적 조건들인 것이죠.

4.   마르크스의 '정치경제학 비판'

포이어바흐 테제는 아직 청년기 시절의 메모입니다. 1845년 마르크스가 만 27세에 썼으니까요. 마르크스는 1848년이 되면 친구 엥겔스와 함께 『공산당 선언』을 집필하면서 당시 유럽의 혁명적 분위기에 뛰어들기도 했었는데, 혁명이 실패하자 1849년 망명자 신분이 되어 런던에 정착할 수밖에 없게 됩니다. 그 후 유럽의 정치·경제 상황에 대대적 변화가 발생하고 마르크스의 사고에도 중요한 변화가 생기는데, 특히 자본주의에 대한 고민이 커집니다. 그러면서 자본주의에 대해 본격적으로 연구해야겠다는 결심을 하고 대영박물관에 있던 영국도서관에도 매일같이 출근하다시피 하면서 7년 가까이 또는 그 이상의 기간을 정치경제학 비판의 작업에 몰두합니다. 물론 공부만 했던 건 아니고 그 시기 제1인터내셔널 창립과 중요 논쟁에 개입하는 실천 활동도 했지요.

1850년 주요 경제학 저작의 발췌작업(『런던노트』라고 지칭됨)부터 시작한 정치경제학 비판 작업은 1857년 정도 가면 일차적으로 마무리되어, 마르크스는 한두 해 내에 결과물의 출판이 가능하다는 생각을 품습니다. 그런데 그게 마음대로 되지 않았고, 그 이후로 10년이 걸려서 1867년에 『자본』 1권을 처음 출판합니다. 다시 6~7년에 걸쳐서 1권을 개작하는데, 특히 앞부분의 「상품」장을 대폭적으로 개작을 해서 2판을 내고, 그다음에 2권 작업에 본격적으로 들어가 1870년부터 1880년까지 작업을 계속하다가 건강이 악화되어 완성을 못하고 사망하죠. 그래서 그 2권 작업은 친구인 엥겔스가 맡아서 마무리를 하는데, 너무 단편적으로 나온 원고들밖에 없어서 이걸 다시 써야 하는지, 조합을 해야 되는지를 고민하다가 2권을 출판했고요. 2권은 그나마 1권을 쓰고 나서 상당히 집필을 했기 때문에 1권보다 더 나간 사고가 많이 담겨 있다고 할 수 있습니다. 특히 재생산과 관련돼서 중요한 사고가 많이 담겨 있는데, 어렵다고 생각해 잘 안 읽죠. 너무 경제학적이라고 보니까. 3권은 2권보다도 미완성이라고 할 수 있습니다. 3권은 1권 초고를 쓰던 시절에 같이 쓰다가 시간이 없어서 남겨둔 자투리 초고집이라고 볼 수가 있습니다. 그러니까 1·2·3권 중에 완성도가 제일 떨어지는 게 3권이라 할 수 있죠. 마르크스 자신의 처음 생각보다 점점 더 어렵고 힘든 작업임이 확인되어 가는 과정이 마르크스의『자본』집필 과정이라 할 수 있고, 그런 점에서『자본』의 정치경제학 비판은 미완성으로 남아 있다고 할 수 있습니다.

그러니까 이 미완성 작업에 우리가 얼마나 새로운 논점을 추가할 수 있을지 열려 있다고 할 수 있습니다. 3권에 가면 금융과 관련돼서 중요한 논점들이 제기되지만, 3권 5편「금융」편은 중요성에 비해 금융 관련 글들에서 발췌를 하다 만 것밖에 없고 본격적 논점은 매우 적습니다. 엥겔스도 이 부분이 핵심이라 생각해 남겨두었지만 더 이상 작업을 진행하지 못했는데, 지금도 경제학 비판의 핵심은 금융 비판이라고 할 수 있지요. 금융에 대한 마르크스적 비판이 지금 중요함에도 마르크스의 작업은 그리로 나아갈 수 있는 길들은 스스로 많이 닦아 완성시킨 것은 아니라는 것을 일단 염두에 둘 필요가 있습니다. 이처럼 미완성인 부분이 많다 하더라도 자본주의에 대한 분석과 비판의 많은 유효한 출발점들은 여전히 마르크스로부터 발견할 수 있고, 마르크스의 재해석과 재독해를 통해 발전시킬 수 있을 것입니다.

앞서 포이어바흐 테제의 결론이라 할 수 있는 '사회적 관계들의 앙상블'이라는 테제로부터 시작해서 정치경제학 비판 작업을 이해해 볼 수 있을 것입니다. 마르크스의 작업에서 사회적 관계들의 앙상블은 두 가지 구조에 대한 질문으로 병행해 제기된다는 점을 먼저 지적해 두는 게 좋겠습니다. 생산관계의 구조나 생산양식이라고 부를 수 있는 질문과 이데올로기라고 부를 수 있는 질문 이렇게 서로 다른 구조의 질문이 있는 것이죠.

첫째로 생산 관계의 구조 또는 생산 양식의 분석은 자본주의에 대해서, 자본운동의 체계와 동역학에 대한 분석입니다. 자본운동의 체계로서 자본주의를 분석한다는 것은 생산 관계의 분석, 다시 말해 생산 수단과 생산물에 대한 소유와 전유, 타인의 노동에 대한 통제와 전유 등이 묶여서 작동하고 자본축적이 어떻게 진행되는지를 보여주는 생산의 사회적 관계들로서 구조에 대한 질문을 제기하는 것입니다. 우리 외부에 있지만 우리가 이 구조의 일부로서 이 구조를 계속 재생산하고 있기도 합니다. 사람들은 그 안에서 생산자인 노동력으로나 소비자로서 그리고 때로는 이 구조에 저항하는 사람으로서 이 구조를 재생산하기 때문에 우리가 그 구조를 어떻게 상상하는가와 무관하게 작동할 수는 없지만 그 구조의 동역학이 우리가 그것을 상상하는 방식에 의해 주로 설명되는 건 아니겠죠.

마르크스에게 구조에 대한 두 번째 접근법은 이데올로기라는 질문입니다. 이데올로기는 주체들이 세계에 대해 갖는 가상적 관계로서의 구조의 질문입니다. 이데올로기적 주체의 재생산 없이 생산관계 구조의 재생산은 불가능합니다. 제가 이런 두 측면을 강조하는 이유는, 20세기의 사회이론이 이 둘 중 어떤 한 측면을 강조하는 분석 전략을 택했다고 보기 때문입니다. 더 구조적·체계적 접근법을 택하거나 아니면 주체가 세계를 어떻게 인식하는지를 강조하거나 둘 중 어느 쪽을 더 강조했는가가 논쟁이 되었는데, 마르크스에게는 사실 둘 다 중요한 관심사였다는 점을 강조하는 것이 중요하겠죠. 이데올로기라는 용어를 비판적으로 부활시킨 것도 마르크스였고, 정치경제학 비판이라는 관점에서 생산 관계들의 앙상블을 통해서 자본 운동의 동역학을 역사적 관점에서 분석하고자 한 것도 마르크스였습니다. 두 개의 구조 중 하나를 다른 하나로 환원하는 것도 아니고 단지 병렬하는 것도 아닌 서로 맞물린 것으로 어떻게 서술할 것인가 하는 질문을 마르크스가 제기했고, 우리는 사회이론에서 이 이중 과제에 계속 직면해 있는 것입니다.

이 두 개의 질문 중 이데올로기의 분석은 마르크스 자신보다는 이후 마르크스를 계승한 사회이론의 과제로 맡겨진 것이기도 하기 때문에, 여기서는 우리가 자본주의라고 부르는 자본운동 체계에 대한 분석을 중심으로 살펴보기로 하겠습니다. 사회적 관계들의 앙상블이라는 방식으로 말이죠. 정치경제학 비판의 몇 가지 핵심 논점을 강조하면서 마르크스 이론의 독창성과 현재성을 이해해 보기로 하죠.

1) 화폐라는 상품

정치경제학 비판이란 당대의 경제학자들이 경제 현실을 바라보면서 그 현실을 낳는 원인과 구조를 제대로 파악하지 못하고 있다는 마르크스의 비판입니다. 그 출발점은 가치·상품·화폐에 대한 경제학의 혼동과 무지입니다.

여러분께서 작심하고 『자본』을 독파해 보겠다고 결심할 때 처음 좌절하게 되는 것은 첫 부분에 등장하는 가치형태론의 난해한 논지 때문입니다. 1권 1장 2절의 노동의 이중성을 지나 1장 3절에서 가치형태론 논의가 본격 전개되는데 여기서부터 난감해지고, 1장 4절로 넘어가 물신숭배 이야기에 가면 절망이 커져서 책을 덮고 나중에 읽겠다는 생각을 하기 십상입니다. 프랑스 철학자 루이 알튀세르가 프랑스에서 『자본』의 새로운 번역이 나온 1960년대 말에 서문을 쓰면서, 『자본』을 1편부터 읽지 말고, 1편은 반드시 접어두고 노동력 상품이 등장하는 2편부터 읽을 것을 매우 강력히 권고한 적이 있습니다.[2] 독해를 포기하거나 잘못 읽고 이해했다고 착각할 가능성이 높다는 것이죠. 그만큼 난해한데, 마르크스는 왜 그렇게 어렵게 썼을까요. 그 이유는 앞서 어떤 경제학도 상품으로서의 화폐에 대해 본격적으로 논의한 적이 없고 그것이 왜 자본 운동에서 중요한 모순이 되는지 제대로 규명한 적도 없기 때문입니다. 마르크스는 자본주의 화폐론에 대한 설명을 매우 독특한 방식으로 철학적으로 접근하고 있는데, 경제학의 한 분과로 이야기하자면 독립적 분석 대상으로서 화폐론이라는 주제는 사실 마르크스가 처음으

---

2   루이 알튀세르, 「『자본론』을 어떻게 읽을 것인가?」, 『아미엥에서의 주장』, 김동수 옮김(서울: 솔, 1991), 57~68쪽.

로 본격 제기한 것이나 다름없는 것이죠. 『자본』을 읽을 기회가 있으면 일단 1편은 접어두고 2편부터 시작해 끝까지 읽은 다음, 1편으로 되돌아 와서는 여러 참고문헌의 도움을 받아 천천히 1편의 이론적 위상을 이해해 보려 노력하면 좋겠습니다.

마르크스는 경제학자들이 너무 자명한 전제로 받아들이는 것이 실제로는 자명할 수 없다는 점을 가치형태론을 드러내 주고자 합니다. 예를 들어 봅시다. 시계 하나의 가격이 10만 원이라고 하면, 마르크스가 논쟁 대상으로 삼은 스미스와 리카도의 고전파 경제학에서는 왜 그 가격이 10만 원이냐 하고 물을 때 그만큼의 가치의 노동이 투여되었기 때문이라고 답할 것입니다. 그런 다음 정치경제학의 논리는 비약합니다. 10만 원의 가치가 있는 한 상품은 10만 원의 가치가 있는 다른 상품과 교환될 수 있고, 이 동등한 가치의 상품을 교환할 필요로부터 화폐가 생겨났다고 말하겠죠. 이제 10만 원의 시계는 1만 원의 가치가 있는 컵 10개와 교환될 텐데, 우리는 두 상품 사이에 투하된 노동의 크기가 10배 차이가 난다는 것을 알고 있습니다.

어찌 보면 단순한 논리고 대부분의 교과서들은 그 이상 나아가지 않는데, 마르크스의 논점이 이 부분에서 어려운 이유는 이 당연해 보이는 전제를 끊임없이 파고들기 때문입니다. 시계가 10만 원인 이유는 10만 원에 해당하는 10시간의 노동이 들어가 있기 때문이라고 말하는 고전파의 노동가치설의 전제를 마르크스는 일단 수용하고 나서 다시 비판합니다. 그것과 교환되는 컵 하나에 1시간의 노동이 들어 있다면 교환비율은 1:10이 되겠죠. 우리가 현실에서 알 수 있는 것은 단지 여기까지, 즉 1:10의 교환비율로서 교환가치뿐입니다. 우리가 교환비율을 안다고 해서 정작 시계에 10시간의 노동이 투여되어 있는지 알 수는 없습니다. 마르크스는 현미경을 들이밀고 해부를 해보아도 알 수 없다고 말합니다. 더욱이, 똑같아 보이는 같은 시계를 만드는데 어떤 경우는 10시간, 어떤 경우는 12시간이나 8시간 노동이 들어가 있더라도 왜 그 가격이 10만 원으로 같으냐고 물으면 경제학자들은 단지 경쟁을 통해 그렇게 정해진다고 말할 뿐일 것입니다. 추상의 수준이 바뀌는 것이죠. 그래서 마르크스는 가치(라는 실체이자 크기), 교환가치, 사용가치 셋을 구분합니다. 여기에 이상한 불가지론의 세계가 우리 앞에 나타나지요. 교환비율만 존재하고 그 교환비율로부터 역추적해서 시계가 담고 있는 가치 크기 자체를 알 수 있는 방법이 없기 때문입니다. 교환가치의 비율로만 표현되는 가치 크기를 알고 싶은 우리는 하나의 사용가치에 다른 사용가치를 맞세우는 방법 외에 다른 길을 찾지 못합니다. 이 불가지론의 해결책으로 등장하는 것이 '화폐'라는 또 다른 상품입니다. 자본주의 위기로 나아가는 구조적 모순의 첫 출발점이 여기에서 확인됩니다.

자본주의 화폐의 독특성은 이것이 사회적인 것의 의미를 부여하는 힘을 지니기 때문입니다. 본래 사회성의 출발점은 화폐가 아니라 사회적 노동입니다. 그렇지만 자본주의에서 노동의 사회적 성격은 그 자체로 인정되지 않습니다. 일단 '사회적 필요노동'으로 인정된 가치가 상품 속에 응결되어 그것이 상품으로 팔리고, 이를 통해 상품이 다시 화폐로 전화해 이윤이 실현된 다음에 그 화폐 일부를 노동자들한테 임금을 줌으로써 이 순환은 일차적으로 완결된다고 할 수 있습니다. 그리고 이 순환 끝에서야 임금을 받음으로써 노동자의 노동은 사회적으로 승인되는데, 다시 말해 노동이 상품에 가치로 응결된 순간에 사회성을 띠는 것은 아니라는 것입니다. 사회적 승인은 상품 유통 과정을 거쳐 사회적 노동이 시장에서 화폐로 실현된 이후의 문제고, 만일 추상노동이 응결된 상품이 판매되지 않고 재고로 쌓여 있으면, 그 노동은 사회적인 것이 아닌 것이 되죠. 사회적으로 쓸모없는 일이 될 뿐입니다. 이처럼 사회적 노동이 지닌 '사회적인 것'의 특징은 직접적으로 실현되는 것이 아니라 화폐의 매개를 통해서만 실현되며, 여기서 화폐는 처음에 실용적 매개 수단에 불과한 것처럼 보이다가 나중엔 군주의 위치처럼 높아져서 사회성의 인정 여부를 결정하는 권력을 형성하는데, 이 논리를 이해하는 것이 가치형태론의 핵심이죠.

경제학 내에 한정하더라도 화폐론에 중요한 위상을 부여한 것은 마르크스가 처음이라고 할 수 있습니다. 마르크스 이후에 화폐론의 독자적인 위상을 부여하는 경제학 체계는 유동성의 문제를 독자적 분석 대상으로 인정한 케인스가 대표적입니다. 경제학의 지배적 패러다임은 신고전파를 거쳐서 새고전파로 이어졌는데, 여기서는 실물 경제가 중심이 되기 때문에 화폐론이 중요한 위상을 차지하지 않습니다. 20세기의 경제학에서 왜 케인스는 화폐론을 중시했는지, 20세기에 금융위기가 어떻게 반복적으로 경제질서에 위협이 되었고 이에 대해 경제학은 어떤 해결책을 강구해 왔는지를 보면서 화폐론에 대한 마르크스 입장의 현재성을 확인해 보는 것이 중요할 것입니다. 이 점에서도 화폐에 대한 마르크스의 관점은 경제학 비판에서 매우 중요합니다. 그리고 가치형태론에 대해서 설명하면서도 지적해 두었듯이, 물신숭배라는 특성으로 나타나는 자본주의하에서의 '사회적인 것'의 전도된 특징도 이런 마르크스의 화폐론으로부터 설명된다는 점도 덧붙여 두도록 하겠습니다.

2) 노동력 상품

두 번째로 정치경제학 비판에서 마르크스의 중요한 논점은 '노동'과 '노동력'을 구분하는 것입니다. 마르크스는 노동이 아닌 노동력이 상품이라는 점을 강조하면서 이를 보지 못한 데 정치경제학의 핵심적 결함이 있음을 보여주고, 여기서 '경제'라는 현상이 경제학의 경제 논리로 설명될 수 없는 사회적·계급적 특징을 지니고 있다는 점을 드러냅니다. 노동력이 상품이 되면, 자본은 살아 있는 노동력을 자본에 종속시켜 활용해야 하는 쉽지 않은 과제를 안게 됩니다. 기계를 쓰는 것과는 매우 다르지요. 노동력이 존재하지 않고 이윤이 발생할 수 있을까요? 노동력 활용을 최소화하고 이윤이 발생하는 것은 상업 중심의 중상주의의 세계에서만 가능합니다. 고전파 경제학 이후의 세계에서는 노동력이 상품으로 존재하지 않으면서 이윤이 발생할 수는 없습니다. 지금도 기본적 사실은 변하지 않았는데, 노동의 부가가치에 기반한 GDP 집계라는 일반적 구도만 보아도 분명히 알 수 있습니다.

'노동력의 가치'와 '노동의 가치'라는 표현은 유사해 보이지만 근본적으로 다른 접근법임을 아는 것이 중요한 출발점입니다. 마르크스는 노동력이라는 개념으로부터 그다음에 어떤 개념을 가져오냐면, '가변 자본'이라는 개념을 발전시키죠. 가변 자본과 관련해서 '잉여 가치'라는 개념을 또 발전시켜요. 그리고 이 잉여가치라는 개념으로부터 우리가 축적이라고 하는 개념, 재생산이라는 개념으로 나아갈 수 있고요. 그다음에는 '상대적 과잉 인구'라는 개념으로 나아갈 수도 있습니다. 그러니까 이 모든 개념의 연쇄는 노동력이라는 개념을 출발점으로 삼고 있다고 할 수 있고, 이로부터 경제학 비판은 전체 구도가 세워진다고 할 수 있죠.

노동력이라는 개념은 그 개념이 포괄하는 내용 때문에 경제학 비판의 핵심에 놓이게 됩니다. 노동력을 매개로 한 자본과 노동의 관계는 한편에서 노동할 수 있는 능력에 대한 계약금으로서 지급된 임금을 대가로 노동의 지출을 더 많이 끌어내고자 하는 자본의 입장과, 그 반대편에서 가능한 한 노동의 지출을 줄이고 노동 지출 중 지불받는 부분을 늘리려는 노동의 사이에 계급적 대립구도가 이미 모순적·적대적으로 맞물릴 수밖에 없음을 보여주고 있기 때문입니다. 노동일 연장을 통해 획득되는 절대적 잉여가치와 지출된 노동 중 지불부분보다 불불부분(잉여가치)의 비율을 높임으로써 획득되는 상대적 잉여가치는 바로 이런 노동력이라는 독특한 개념과 여기서 발생하는 자본-노동의 대립적 관계 위에서 성립하는 논리이죠.

노동력이라는 개념을 갖지 않은 경제학은 마르크스가 사용하는 다른 개념들의 연쇄로 나갈 수도, 그것을 인정할 수도 없습니다. 그렇기 때문에 자본주의의 부침, 독특한 궤적, 성장과 위기의 반복이 나타나는 이유를 적절하게 설명할 수 없습니다. 경제학은 불균형 상태로부터 위기를 설명하는데, 마르크스는 불균형 상태로서 위기를 말하는 게 아니라 사실은 자본운동의 내적 모순으로부터 발생하는 구조적 위기를 말하고 있거든요. 이 구조적 위기를 이해하는 데 화폐와 노동력 상품이 마르크스의 핵심 관심사가 됩니다. 그리고 화폐 상품과 노동력 상품의 독특성과 관련해 그다음 마르크스에게 중요하게 등장하는 개념이 재생산입니다. 사실 지금 마르크스 이론의 현재성을 강조할 때 우리는 '사회 재생산의 이론가'로서의 마르크스를 좀 더 강조할 필요가 있습니다.

3) 재생산

『자본』1권에서 이야기하는 재생산과 2권에서 이야기하는 재생산은 좀 구분할 필요가 있습니다. 1권에서 이야기하는 재생산은 자본의 축적으로서 확대재생산, 그리고 이와 더불어 진행되는 노동력의 재생산이 핵심 논점으로, 선대 자본 투자로부터 어떻게 지속적 자본의 운동이 진행되는지(단, 모순을 증대시킴으로써만)를 보여주는 것이 핵심입니다. 이 재생산의 논점은 하나의 대표적 자본을 추상적으로 상정해도 성립되는 논점입니다. 그에 비해『자본』2권의 재생산은 '사회적 총자본'이라는 관점하에 새로운 논점을 제기하는데, 하나의 경제체계 전체에 포함된 다수의 자본과 이 자본이 생산한 다수의 상품들이 어떻게 유통의 연결망으로 하나의 전체를 형성하면서, 이 자본축적의 구도를 어떻게 반복해 가는가를 분석해 보여주고자 합니다. 우리가 민족경제 단위를 하나의 국민계정 회계단위로 제시할 때 등장하는 논점도 바로 이 재생산에 관한 질문이죠.

먼저 자본의 축적과 노동력의 재생산이라는 쟁점부터 살펴보도록 하겠습니다. 이 쟁점은 우리의 관심을 자본축적 운동의 동역학 자체로부터 더 폭넓게 근대 자본주의가 그 위에서 작동하는 특정한 역사적·제도적 조건들의 질문으로 갑니다. 여기서 제도적 변천으로서 자유주의라는 쟁점이 제기됩니다. 근대 자본주의 세계경제는 자유주의라고 지칭할 수 있는 특정한 역사적 제도 배치에 기반해 작동하고 있으며, 이 자유주의 제도는 경제관계를 자율성을 지닌 '자연화'의 동학으로 만들어냅니다. 자연화한다는 것은 외부적 개입 없이 마치 자연적 질서처럼 반복적으로 작동하는 장치처럼 보이게 만든다는 것이죠. 보이지 않는 손이 자유주의 경제학의 핵심 원리라는 것은 잘 아실 테고, 이 주장은 신자유주의자들한테도 마찬가지인데, 이 주장이 그냥 단순한 허구는 아닙니다. 자유주의의 역사는 실제로 시장을 이런 '가상현실'로 만들어내는 이데올로기적 장치의 힘으로 작동해 왔고, 그러면서 수많은 저항들을 복속시켜 왔다고 할 수 있습니다. 현실에서는 경제가 마치 보이지 않는 손에 의해 작동하는 것처럼 자연화되어야만 저항이 적게 작동하고 이 체계의 정당성도 확보될 수 있겠죠. 그런데 중요한 것은 이런 '자연화'가 나타난다는 점만이 아니라, 역사적 현실에서 이 불가능한 자연화를 자연화처럼 보이게 만들기 위해 얼마나 많은 인위적 제도가 상시적으로 개입해 왔고 지금도 개입하고 있는지를 이해하는 것입니다. 외부에서 '인위적' 개입이 없더라도 자본의 재생산은 자동적으로 진행되는 것처럼 보이도록 만드는 특정한 제도 장치들의 배열, 이것이 바로 자유주의를 근대 자본주의의 제도적 기초로 만드는 연결 작동이라고 할 수 있고, 여기서 우리는 재생산이라는 문제 설정의 중요성을 볼 수 있습니다.

재생산을 간단하게 이해해 보도록 하죠. 처음에 자본이 투자의 순환을 시작하려면 이 순환의 외부에서 투입할 자본을 가져와야겠죠. 이를 선대자본이라고 부르는데, 이것이 은행 차입인지, 강탈인지, 관료가 리베이트로 받았든지, 인도 무굴제국을 약탈해서 얻은 것인지, 농민 수탈로 벌어들인 것인지, 사채를 빌렸는지는 중요하지 않습니다. 양적 균질화의 세례를 받은 자본은 그 출신성분을 묻지 않는다고 하겠죠. 아니, 이는 정확히 말하자면 마르크스가 원시적 축적(또는 본원적 축적이나 시초축적으로 번역)으로 지칭한 쟁점에서는 매우 중요하지만, 자본의 순환 자체에서는 중요하지 않습니다. 이렇게 자본축적의 출발점은 외부에서 투입된 화폐 형태의 선대자본이라고 정의하고 시작하기로 합시다. 예를 들어 10억 원의 선대자본을 투자해 생산과 유통의 순환을 거쳐 상품이 판매되고 화폐가 회수되면 자본의 한 회전이 끝나고, 자본은 이제 첫 투자금인 선대자본에 추가해 이윤을 획득합니다. 그다음도 순환은 반복되고 회전이 끝날 때마다 동일하게 선대자본 10억 원에 플러스 이윤이 회수되죠. 이제 더 이상 외부로부터 유입된 선대자본의 투입의 필요하지 않고 자본축적은 자기 스스로의 메커니즘에 의해 '자연화'하게 됩니다. 그리고 여기서 불변자본 가치가 '이전'되는 것과 가변자본 부분과 관련된 산노동에 의한 가치의 '창출'이 어떻게 다른지가 중요한 논점이 됩니다.

그리고 이 자본의 재생산은 다른 한편에서 노동력의 재생산과 필연적으로 맞물립니다. 노동력 상품이라는 마르크스의 전제에서, 임금은 노동의 대가로 지급되는 것이 아니라 노동력 활용 계약의 조건으로 선지급되어야 하는 계약금입니다. 이 전제에 따라, 앞서 10억 원의 선대자본 중 5억 원이 임금으로 처음에 투입되었다고 가정해 보죠. 이 비용은 어떻게 회수되는가 하면, 위에서 말한 자본의 회전을 마치고 판매된 상품으로부터 회수된 화폐에 의해 이루어집니다. 바로 선대자본 10억 원이 화폐로 회수된 재생산 과정의 결과, 그중 5억 원을 다시 임금 기금으로 배정할 수 있게 된 것이죠. 여기서 임금을 계약금으로 선지급된 것이 아니라 자본 회전이 종료된 후 지급된 것으로 설명하는 것은 이 과정에 신용이 개입된 것으로 설명하는 것 그 이상 차이를 낳지 않습니다. 자본은 재생산되면서 처음 선대자본을 회수해 다시 두 부분으로 나누는데, 이전된 가치에 해당하는 원료와 기계 소모분, 즉 불변자본을 한편으로 하고, 또 노동력의 구입비용으로서의 가변자본을 다른 한편으로 회수하는 것이죠. 물론 거기서 그치는 것이 아니라 이와 더불어 '이윤'이 추가되는 것이 당연하게 여겨지겠죠. 자본은 재생산되었고, 노동자들은 노동력으로 다시 일할 수 있도록 되었습니다. 계속 임금이 지급 가능해졌기 때문에.

그런데 정확히 말하자면, 노동자들이 노동력으로 재생산된 게 아니라 노동자들한테 줄 수 있는 임금기금의 화폐액이 재생산된 겁니다. 5억 원이라는 화폐죠. 이는 원료 투자비용을 회수하는 것과 다른 논리가 아닙니다. 그럼 노동자들은 출발점과 똑같은 노동자로 들어올 수 있을까요? 이는 자본의 관심이 아니기 때문에, 이 자본순환 속에서 우리는 그 결과를 예측할 수 없습니다. 그럼 그들은 어떻게 되냐면, 건강한 상태로 노동력을 회생시켜 되돌아와야 될 텐데, 그 5억 원을 임금으로 분할해서 준 부분이 노동자들이 '정상적'으로 생활하기에 충분한 액수인가 부족한 액수인가 따지면, 현실에서는 부족한 경우가 더 일반적일 것입니다. 여기에는 노동자 개인뿐 아니라 피부양 가족의 재생산까지 포함되어야 하는 경우가 많은데, 이렇게 20세기에 임금은 '가족임금'이라는 형태를 띠고 가부장제를 지탱해 왔죠. 그럼 지불된 임금으로 노동력 재생산이 부족하면 나머지는 어떻게 되는가 하면, 지불받지 않는 노동(불불노동)의 수행에 의해 보완되어야 합니다. 제일 큰 것은 가족 임금 이데올로기하에서 전업 주부의 불불노동을 재생산의 핵심 고리로 만든 것이죠. 가사노동에 대해 지불하지 않는다는 것은 자본이 지불해야 하는 것이 불불 형태로, 즉 무보수 노동으로 제공된 것이죠. 부모가 농사를 지어 도시에 생활하는 자녀들에게 계속 쌀을 대준다면 이 또한 임금 수준을 낮추는 불불노동이라 할 수 있습니다. 그러니까, 노동력이 재생산되는 게 아니라 노동력에 투여되는 가변 자본의 비용만 투자액 회수라는 형태로 자본의 재생산에서 이루어지고, 노동력의 재생산은 우리가 그 자본의 축적의 고리 바깥에 열려 있는 더 넓은, 따옴표 치면 '사회'라는 공간에서 이루어진다는 점이 중요합니다. 마르크스가 보여주는 재생산의 이 비대칭성은 매우 중요합니다. 자본의 재생산은 자본의 순환 고리 내부에서 완결되는 반면, 노동력의 재생산은 자본의 순환 고리 내부에서 절대 완결될 수 없고 그 외부를 필연적으로 상정하는데, 이는 자본의 시야에는 마치 존재하지 않는 것으로 간주되는 비존재의 세계, 무지의 세계일 수밖에 없습니다. 따라서 자본 순환의 범위 내에서의 재생산의 질문, 유통 시장을 매개로 한 재생산의 문제, 그리고 그보다 더 확장된 사회 전체 공간에서의 재생산이라는 질문을 각각 구분할 필요가 있는 것이고, 이 때문에 재생산의 질문은 필연적으로 재생산에서의 국가의 역할이라는 질문을 필연적으로 동반합니다.

마르크스의 이론을 잘 보시면, 자본이 축적할 때 자본은 폐쇄된 공간 내의 준거에만 의존해 축적을 진행하지만, 자본 재생산이 가능하려면 자본이 고려해야 하는 공간 외부의 사회적 공간 속에서 노동력 재생산을 고려해야 한다는 것, 그러나 자본은 자본의 순환 범위 외부의 재생산 문제를 관심에 담을 수 없다는 모순을 강조하고 있음을 알 수 있습니다. 여기서 자본의 비용은 외부화하고 여기서 노동의 궁핍화 또는 비참화라는 마르크스의 테제가 등장합니다. 자본의 재생산은 동시적으로 불균등한 양극의 재생산을 말하는데, 한편의 극에서는 축적이라는 자본의 확대재생산이 진행되며 다른 한 극에서는 노동의 '비참화'가 진행되지요. 상대적 과잉 인구의 법칙이 바로 그 설명입니다. 이게 재생산의 요점이에요. 여러분이 재무제표라는 자본의 회계제도만 바라본다면 바로 이 문제를 이해할 수가 없습니다. 재무제표의 핵심인 대차대조표에 노동력은 단지 '인건비'로서만 기록될 수 있을 뿐이고 이는 축적된 자본으로서가 아니라 수입-지출의 흐름의 비용으로서만 고려될 뿐입니다. GDP 통계에 인간노동력은 비용 외의 다른 기준으로 잡히지 않는 것이죠.

여기서 마르크스의 서술을 이중화할 필요가 있다는 제 주장을 제시해 보겠습니다. 마르크스의 서술은 한편에서 자본축적의 '자연화'의 동학을 보여주면서, 자본운동 체계의 동역학이 무엇인지 그 모순과 위기는 어떻게 발현되는지를 보여줍니다. 가치법칙에서 시작해 자본의 경향적 법칙에 대한 논의로 이어지는 서술 방식이 그렇죠. 그런데 또 다른 측면에서 재생산이라는 질문과 결합한 마르크스의 서술은 자신의 관심을 이 자본축적을 포함한 좀 더 넓은 공간으로 확장하고, 여기서 이 자본축적의 '자연화'라는 외양이 가능하도록 만드는 역사적·제도적 조건에 대한 질문으로 나아갑니다. 이 역사적·제도적 조건이 없다면 노동력의 재생산을 포함하는 자본의 재생산이란 현실적으로 불가능해지기 때문입니다. 자본이 책임지지 않는 비용의 '외부화'의 공간이지만, 이것이 없으면 자본축적이 불가능한 역사적 배치들에 대한 질문이죠. 여기서 국가의 개입이 중요하게 부각됩니다. 이렇게 되면 우리는 앞에서 자본의 재생산은 자본의 순환 고리 내에서 완결된다고 했는데, 이 주장도 수정이 필요해집니다. 자본의 재생산은 자신이 놓여 있는 역사적·제도적 조건에 대한 무지 위에서 '폐쇄적'으로 작동한다고 하는 것이 더 정확한 표현일 것입니다.

어떤 사람은 마르크스 이론의 핵심을 좀 더 법칙적인 서술에서, 즉 자본축적의 고유한 동역학에서, 즉 자본이 어떻게 잉여가치 생산을 통해 확대재생산하고 축적해 자기 몸집을 키우고 위기에 처하는가를 보여주는 것, 자본주의의 작동 원리를 보여주는 것에서 찾을 것입니다. 이를 반박해 다른 주장을 펴는 사람은 반대로 마르크스 이론의 핵심을 그가 제기한 다양한 역사적 분석에서, 즉 자본주의 작동을 가능하게 하는 역사적·제도적인 틀이 어떻게 형성되는지, 자본주의적 화폐, 자본주의적 노동력, 세계 시장의 통합 등은 이런 특정한 역사적 제도들 위에서 어떻게 가능해지는지를 분석하는 데서 찾을 수도 있을 것입니다.

그렇지만 저는 첫 번째 주장과 두 번째 주장 사이에서 하나를 선택하는 것이 답이 아니라, 마르크스의 서술이 이 양자를 모두 포괄하는 방식으로 이중화될 수밖에 없다고 보는 것이 적절하다는 주장을 제시하고자 합니다. 한편에서 마르크스는 자본운동의 체계라는 점에서 서술을 진행합니다. 물론 경제학자들의 서술과 다른 방식으로, 자본운동에 대한 자본의 무지를 드러내는 방식으로 그렇죠. 그래서 확대재생산과 그다음에 상대적 과잉인구의 출현이라고 하는 자본주의 고유한 어떤 경향적 법칙들을 보여주지요. 그런데 이와 대비해 또 다른 측면을 찾아보면, 마르크스는 이런 자본주의가 움직이기 위한 매우 독특한 역사적이고 제도적인 조건들이 어떻게 마련되는지를 역사적으로 서술하고 이와 관련된 위기와 저항을 설명하는 데 많은 지면을 할당합니다. 이를 통해 자본운동 체계의 '자연화'는 사실은 자연적 현상이 아니라는 것이 확인되지요. 첫 번째 서술을 전개하면서 동시에 두 번째 주장도 함께 서술될 수 있는 서술 구조를 가지고 있을 때만 마르크스의 논의가 성립한다고 저는 생각을 합니다. 하나의 총체성 속에 양자를 무모순적으로 포괄하는 것이 아니고요.

4) 다수 자본

위에서 하나의 대표적 자본을 전제하고 논의하는가 아니면 사회적 총자본의 수준에서 논의하는가에 따라 재생산에 대한 논점의 변화가 생긴다고 했죠. 『자본』 2권을 거쳐 3권에 가면 우리는 다수자본, 자본 간 경쟁의 세계에 들어섭니다. 다수 자본 사이의 네트워크의 재생산이라는 관점은 『자본』 2권의 관점이라고 앞서도 지적했었죠. 자본이 화폐자본, 생산자본, 상품자본이라는 상이한 계기적 형태 전환을 거쳐야 하며 유통 공간에서 서로 맞물려서 운동하고 실현되어야 하는데, 이 복잡한 연관과 순환의 고리가 어떻게 중단 없이, 과잉생산 없이 지속 가능한가가 경제 전체의 차원에서 중요한 문제가 될 수 있습니다. 이것이 근대 자본주의의 중요한 특징이기도 한데, 자본주의 이전의 사회에서 생산은 분절적·고립적으로 이루어졌고, 이것이 거대한 유통네트워크에 의해 하나의 총체성을 구성하지는 않았기 때문에 자본주의 같은 재생산에 관한 질문은 제기되지 않았습니다.

　여기서 『자본』 1권, 3권과 대비되는 2권의 특징을 볼 수 있는데요, 1권과 3권의 논지는 대표적 자본이라는, 자본 일반이라는 관점이 완전히 사라지지 않는데, 그냥 하나의 자본을 중심으로 해서 자본주의 메커니즘을 설명하고 있다고 할 수 있습니다. 다수 자본이 있다고 하더라도 그 자본들의 성질의 차이가 관계성에 어떤 영향을 주는지가 구체적으로 고려되지 않습니다. 그런데『자본』2권에 가면 이질적 자본들이 등장하게 됩니다. 크게 보면 생산재를 생산하는 자본과 소비재를 생산하는 자본이 나뉠 수가 있어요.

한 사회를 설명할 때 개인의 특징을 설명한 다음 사회를 단지 개인들의 수적인 합으로만 보는 경우가 있습니다. 경제학의 서술이 대표적일 수 있겠는데, 이건 좀 불합리한 설명입니다. 우리는 사회란 단지 개개인의 합이 아니라 개인들 사이에서 벌어지는 어떤 상호작용의 복합적 결과물이라는 것을 잘 알고 있고 여기서 개인들을 모두 동질적 개인으로 보면 문제라는 것을 잘 알고 있으니까요. 앞서 마르크스는 이런 관점을 '사회적 관계들의 앙상블'이라고 지적했다고 했죠. 자본이 개인들을 어떤 사회적 앙상블로 묶어낸 것이라면 하나의 대표적 자본을 통해 사회적 관계의 복잡성을 보여줄 수도 있겠지만, 거기서 더 나아가 자본들 사이의 복합적 관계를 네트워크로 보여주는 또 하나의 과제가 제기될 수 있습니다.『자본』2권에서 사회적 총자본이라는 관점으로 가면, 이제는 자본들이 서로 묶여서 일종의 결합망으로 작동해야 합니다.

이처럼 연결된 네트워크로 운동하는 자본의 체계가 작동하기 위해서는 부문과 특성이 다른 자본들 사이의 관계가 통일적으로 맞물려 지속적으로 작동하는 구조가 형성되어야 하며 또한 이처럼 상이한 자본이 서로 맞물려 작동할 수 있는 어떤 참조점이 필요할 것이고, 그것이 제도화되어야 할 것입니다. 정부의 경제 관리, 통화 정책 그리고 회계 제도 같은 것이 아주 중요하겠죠. 축적이 회계적인 네트워크 속에서 상호적 준거점을 가지고서 시장이라는 제도로 전개되는 것, 이것도 재생산이라는 관점에서 설명됩니다. 노동력 재생산이 자본순환 영역 내부에서 진행되는 것이 아니라 필수적으로 그 외부를 수탈하거나 착취하는 형태로만 가능하다고 한다면, 화폐자본의 재생산은 자본의 순환 내에서 진행되지만 그것을 가능하게 만드는 조건인 제도의 배치는 자본의 축적 자체에 의해 만들어지는 것은 아닙니다. 마치 선대자본으로부터 자본의 순환이 시작했던 것처럼 말이죠.

이처럼 재생산의 관점은 근대 자본주의가 낳은 사회구조의 여러 가지 복잡한 층위들을 복합적으로 연결 지어 분석할 것을 요구하는 것입니다. 21세기 들어서 '사회재생산'은 돌봄과 관련되어 중요한 쟁점으로 제기되기도 하는데, 이 '사회재생산'이 바로 마르크스로부터 출발한 중요한 이론적 쟁점이며, 지금도 사회재생산의 논의를 발전시키기 위해서는 마르크스가 제기한 '사회'와 '재생산' 두 개념에 대한 비판적 분석을 반드시 고려해야 할 것입니다.

5) 경향적 법칙

상품으로서 화폐와 노동, 자본의 생산과 재생산, 자본 간 경쟁 등을 통해 마르크스는 자본 운동 체계의 내적 모순을 보여주는데, 마지막으로 우리가 살펴볼 것은 마르크스가 이 모순이 드러나는 역사 법칙의 특성으로 강조하는 '경향적 법칙'이라는 개념입니다. 자본축적이 진행되면서 경향적 법칙이 등장하는데, 상대적 과잉인구 법칙이나 이윤율의 저하 법칙 같은 것이 대표적인 것이죠. 왜 '경향적'이라는 한정적 표현이 추가될까요?

보통 경제학자들은 법칙을 물리학적인 준거에 따라 해석하죠. 보편 법칙으로서 뉴턴적 물리학 말이죠. 마르크스의 법칙관은 이와 다르다고 할 수 있는데, 인간 세계는 물리학의 세계와는 다르기 때문입니다. 보통 고전물리학의 세계에서 설명은 예외 상황을 초래할 수 있는 다른 변수를 제거합니다. $f=ma$라고 하는 뉴턴적 힘의 법칙에서는 질량과 가속도만 가지고 힘이 계산되고, 여기서 예외는 없습니다. 예외적 상황은 공기의 저항 같은 조건들 때문인데, 법칙은 이런 예외들을 모두 통제하고 추상화한 핵심 변수들 사이의 관계를 통해 일반법칙을 제시하고자 합니다. 이처럼 물리학의 법칙을 보여주는 과정은 예외 조건들을 모두 추상하는 '빼기'의 과정입니다.

그렇지만 마르크스의 분석에서 법칙은 역사적 법칙입니다. 여기서는 물리학 법칙의 '빼기'를 통한 일반적·보편적 이론의 제시가 아니라 오히려 역사적 조건들의 '더하기'를 통해 경향적 법칙이 작동하는 역사 정세의 독특성을 드러내는 것이 목표가 됩니다. 마르크스를 단순히 보편적 역사이론가로 간주하는 오해와 달리, 마르크스는 그 반대편에, 구체성과 독특성 우위의 역사유물론의 입장을 옹호했다고 할 수 있습니다. 이것이 마르크스가 자신의 방법을 추상에서 구체로 가는 과정이라고 부른 핵심 요지이고, 루이 알튀세르가 마르크스의 변증법의 핵심을 '정세 우위'의 '모순의 과잉 결정'이라고 했던 내용이겠죠. 이런 점에서 마르크스의 접근법은 프로이트의 경우와도 매우 유사한 함의를 지닐 수 있습니다.

기계적 유물론이나 자연유물론의 세계가 아니라 역사유물론이라고 마르크스가 부른 세계에서는 인간들이 만든 제도에 기반해서 경제가 작동하기 때문에, 경제 자체의 변수들에 의해서만 인과 관계가 폐쇄적으로 설명될 수 없습니다. 주류 경제학이 실패하게 되는 이유는 경제학자들이 모든 모델을 닫힌계(closed system) 심지어는 고립계(isolated system)로 설명하기 때문인데, 그럼 인과관계가 그 체계 내에서 완벽하게 설명이 돼야 하겠죠.

마르크스의 이야기는 뭐냐 하면, 그 체계가 작동하는 것처럼 보이는 중요한 인과의 원인은 체계 안에 있는 게 아니고, 그 체계를 지탱하거나 체계를 체계로 만드는 어떤 역사적이고 제도적인 조건들에도 있다고 할 수 있다는 것입니다. 이윤율의 하락은 행성들 사이에서 작동하는 인력과 같이 작용하는 것이 아닙니다. 그것은 앞서 우리가 분석한 화폐제도, 노동력 상품화, 자본들 사이의 관계를 조율하는 재산권과 회계제도, 신용과 금융제도, 자본주의 '외부'로부터의 무상의 전유를 가능하게 하는 방식 등의 많은 역사적 조건 위에서 구체적인 궤적을 만들어가며, 여기서 이윤율 하락을 상쇄하는 요인들 또한 매우 역사적이고 구체적인 방식으로 작동합니다. 그래서 여기서 우리가 보여주어야 하는 것은 이 모든 구체성을 제거하고 언제나 '이윤율은 반드시 저하한다'는 일반적 결론이 아니라, 각 역사 시기에 이윤율이 저하하는 구체적 양태들과 이 저하 때문에 발생하는 모순과 갈등의 양태의 차별성, 이 하락을 상쇄하는 방식의 역사적 차별성 등을 고려해 구체적인 역사적 자본주의의 특성을 준별해 내는 것입니다.

그렇기 때문에 역사과학에서 법칙은 경향적으로 나타나며, 때로는 특정한 추세선이 보이지 않고 단지 순환처럼 보일 수도 있는 것이죠. 중요한 것은 이론적으로 이 변화의 방향성을 규정하는 추세선을 확인하고 변동의 구체적 특성을 추적해 가는 것입니다. 한편에서 마르크스는 자본 운동의 세계에 법칙들이 작동한다는 걸 부정하지 않지만, 동시에 그 법칙이 자연 과학자나 경제학자들이 생각하는 방식으로 단선적으로 진행된다고 보지도 않습니다.

자본운동 체계에서 나타나는 법칙들은 모두 경향적 법칙이라는 역사적 법칙의 특징을 보입니다. 항상 신규 투자는 가변 자본보다 불변 자본에 더 많이 투자가 되는 경향이 발생해서 노동에 대한 투자를 줄이고 기계에 대한 투자를 늘리는 경향이 있습니다. 이게 노동절약적 기술 발전의 편향적 성격으로 나타나지요. 노동의 포섭이 형식적 포섭에서 실질적 포섭으로 나타나서 기계에 노동이 종속되는 형태, 그다음에 상대적 과잉 인구의 법칙, 그다음에 자본주의적 소유에 기반한 자본주의적인 영유가 진행되는 방식, 소비재 부분에 대한 자본재 부문의 우위 축적 경향이 나타나게 되고, 이윤율이 경향적 저하를 보이게 되며, 금융에서 자본의 신비화의 완성 등이 모두 자본운동의 결과로 '경향적' 법칙으로 나타나게 되겠죠.

이렇게 설명하고 나면, 우리는 왜 마르크스가 '경제' 위기를 설명하면서도 경제학이 이 설명을 할 수 없다고 보는지 이해할 수 있습니다. 만일 마르크스의 설명을 경제환원론으로 오해하거나 마르크스를 보편적·일반법칙 추구자라고 오해한다면, 마르크스를 가지고 역사적으로 매우 다른 형태로 나타나는 위기에 대한 설명을 전개하려는 노력을 처음부터 하기 어려워질 것입니다.

5.　　　　　　　　　　　'경제학 비판'으로서의 '사회적인 것'

저는 '사회적인 것'에 대한 설명에서 마르크스가 다른 사회학자의 관점과 다른 특성을 보인다는 점을 설명해 보려 노력했습니다.[3] 이 책 서문에서 뒤르켐이나 베버와 비교해 마르크스의 차이점을 설명하기도 했죠. 마르크스에게 사회적인 것은 바로 경제 그 자체라고 이야기를 해보기도 했는데요, 여기서는 그 질문을 좀 더 파고들어가서, 마르크스에게 사회적인 것은 자본에 노동이 종속됨으로써 나타나는 전도된 사회 효과라고 이야기해 볼 수 있을 것입니다. 이를 보여주기 위해 독일어의 사회적이라는 표현이 두 개의 다른 형용사를 통해 제시된다는 논점을 제기해 보려 합니다.

영어에서 굳이 나누자면 societal과 social을 구분해서 쓰는데, 독일어에서는 더 일상적으로 구분해 쓰는 두 개의 형용사가 gesellschaftlich(게젤샤프트리히)와 sozial(소치알)입니다. 흥미로운 건 마르크스가 분석하면서 사회적 생산관계라든지, 사회적 생산력이라든지 사회적 노동이라는지 하는 표현을 쓸 때 사용한 단어가 항상 gesellschaftlich라는 형용사였다는 점입니다. 이에 비해 독일이나 독일 역사의 특성이긴 한데, 비스마르크가 국민국가의 허구적 통일성을 지향하면서 추진하는 보수적 사회 정책, 사회복지 국가를 만들어내면서 그때 등장하는 사회 문제, 사회 정책, 사회 국가 등에 사용되는 '사회적'이라는 형용사는 항상 sozial입니다. 비스마르크의 등장과 더불어서 나타나는 중요한 단체이자 막스 베버와도 관련 있는 사회정책학회는 바로 이 질문을 중시했죠. 마르크스는 이 두 형용사의 함의를 엄밀히 구분해 썼고, 자본주의하에서 특성으로 두드러지는 것은 전자의 측면이라고 했다는 점을, 저는 부각시키고자 했습니다.

3　백승욱, 「숨겨진 자본주의 세계는 어떻게 드러나는가: 마르크스와 사회적인 것」, 『생각하는 마르크스』(서울: 북콤마, 2017), 227~298쪽.

마르크스가 gesellschaftlich라는 형용사를 사용해 '사회적인 것'이라고 지칭한 것을 **Das Gesellschaftliche**(다스 게젤샤프트리헤)라고 불러보았습니다. 이는 사회학자들이 일반적으로 지칭하는 '사회적인 것'과는 다른데, 사회학자들은 보통 주체들 사이의(inter-subjective) 상호관계를 사회적으로 보는 경향이 있습니다. 대표적으로 뒤르켐이 그렇고, 연대가 그 핵심이죠. 뒤르켐적 의미에서 사회적인 것을 보고 사회적 위기를 지칭할 때, 이는 그래서 연대의 위기로서 통합의 위기를 말합니다. 사람들이 서로서로를 배려의 대상과 하나의 공동체에 속해 있는 것이라 여기지 않는 것이 위기인 것이죠.

그런데 마르크스가 중요하게 분석하는 사회적 관계는 주체들 사이의 관계는 아닙니다. 마르크스가 주체들 사이의 관계를 '자유, 평등, 소유, 벤담'이라고 부르며, 여기가 아니라 숨은 장소로 내려가야 한다고 주장했던 것을 상기해 보는 것이 좋겠죠?[4] 앞서도 설명했듯이 마르크스에게 사회적인 것의 출발점은 사회적 노동이긴 합니다. 사회 분업 속에서 서로 암묵적으로 연계성을 지닌 노동의 배분이죠. 그런데 자본의 일부로서 노동은 사회적으로 의미있는 노동으로, 사회적 필요 노동이라고 해서 사회적 숙련도와 사회적인 어떤 질적인 수준을 갖춘 노동, 사회적으로 이 정도라고 인정되는 어떤 노동들을 하고 있고, 그 노동들은 남들과 다 똑같은 노동을 하는 게 아니라 분업 속에서, 분업에 의해서 사회적으로 기여하는 노동을 하고 있는 것이죠. 그렇지만 마르크스는 이 노동의 사회적 성격이 자본주의에서는 그 자체로 발현되고 승인되지 않는다고 봅니다. 다른 장소에서 드러나는 것이죠.

근대적 개인주의적 자유주의가 보여주는 사회성에서는 대등한 A와 B가 만나서 서로를 존중하는 어떤 직접적 관계를 맺어야 할 것인데요, 근데 마르크스는 뭐라고 말하냐면, 자본주의라고 하는 체계하에서는 A라는 노동자와

---

4   마르크스, 『자본』 I-1, 강신준 옮김(서울: 길, 2008).

B라는 노동자가 절대로 직접적으로 사회적 관계 속에서 만나지 않는다고 봅니다. A는 X라는 자본에 고용돼야 하고, B는 Y라는 자본에 고용돼야 하며, 그다음에 X자본가는 α상품을 만들고 Y자본가는 β상품을 만들어요. 그래서 α는 화폐에 의해서 그리고 β도 화폐에 의해서 각각 실현되겠고, 여기서 직접적 관계가 형성되는 것은 A와 B 사이가 아니라 α와 β 사이뿐이죠. 따라서 사회적인 것이 발현되는 장소도 여기뿐이고 A도 B도 노동 그 자체로서는 사회적 성격을 인정받을 수 없습니다.

나의 노동이 결국은 β상품에 실현된 B의 노동과 교환됨으로써 사회적인 걸 승인을 받는데, 여기서 일차적으로 노동이 상품으로 대상화되어야 하고 그다음 이 모든 과정이 화폐의 권력에 종속되어야 합니다. gesellshcftlich라는 형용사가 사용되는 사회적인 것의 자리는 이처럼 화폐물신성 아래 전도된 구도에서 나타난다는 것이 마르크스의 주장입니다. 그러니까, 노동의 사회적 성격이 분업 속에서 존재하지만, A의 사회적 성격이나 B의 사회적 성격 모두 직접적으로 A와 B 사이의 주체 간의 관계를 통해 구현되는 것이 아니라, 상품관계의 매개를 통해 궁극적으로 화폐의 권력에 의해 구현되는 것이죠. 그래서 결과는 항상 상품이 사회적 힘을 불어넣는 것처럼 보이게 되겠죠. 그래서 자본주의하에서의 사회적인 것은 노동 사이의 직접적인 사회적 연계에 의해서가 되는 게 아니라, 상품과 상품 사이에서의 관계를 통해서, 상품과 상품의 관계가 화폐권력의 매개를 통해서만 이루어지게 됩니다. 이 관계의 특성을 몇 년 전 에티엔 발리바르(Étienne Balibar)는 'inter-objective' 하다고 표현한 적이 있습니다.[5] 마르크스가 가치형태론으로부터 상품 물신성까지 표현하고자 했던 것이 바로 이 '자본의 현상학'이고, 이런 고민은 연

---

5   Balibar, Étienne. 2017a. "The Social Contract Among Commodities: Marx and the Subject of Exchange," *Citizen Subject: Foundations for Philosophical Anthropology* (New York: Fordham University Press), pp.185~201.

구 방식과 서술 방식(Darstellungsweise)을 구분해 이 서술 방식과 자본의 현상학을 연결 지어 보여주고자 한 마르크스의 집요한 노력에서도 확인됩니다.[6]

사회적인 것의 자리의 연원에는 사회화한 노동이 있지만, 사회 속에서 우리에게 사회적인 힘을 발현하는 것은 화폐, 그리고 더 나아가 자본이죠. 자본은 그 자체로 사회적 힘을 갖지 않았는데 왜 자본만이 사회적 힘을 가지고 있고 노동은 자본에 고용되지 않으면 사회적인 것으로 승인될 수 없는가라는 질문이 제기됩니다. 이 '자본의 현상학'은 단지 허구나 오해 또는 착각이 아니라, 자본주의하에서 우리가 왜 주체의 자리에 놓일 수 없는 주체성을 가지는지를 보여주는 중요한 철학적 논점이라고 할 수 있습니다.

이처럼 사회적인 것이 사물들의 관계 속에서만 발현되는 것으로 본다면, 마르크스가 난해하게 제기하는 물신숭배도 이런 맥락에서 이해될 수 있을 겁니다. 특히 죄르지 루카치(György Lukács)적으로 해석된 소외론적·총체성론적 인식론으로 이해된 방식과 구분되는 이해가 중요할 것입니다. 『자본』에서 잘 보시면 물신숭배는 세 단계에 걸쳐 진행되고, 사회적인 것의 신비화는 그만큼 더 진척된다고 할 수 있습니다. 첫 번째로는 상품 물신성이 등장하는데, 1권 1편에서 상품 물신성은 상품들이 아직 교환되기 전에 상품 자체에서 나타난 물신성입니다. 사회적인 것은 노동의 성격인데, 사물인 상품이 사회적인 성격을 체현한 것처럼 나타나게 되는 것입니다. 죽은 사물인 것처럼 보이는 이 사물이 놀랍게도 어떤 살아 있는 사회적 힘을 가지고 있는 것처럼 등장하는 것, 이게 상품 물신성이거든요. 그런데 이때 상품은 아직 운동 전이라 이동할 수 없고, 교환되지 않죠. 마치 멈추어 있는 거울 속의 시간 같은 무대입니다.

이 상품들이 교환의 세계에 들어가면서 그다음에 물신성은 한 단계 더 나

---

6 마르크스의 서술 방식에 대한 고민의 한 해석으로는 백승욱·김영아, 「마르크스의 셰익스피어: 비헤겔적 전환의 계기」, ≪마르크스주의연구≫, 18권 2호(2021), 116~160쪽 참고.

아가 두 번째 화폐 물신성이 출현합니다. 이제 교환 과정에 들어온 노동의 결과물로서 상품에 사회적 인증표를 부착해 주는 것은 오로지 화폐의 힘처럼 보이게 되는 것이죠. 생산적 노동으로 인정되어 보수를 지급받을 수 있는지 여부도 모두 화폐의 힘에 의해 결정되는 것이죠. 무엇이 사회적으로 '가치' 있는지를 결정하는 것, 그것이 태초부터 화폐라는 사물에 있는 것처럼 힘의 이동이 발생합니다.

세 번째는 자본 물신성인데요, 1권 2편에 들어가 노동력이 상품화하는 설명이 나온 다음, 이제는 노동력이 지닌 사회적 성격, 노동력이 가치를 창출하는 사회적 성격과 힘, 집합적인 노동자들이 만들어내는 사회적 가치의 새로운 어떤 문명적인 힘이 이제는 노동에서 기원하는 게 아니라 자본 자체가 원래부터 가지고 있는 힘처럼 전도되어서 나타나게 되죠. 이게 자본 물신성이라고 할 수 있습니다. 그렇게 자본주의는 이 물신성의 세 단계를 거치면서 자본의 신비화가 심화하고, 사회적인 힘을 자본이 장악하게 됩니다. 이게 **Das Gesellschaftliche**라는 관점에서 마르크스가 설명하는 사회적인 것의 자리였죠.

그래서 이런 비판을 바탕으로 해서, 마르크스는 이와 대비되는 사회적인 것, **Das Soziale**(다스 조치알레)라고 부를 수 있는 영역은 허구적이라고 보았던 것입니다. 이는 정치적 합의의 공간, 대등한 계약의 공간으로서 국가의 자리이고, 마르크스가 비판을 제기한 시점에 등장한 '사회국가' 같은 허구적 자리였습니다. 그런데 이 문제는 20세기 논의에서 좀 더 복잡해지는 점이 있고, 또한 마르크스가 강점과 약점을 보여주는 부분인데, 이는 이데올로기라는 질문이나 정체(constitution)와 연결해 발전시켜야 할 필요가 있고, 그래야만 정치에 대한 우리의 사유를 좀 더 복합적으로 발전시킬 수 있을 것입니다.

마르크스는 자본주의하에서 사회적 관계는 대등한 주체의 계약 관계가 아니라 자본이 지배하는 관계, 즉 마르크스가 '자본관계'라고 부르는 특성을 지닌다는 것을 보여주고자 합니다. 따라서 이 관계를 바꾸고자 할 때 이는 주체들 간의 협의에 의해, 그 의지에 의해 바뀌는 것일 수 없고, 이 관계를 바꾸려면 자본이 지배하는 사회적 관계를 변혁해야 된다는 결론이 나옵니다. 자본운동 체계를 변혁하지 않고 자본주의 모순은 근본적으로 해결되지 않는다는, 우리에게 익숙한 결론을 얻게 되겠죠. 자본은 자신에 대한 도전을 역사적으로 위험하지 않게 순치해 자본관계에 복속시키는 전개를 해왔다는 것을 보면 마르크스의 이 강한 주장의 강점이 확인된다고 할 수 있습니다.

그런데 현실에서 우리는 다른 문제에 봉착합니다. 그럼 이 변혁은 어디서 시작해 어떻게 진행될 수 있는 것일까요? 잘 살펴보면 『자본』에서 마르크스는 그 변혁의 입구를 설명해 주지 않고 그 길이 쉽지 않다는 경고만 남기고 있다는 것을 알게 됩니다. 노동자들이 저항하면, 민중이 저항하면 될까요? 그리 간단하지 않습니다. 마르크스는 노동자들이 저항해도 자본이 일시적으로 위기에 처해도 자본의 권력은 자본을 우위에 두는 재생산 방식으로 문제를 원점으로 되돌려 왔다는 것을 역사적 분석을 통해 자세히 보여줍니다. 자본은 이미 모든 것을 먹어치운 세계 자체이고 그 바깥은 없는 듯 보입니다. 그럼 입구는 어디일까요? 그래서 여기에서 다시 두 번째로 사회적인 것에 관한 질문이 제기될 수밖에 없습니다. 그것이 허구적이더라도 그 질문을 비틀어서 입구를 찾고자 하는 시도를 반복할 수밖에 없는 것이죠. 이데올로기라는 질문, 이에 수반한 주권, 법 형태, 국가라는 질문이 바로 그렇게 제기되는 것이죠. 그리고 우리는 지난 두 세기의 역사적 경험을 통해서 여기서 국가나 정당이 어떻게 위기의 돌파구로 활용되면서 그 자체로 위기의 중심이기도 했는지를 잘 발견할 수 있습니다.

관련해 두 가지만 언급해 둘까 합니다. 첫 번째는 Das Soziale의 해석과 관련해 흥미로운 논점을 소련 초기 법률학자였던 비켄티 파슈카니스의 '법 형태'라는 관점으로부터 발견해 볼 수 있다는 것입니다. 자본주의 경제는 사실 법률 제도의 작동과 지지 없이 돌아가지 않고, 개인과 개인, 특히 법인과 법인의 관계를 공법이 아닌 사법(私法) 질서가 관리하고 중재해야 하는 것이라 할 수 있겠죠. 특히 20세기에 오게 되면 모든 경제관계는 '법 형태의 계약적 주체들 사이의 관계'라는 형식을 띠게 되며, 여기에 더해서 이제는 '법인(法人)'이라는 새로운 법률적 주체가 자본주의의 핵심적 지위를 차지하게 됩니다. 국가는 다만 사인과 사인 사이의 관계의 중재자일 뿐이라는 이 법 형태는 단지 '허구적'인 것이 아니라 이데올로기의 '상상적' 물질적 힘이라는 점에서, 여기서 우리는 마르크스가 나눈 사회적인 것 두 가지가 다시 연결될 수 있는 방식을 고민해 볼 수 있을 것입니다.

두 번째는 국가라는 논점인데, 과거 마르크스주의 국가론은 국가에 대한 토론에서 영역을 한정 짓지 않고 상이한 논점을 섞어왔던 측면이 있었습니다. 마르크스 자신에게도 그런 문제가 있었던 것은 사실이고, 그래서 마르크스는 사회적인 것의 영역을 둘로 나누고 그중 첫 번째로 전도된 효과로서 사회적인 것에 더 초점을 맞추려 했죠. 마르크스에게 국가는 '국가권력'으로서 쟁점이 되었고, 이는 계급권력이라는 질문으로 제기되었던 것입니다. 그렇지만 마르크스 자신이 또 다른 관점에서 제기했고 알튀세르에게서 또 다른 방향으로 발전했듯이, 국가는 '장치'이기도 하고 그 변주로서 통치성으로 해석될 수도 있습니다. 그리고 국가는 정체[또는 헌정(constitution)]이기도 합니다. 군주정, 귀족정, 민주정을 구분하고 각 요소들이 다양한 결합을 검토하는 로마정체에 대한 마키아벨리-스피노자적 연구의 계보를 계승하는 논점으로서 말이죠.

6.　　　　　　　　　　　　　　　현대이론에서 마르크스의 발전

마르크스 이론의 현재적 함의를 살펴보기 위해 마지막으로 마르크스의 사유의 방식이 20세기 들어 그로부터 영향 받은 다양한 이론가들의 논점을 발전시키는 데 어떤 기여를 할 수 있었는지, 또는 이를 통해 마르크스에게 되묻는 질문이 어떻게 제기되는지 두 가지 정도 예를 들면서 강의를 마무리할까 합니다.

마르크스가 19세기 인물인 것은 분명하니까, 20세기 이론가와 대화하려면 20세기에 추가된 이론적 쟁점들에 의해 쇄신되는 절차가 필요할 것입니다. 모순의 과잉결정, 이데올로기, 무의식과 주체, 젠더와 섹슈얼리티, 언어학적 전환 등 많은 논점들이 추가되어야 성과 있는 토론의 무대가 시작될 테죠. 20세기 이론들은 이런 많은 자리에서 마르크스와 논쟁을 벌였고, 그만큼 마르크스의 이론적 현재성은 도전받으면서도 확장되어 왔습니다.

이런 조건을 배경으로 첫 번째로 마르크스의 현재성을 푸코와의 논점을 가지고 이야기를 해볼 수 있을 것입니다. 푸코와 마르크스를 대면시키는 방식은 여러 가지가 있는데, 저는 전 지구적 변화의 메커니즘을 설명하는 유사성을 대비시켜 보고 싶습니다. 많은 사회학자들은 근대 사회의 변화 방향을 'A에서 B로' 같은 방식으로 정리해 왔습니다. 군사적 사회에서 산업적 사회로의 변동 같은 예를 들면 이해가 쉽겠죠. 그런데 여기에 마르크스는 또 하나의 설명 방식을 단지 추가하는 것이 아니라 이런 변화가 왜 전 지구적으로 가능해지는지 그 동역학을 설명하려 한 데 강점이 있습니다. 분화, 모방, 전염, 확산도 아닌 자본운동의 내적 논리와 그것을 지탱하는 역사적·제도적 조건을 통해 우리는 자본운동의 체계가 전 지구화하는 동시에 세계를 균질적으로 총체화하는 효과가 발생하는 원리와 과정을 설명할 수 있었습니다. 사실 많은 사회학자들은 마르크스와 비교하자면 변동의 메커니즘을 설명해 내는 데 취약하고, 그 원인을 외부의 충격에서 찾고 그 충격이 체계 전체로 확산될 가능성을 여러 가지 비유를 통해 제시해 왔다고 할 수 있습니다.

이처럼 마르크스가 근대 자본주의가 지닌 총체화하는 효과이자 전 지구성의 효과를 역사적 메커니즘을 통해 설명해 줄 수 있었다면, 우리는 푸코에게서 비슷한 기여를 찾아낼 수 있습니다. 통치성의 설명을 통해 우리가 '국가 간 체계'의 질서라고 부르는 근대적 특징이 어떻게 전 지구적으로 등장하며 균질화하는 총체성 효과를 만들어내게 되었는지 그 메커니즘의 설명을 찾아낼 수 있다는 것이죠. 푸코는 안전이라는 질문을 제기하고, 내치와 외치를 형성하는 통치성의 분석에서 답을 구하고자 합니다. 마르크스와 푸코 두 사람은 근대 세계의 균질화와 전지구적 총체성 효과를 상보적으로 보여주는데, 한 사람은 자본주의 축적체계의 특성에 초점을 맞추어서, 다른 한 사람은 국가 간 체계의 질서 등장에 초점을 맞추어서 분석을 보여준다는 것입니다. 저는 이 대화가 세계체계 분석의 중개에 의해 매우 성과 있는 결론을 얻을 수 있다는 가설을 가지고 있습니다.

두 번째는 마르크스에 대해 비판이 많이 제기되는 페미니즘과 관련된 논점을 간단히 살펴보도록 하겠습니다. 많은 비판과 토론이 있었지만, 여기서는 페미니즘 논쟁에 마르크스를 소환하는 상이한 방식을 이해해 보기 위해 주디스 버틀러(Judith Butler)와 낸시 프레이저(Nancy Fraser) 사이의 논점을 살펴보려 합니다. 낸시 프레이저는 버틀러에게는 분배나 대표라는 쟁점이 없다고 공박하는데, 주디스 버틀러는 프로이트적 계보의 내적 비판에서 출발해 주체와 무의식의 논점, 이로부터 발전한 동일성의 문제를 수행성이라는 관점에서 비판하다 보니, 자본주의 체계와 자본주의의 역사의 특정한 구조들에 대한 관점이 취약하다는 것이 프레이저의 비판이라고 생각됩니다. 프레이저는 가족임금에 기반한 '의존'을 강조해 분석하는데, 버틀러에게는 이런 논점이 없다는 것이 두 사람의 차이점을 보여주지요.[7]

그런데 다른 한편에서 주디스 버틀러에게 강점이 있고 낸시 프레이저에게 약한 부분은 이데올로기라는 쟁점입니다. 주디스 버틀러는 알튀세르의 이데올로기 이론을 확장하는 방향에서 책을 집필하기도 했었고, 프레이저가 취약한 영역에서 마르크스의 질문을 담아내고 있다고 할 수 있죠.[8] 현재 세

---

7   낸시 프레이저, 『전진하는 페미니즘』, 임옥희 옮김(파주: 돌베개, 2017).
8   주디스 버틀러, 『권력의 정신적 삶: 예속화의 이론들』, 강경덕·김세서리아 옮김(서울: 그린비, 2019).

계적 위기를 페미니즘적 관점에서 비판할 때 자본주의와 재생산이라는 논점과 이데올로기라는 쟁점은 모두 중요하고, 여기서 마르크스의 페미니즘적 전유라는 쟁점이 지속되고 있습니다. 낸시 프레이저를 중요한 동료로 받아들이는 이론적 시도가 캐나다를 중심으로 SRT(social reproduction theory)라는 흐름으로 형성되었는데, 이는 사회적 생산이론을 마르크스적 관점에서 발전시키고자 하는 시도입니다. 리스 보겔(Lise Vogel)의 잊힌 쟁점을 되살려, 수전 퍼거슨(Susan Ferguson)과 티티 바타차리야(Tithi Bhattacharya) 등이 추진하는 입장인데요, 새로운 형태의 사회주의적 페미니즘의 시도라고도 할 수 있습니다. 코로나19 상황에서 돌봄과 재생산이 특히 더 문제가 되는 상황이라 논점은 계속 발전할 것으로 봅니다.[9]

이와는 좀 대비되는 다른 측면에서 우리는 또 프랑스 페미니스트 이론가 뤼스 이리가레(Luce Irigaray)의 논점을 살펴볼 수 있습니다. 이리가레의 저서 『하나이지 않은 성』에는 「시장에서의 여성」이라는 흥미로운 글이 수록되어 있는데요, 이 글은 마르크스의 물신숭배론을 어떻게 페미니스트적 관점에서 독해할 수 있는가를 잘 보여줍니다. 또, 남성적 성이 왜 보편적일 수 없는지 잘 보여줍니다. 오역이 많으니 국역 말고 영문 원서로 꼭 한번 읽어보시기를 권장합니다. 이 뤼스 이리가레의 물신숭배론 독해 방식이 이브 세지윅(Eve Sedgwick)을 거쳐서 우에노 지즈코(上野千鶴子)의 『여성 혐오를 혐오한다』에서 호모소셜-호모포비아-여성혐오라는 삼각구도로 어떻게 수용되는지를 살펴보시면, 마르크스의 이론적 논점이 어떤 방식으로 계속 새로운 영역의 토론의 주제로 기여하는지를 확인해 볼 수 있을 것입니다.[10]

---

9 수전 퍼거슨·티디 바타차르야(티디 바타차리아), 「계급을 지나치지 않는 방법: 노동의 사회적 재생산과 세계 노동계급」, 《마르크스주의 연구》, 16권 4호(2019), 12~46쪽.

10 Luce Irigaray, "Women on the Market," *This Sex Which is not One* (New York: Cornell University Press, 1985), pp.170~191; 우에노 지즈코, 『여성 혐오를 혐오한다』, 나일 외 옮김 (서울: 은행나무, 2012).

질의응답

1. 마르크스 서술의 이중화와 관련해서 자본운동의 체계를 강조하는 입장과 역사적·제도적 조건의 역사적 형성과 변천을 강조하는 입장이 구분되는데, 한 측면만 강조할 때 어떤 문제점이 생기나요?

한편에서 마르크스는 자본의 관점에 서서, 자본주의적 축적의 내적 동역학을 보여주고 있다고 볼 수 있습니다. 그러니까, 자본은 어떻게 자본일 수 있고, 그 자본은 어떤 자기 준거점에 입각해 유지되고 어떻게 확대재생산되며 또 어떻게 위기에 빠지는가, 그러면서 자본이 어떻게 자연적 질서처럼 보이는 하나의 세계를 만들어내고 있는가를 보여주려는 것이죠. 그런데 다른 한편에서 마르크스는 어떻게 서술하고 있냐 하면, 이처럼 자본의 관점에 서서 내적 동역학을 닫힌 총체성의 구도 속에서 설명해내는 것은 사실 불가능하다고 주장한다는 것이죠. 이 현실이 자연법칙처럼 돌아갈 수 있는 게 아니고 사실은 그게 불가능함에도 자연법칙처럼 작동하는 것이 이상하지 않느냐고 묻는 것이고, 저는 그것을 강조하고 싶습니다. 전에는 마르크스의 경제학 비판을 그냥 '정치경제학'이라고 많이 불렀어요. 그래서 우리나라에도 보면 정치경제학과 이런 학과도 있고 수업에서도 정치경제학을 다루면 마르크스를 다룬다, 이렇게 이야기를 했는데, 사실은 마르크스가 이야기하고자 하는 것은 정치경제학이 아니라 정치경제학 비판이잖아요? 그 이야기는 뭐냐 하면 경제학의 논지하고는 굉장히 다른 걸 이해해야 한다는 것이죠.

과거에 예를 들어 1930년대부터 1960년대까지 소련을 필두로 해서 많은 사회에서, 마르크스의 경제학이 굉장히 우수한 경제학이고 우월하다, 그러니까 이 주류 경제학보다 더 뛰어나고, 어떻게 보면 자본주의를 법칙적으로 더 잘 설명할 수 있다, 이걸 보여주기 위해서 마르크스를 완성된 경제학 체계로 만들어가려고 하는 시도가 있었죠. 이는 곧 첫 번째 측면을 보편법칙화 방향으로 가져간다는 얘기입니다. 그렇게 되었을 때 우리는 위기를 차별적으로 이해하는 데 어려움을 겪게 됩니다. 자본주의의 위기가 누구의 위기냐고 물을 때 우리는 자본축적의 위기, 즉 자본가의 위기인가 아니면 자본주의 때문에 초래된 민중의 삶의 위기인가 하는 질문을 생각해보아야 합니다. 저는 위기에 대한 질문을 다른 방식으로 제기해야 한다고 보는데, 자본주의의 위기는 기본적으로 자본의 위기이고 자본의 위기란 축적의 위기를 말하는 것입니다. 축적의 위기를 돌파하는 가장 좋은 방법은 자본을 위해 '사회'를 희생시키는 것입니다. 실업자들을 양산하는 방식으로 늘 자본은 위기를 일단 벗어날 수 있었습니다. 그래서 우리는 자본주의가 초래한 위기나 자본주의가 기반한 역사적·제도적 조건에서 발생한 위기를 이해할 필요가 있고, 이를 분석하기 위해서는 서술의 이중화가 중요한 쟁점이 되는 것이죠. 아까 재생산에 대해 말씀드렸는데, 재생산의 위기가 자본주의 위기랑 맞물려 있기도 하지만 자본주의는 항상 재생산의 위기를 외부화함으로써 한계를 극복할 수 있었죠. 그 각각의 역사적 한계가 어떻게 새로운 제도들의 형성으로 나타났고, 또 새로운 위기를 잉태하게 되었는지가 20세기 자유주의 역사에서 중요한데, 이 분석 없이 지금 시점의 자본주의의 위기를 이해하기는 어려울 것이라는 점을 강조하는 것입니다. 이에 대해서는 비판사회학교의 또 다른 과목인 '세계화와 사회변동' 강의를 좀 더 참조하면 좋겠습니다.

2. 마르크스 분석의 두 개의 구조 중 두 번째 구조에서, 이데올로기가 부정적 허위의식이 아니라고 하신 것에 대해 부연 설명을 해주실 수 있나요?

이데올로기를 허위의식으로 한정해 이해하는 사고를 넘어서기 위해서, 저는 수업에서 이데올로기 설명을 하면서 가족 이데올로기를 예로 많이 듭니다. 가족 이데올로기에 대해 어떤 오해가 많은가 하면, 바로 가부장제를 수용하는 것, 무조건 부모한테 복종해야 된다는 것으로 오해하기 쉽습니다. 라캉을 거쳐 알튀세르가 '호명(interpellation)'이라고 제기한 개념에 대한 오해가 이렇게 지속되었고요.

그런데 이데올로기를 부정적 의식으로 보지 않았다는 것은 곧 이데올로기가 '나'라는 주체를 생산한다고 설명했다는 것입니다. '실제적 관계와 상상적 관계의 과잉결정된 통일체'로서 말이죠. 이론적 관점과 대비해 이데올로기 세계에 가장 중요한 것은, 여기서 모든 일이 '나'를 중심으로 해석되도록 나는 이미 세계의 모든 것을 '체험'한 구도 속에 있는 것이죠. 내 세상, 내 나라, 내 학교, 내 집, 내 친구라고 하잖아요? 그런 자리에 놓은 것은 유일하게 나 한 사람뿐입니다.

가족 이데올로기를 생각해 보면, 이는 인간관계를 '가족' 관계 속에서 나와의 관계성으로 설정하는 해석의 구도를 지칭합니다. 내가 '내 어머니'라고 부르는 사람은 나의 친구의 입장에서는 '내 친구의 어머니'가 되는 것이죠. 여기까지가 가족 이데올로기의 일반 구조라고 보면 되겠고, 이와 구분해 문제가 되는 것은 지배적 이데올로기의 한 요소로서 구체적인 가부장적 가족 이데올로기입니다. '내가 가족 이데올로기에서 벗어나고 싶다'라는 표현은 정확히 뭘 이야기하냐면, '지배적 가족 이데올로기에서 벗어나고 싶은 것'이죠. 지배적 가족 이데올로기에서 벗어나려면 먼저 뭘 인지해야 하느냐, 바로 가족이라는 관계의 구조입니다. 내가 가족을 행복한 느낌으로 떠올리거나 아니면 가족이라면 끔찍하게 벗어나고 싶은 것으로 인식하는 것 모두 가족이라는 구조의 틀을 인식한 다음 단계의 문제인 것이죠. 가족이라는 관계성의 인식구조가 없는데 '가족에서 벗어난다'라는 표현이 성립 가능할까요?

또 예를 들어, 길을 걷다가 경찰이 "어이, 거기 당신" 이렇게 부르는 순간 나는 법 이데올로기에 호명되었다고 말하는 '호명 테제'의 상황에서, 핵심은 이것이 무엇을 의미하는지 우리는 이미 알고 있다는 점뿐입니다. 이 법 이데올로기의 주체로 종속된다는 표현이 "아, 네. 저 잘못한 것 없는데요?"라는 굴종적 태도를 당연시하는 것이 아니라, 누군가는 이 호명의 구도 속에서 "너 내가 누군지 알아? 너 어디 소속이야?"라는 대응도 가능하게 만든다는 것입니다. 부르는 자와 부름을 당한 자 사이의 관계성이 '나'를 주체적 수행관계로, 나의 세계의 중심에 들어서게 된다는 의미죠.

그러니까 세상의 모든 일을 나를 주체로 만들고, 내가 주체가 된다는 것은 내가 가족과 개인적 관계성에 놓인다는 것, 내가 국가와 개인적 관계성에 놓인다는 것, 내가 종교와의 개인적 관계성에 놓인다는 의미를 이미 알게 되는 것이 이데올로기라는 구도이고, 이데올로기를 통해 형성되는 세계에 대한 가상적 관계인 것이죠. 이 구도에 저항할지 그렇지 않을지는 그다음의 문제이고, 그 이전에 이미 우리는 이데올로기 없이 세상을 이해하고 대처하는 것 자체가 불가능하다는 것을 먼저 이해해야 합니다. 혁명적 주체조차 이데올로기적 호명을 거치지 않고 탄생하는 경우는 없습니다. 이데올로기는 복잡하고 인지 불가능한 무한대의 세상을 이해 가능한 코드들로 분류해서 내게 인식 이전에 심어주는 해석 기계 장치 같은 것입니다.

3. 당대에 마르크스의 비판으로 일어난 논쟁이 많았을 것 같습니다. 흥미롭거나 주목할 만하다 생각하시는 논쟁이 있나요?

논쟁은 굉장히 많았고, 이 논쟁들이 마르크스주의의 역사를 반영했다고 할 수 있습니다. 『자본』이 출판되고 처음에는 많이 읽히지 않았는데, 예외적으로 많은 독자가 생긴 곳이 러시아였습니다. 『자본』의 해석을 둘러싼 논쟁의 무대가 된 곳은 독일보다도 러시아가 앞섰다고 할 수 있습니다. 『자본』 2판 서문에 이에 대한 긴 기록이 있습니다. 러시아에서 자본주의는 형성되고 있는가, 그 특성은 무엇인가를 논점으로 진행된 토론은 1870년대부터 시작되어 러시아혁명을 거치며 그 이후까지 지속되었습니다. 유럽의 주변부에서 반(半)주변으로 올라가는 이 특이한 나라를 자본주의라는 논점으로 어떻게 설명할 것인가가 쟁점이었습니다. 그래서 소련 초기에 파슈니스나 루빈 같은 뛰어난 마르크스주의 학자들이 등장할 수 있었던 것이죠.

그다음 중요한 논쟁은 독일의 사민당 내외에서 벌어진 논쟁일 것입니다. 마르크스 후기부터 사망 후 엥겔스가 생존해 있을 때에 독일 사민당 내에서 논쟁이 전개됩니다. 아우구스트 베벨(August Bebel)과 빌헬름 리프크네히트(Wilhelm Liebknecht) 등 마르크스를 지지하는 파와, 이들과 대립하는 라살파의 논쟁이 기본 구도였는데, 여기에 러시아의 미하일 바쿠닌(Михаил Бакунин)의 무정부주의 쟁점이 개입해 들어오기도 했죠. 마르크스파와 라살파의 논쟁은 중요했고, 현실은 라살파 쪽 영향력이 커져갔던 것으로 볼 수 있습니다. 나중에 마르크스파의 후예는 1918~1919년 독일혁명 시기에 로자 룩셈부르크(Rosa Luxemburg)와 카를 리프크네히트(Karl Liebknecht)를 중심으로 스파르타쿠스단을 거쳐 독일 공산당으로 분리해 나가게 되죠. 라살 논쟁을 되돌아보면, 중요한 쟁점 중 하나는 노동자들을 계급으로 볼 것인가 신분으로 볼 것인가 하는 것이 있었습니다. 막스 베버도 「계급, 신분, 당」이라는 글을 남겼을 만큼 신분이 강조되던 때에, 라살은 '노동신분(arbeiterstadt)'이라는 개념을 썼습니다. 이는 마르크스의 노동계급과는 다른 이론적 입장이라고 할 수 있습니다. 여기서 노동신분은 길드의 유산을 물려받은 동질적 조건의 숙련공들을 말하는 것이었고, 독일 사민당은 사실 이들의 정치적 지지 위에 수립되었던 것입니다. 나중에 비숙련 노동자들이 독일 공산당의 지지자들로 나뉘었으나 1930년대 대불황은 이들을 대부분 실업자로 전락시켰죠.

1933년 이후 '히틀러 국가'가 수립되었을 때 목표가 된 것이 '신분 국가'였습니다. 농민은 농민 신분으로 묶어내고 노동자는 노동자 신분으로 묶어내며 산업가는 산업가 신분으로 묶어내서 코포라티즘(corporatism)적으로 관리하는 국가가 이상적인 히틀러 국가였지요. 그게 가능했던 게 뭐냐 하면, 독일의 노동자들이 제1차 세계대전 이후에도 아직까지는 심각하게 분화된 형태가 아니었고 동질적인 길드적 특성을 많이 가지고 있었기 때문이라고 볼 수 있습니다. 나치는 사민당이 장악한 '노동신분'을 자신들의 '독일노동전선'이라는 조직을 통해 재전유하려고 했죠.[11] 그러니까 사실은 노동자 계급을 특정한 동질성을 지닌 집단으로 규정하는 것은 마르크스적이라기보다 라살적 계보를 잇는 논점이라고 볼 수 있다는 것입니다.

다음으로, 마르크스주의 이론 논쟁 중 경

---

11 바르틴 브로샤트, 『히틀러 국가: 나치 정치혁명의 이념과 현실』, 김학이 옮김(서울: 문학과지성사, 2011).

제학자들 사이에서 중요한 논쟁에는 '전형 논쟁'이 있었습니다. 이는 마르크스의 논점의 수학적 증명이라는 쟁점이었죠. 『자본』 1권은 가치를 다루고 있고, 3권에 가서는 경쟁을 계기로 생산가격과 일반이윤율을 매개로 함으로써 가치는 가격으로 바뀝니다. 이 논리적 전환이 수학적으로도 설립되는가가 중요한 논점이었습니다. 이 논점은 오스트리아 경제학의 수립과 긴밀한 연관성이 있는데, 경제학의 수학화의 출발점이 마르크스 해석에 관한 논쟁이었다는 중요한 배경을 보여주는 것이기도 합니다. 이후 거의 모든 마르크스주의 경제학자들이 이 논쟁의 해결에 매달렸고 지금도 논쟁은 현재 진행형이지만, 1980년대 프랑스의 제라르 뒤메닐과 미국의 던컨 폴리의 '신해석'에 의해 해결의 방향이 잡혔다는 것이 대체적인 평가인 것 같습니다. 마르크스주의 논쟁에서 중요한 또 하나의 계기는 비서구 지역의 근대와 자본주의를 설명할 때 마르크스의 논점이 어떻게 적용·변용되는가 문제였습니다. 이 쟁점은 사실 러시아혁명에 관한 논쟁으로부터 시작되었다고 할 수 있는데, 러시아혁명과 관련된 러시아의 '낙후성'을 생산력주의적으로 이해할 것인지 정세의 특이성으로 해석할 것인지를 놓고 분기가 발생했고, 이 분기는 이후 전 세계적 논점으로 확산되었지요. 이런 점에서 러시아혁명 논쟁을 바로 계승한 것이 중국에서 전개된 '중국 사회 성질 논쟁'과 중국혁명에 대한 해석입니다. 『모순론』에서 모순의 특수성이 모순의 일반성에 대한 우위라는 논점을 중심으로 시작해, 매판적·봉건적 국가독점자본주의로서 관료자본주의라는 중국 사회의 특수성을 보편성과 결합한 마오쩌둥-천보다의 해석이 중국혁명의 주류를 형성했죠. 그리고 이 해석은 이후 비서구 세계에 광범한 영향을 끼쳤습니다.

비서구 사회의 성격 논쟁의 또 다른 흐름은 1960년대 종속이론이라는 도전을 형성했고, 이 문제 제기를 일정 부분 수용해 등장한 세계체계 분석이 마르크스 논쟁을 역사적 자본주의라는 관점으로 확장했다는 것을 우리가 지적해 둘 수 있습니다. 이 세계체계 분석은 자본주의 해석에 대해 제기된 많은 논쟁을 이 내부에 담아내기 시작했는데, 자본주의 출현의 역사적 설명, 이행논쟁, 서구와 비서구, 성차별주의와 인종주의, 강제적 노동과 자본주의, 생산과 유통의 관계, 이주의 문제, 전쟁의 문제 등 많은 쟁점들의 논쟁이 전개될 무대를 제공했다고 할 수 있습니다.

이와 관련해 우리는 생태마르크스주의 또는 생태사회주의의 쟁점도 이해해 볼 수 있을 것입니다. 폴 버킷, 존 벨러미 포스터, 그리고 최근 마르크스의 발췌노트를 통해 이들의 논점을 이어가는 사이토 고헤이 등은 마르크스가 남긴 '물질대사 균열'이라는 논점으로부터 자연과 사회의 대립을 마르크스적 관점에서 해석하고자 하는 시도를 해오고 있습니다. 인류세(anthropocene)라는 논점을 수용하면서도 이를 자본주의라는 질문과 결합하고자 하는 시도이죠. 그런데 이 논점의 발전에서 흥미롭게 볼 이론가는 제이슨 무어(Jason Moore)입니다. 초기에 버킷이나 포스터의 논점에 동의하면서 생태마르크스주의적 출발점을 보인 제이슨 무어는 2010년대 들어서, 특히 2015년 『생명의 그물 속 자본주의』의 집필을 계기로 이들과 선을 긋고 오히려 세계체계 분석의 역사적 자본주의의 관점을 강조하며 자본축적의 착취 논리와 자연에 대한 무상적 전유 프론티어 확장의 변증법적 역사로서 자본주의의 역사를 설명하고자 합니다.[12]

---

12 제이슨 무어, 『생명의 그물 속 자본주의: 자본의 축적과 세계생태론』, 김효진 옮김(서울: 갈무리, 2020); 이광근, 「세계생태와 역사적 자본주의의 구체적 총체성: 세계체계 분석의 지속 혹은 변신?」, ≪아시아리뷰≫, 10권 2호(2020), 113~161쪽.

74   비판사회이론: 경제학 비판

읽을거리

뢰비(Michael Löwy)·르노(Emmanuel Renault)·뒤메닐(Gérard Duménil). 2020. 『마르크스를 읽자』. 배세진 외 옮김. 서울: 나름북스.

마르크스, 칼(Karl Marx). 2006. 『경제학 철학 수고』. 강유원 옮김. 서울: 이론과실천.

_____. 2008. 『자본』(총 5분책). 강신준 옮김. 서울: 길.

마르크스(Karl Marx)·엥겔스(Friedrich Engels). 1997. 『칼 맑스 프리드리히 엥겔스 저작선집』(총 6권). 김세균 감수. 고양: 박종철출판사.

마르크스레닌주의 연구소. 2018. 『마르크스 전기』(1, 2). 김대웅·임경민 옮김. 고양: 노마드.

발리바르, 에티엔(Étienne Balibar). 2018. 『마르크스의 철학: 마르크스와 함께, 마르크스에 반해』. 배세진 옮김. 서울: 오월의봄.

_____. 2019. 『역사유물론 연구』. 배세진 옮김. 서울: 현실문화.

백승욱. 2017. 『생각하는 마르크스: 무엇이 아니라 어떻게』. 파주: 북콤마.

비고츠키, 비탈리(Witali Wygodski). 2016. 『마르크스의 『자본』 탄생의 역사』. 강신준 옮김. 서울: 길.

알튀세르, 루이(Louis Althusser). 2017. 『마르크스를 위하여』. 서관모 옮김. 서울: 후마니타스.

윤소영. 2009. 『마르크스의 『자본』』. 서울: 공감.

폴리, 던컨(Duncan K. Foley). 2015. 『『자본』의 이해: 마르크스의 경제이론』. 강경덕 옮김. 서울: 유비온.

하인리히, 미하엘(Michael Heinrich). 2016. 『새로운 자본 읽기』. 김강기명 옮김. 서울: 꾸리에.

에밀 뒤르켐의 비판사회학과 사회적인 것, 그 의의와 한계

김주환
(동아대학교 기초교양대학 교수)

이번 시간에는 뒤르켐의 비판사회이론에 대해 같이 알아보도록 하겠습니다. 지난 시간에는 마르크스를 다뤘는데요. 그때 이야기된 많은 주제들이 오늘 다시 나오게 될 것입니다. 따라서 지난 시간에 다루었던 내용들을 머릿속에 떠올리면서 오늘 강의를 따라오면 유익할 것 같습니다.

이번 시간에 뒤르켐에 대해서 강의를 하게 될 텐데, 제가 뒤르켐의 사회이론 전체 또는 시시콜콜한 내용들을 전달하는 방식보다는 뒤르켐의 사회이론을 '비판'이라는 관점에서 재구성하면서, 뒤르켐 사회학의 근본적인 사유 구조가 무엇인지를 중심으로 이야기해 볼 생각입니다.

'뒤르켐의 비판사회학'이라는 강좌 제목을 붙였지만 뒤르켐을 비판이라고 하는 개념과 연결시키는 경우는 많지 않을 것 같아요. 왜냐하면 뒤르켐은 기능주의 같은 보수적 사회학의 흐름을 대표하는 사람처럼 여겨지는 경향이 없지 않기 때문이죠. 하지만 사실 뒤르켐 사회학에 대한 이해 방식은 굉장히 다양해요. 어떤 사람들은 뒤르켐을 거의 국가주의자로 보기도 합니다. 그러니까 사회라고 하는 것의 실재성을 강조하면서 개인을 무시했다는 것이죠. 또 어떤 경우는 국가주의까지는 아니더라도 굉장히 보수적인 기능주의의 시조 정도로 보는 사람들도 있고요. 또 어떤 사람들은 연대주의라고 하는 서구 사회보장제도의 이론적 근거를 제공해 준 사람으로 보기도 합니다. 다른 사람들은 오늘날의 시민사회나 시민운동의 이론적 근거를 제공해 주는 이론가로 보기도 하죠. 또한 인문사회과학의 이른바 언어학적 전회(轉回) 및 그 이후의 구조주의, 포스트구조주의 등의 원류로 보기도 합니다. 어쨌든 뒤르켐을 어떻게 볼 것이냐에 대해서는 굉장히 다양한 스펙트럼이 존재해요.

저는 '뒤르켐의 비판사회학'이라는 약간은 생소할 수도 있는 표현을 썼습니다. 본래 '비판(critique)'은 '위기(crisis)'라는 말과 같은 의미였습니다. 그리고 두 단어는 모두 의학 용어였어요. 말하자면 비판은 인간 몸의 건강 상태가 '위기'에 빠졌을 때, 그 원인이나 상태를 정확히 진단하고 처방함으로써 건강을 회복할 수 있도록 만드는 의사의 작업을 뜻했습니다. 즉, 비판이란 위기에 대한 인식과 처방인 것이지요. 그렇다면 사회비판이란 한 시대의 병리 상태에 대한 위기 인식 속에서 그 위기를 극복하기 위한 사회적 대안을 제시하는 작업이 되겠지요. 뒤르켐의 사회학은 프랑스혁명 이후 형태를 갖추게 된 우리 현대 사회의 병리들을 진단하고 나름의 해법을 제시하고자 하는 지적인 노력이라고 할 수 있습니다. 이런 맥락에서 뒤르켐의 비판사회학이라는 표현의 의미를 이해해 보면 될 것 같습니다.

이런 관점에서 오늘 강의는 우선 뒤르켐이 현대의 특징, 특히 현대 사회의 병리를 어떻게 파악하고 진단했는지를 그의 『사회분업론(De La Division du Travail Social)』이라는 저서를 중심으로 살펴보도록 하겠습니다. 그리고 그 병리를 처방하고 극복하기 위해 현대적 삶의 특징들 중 그가 어떤 지점에 주목했는지를 그의 연대이론을 통해 접근해 보도록 하겠습니다. 그다음에는 뒤르켐이 말하는 유기적 연대가 현대의 병리를 처방하는 원리로서 충분한 힘을 가지고 있다는 확신을 얻어내기 위해 전개하는 그의 종교사회학적 논의를 살펴보도록 하겠습니다. 마지막으로는 뒤르켐의 사회학이 가지는 의의와 한계를 같이 이야기해 보도록 하겠습니다.

1. 뒤르켐 사회학의 문제의식과 시대적 배경

뒤르켐은 사회에 대한 학문으로서 사회학을 정립하고 제도화하는 데 열정을 쏟은 고전사회학자입니다. 사회학을 정립하고 제도화하는 데 평생 노력을 기울인 데에는 그만한 문제의식이 있었겠죠. 뒤르켐의 문제의식을 알려면 그 시대적 배경을 살펴볼 필요가 있습니다. 뒤르켐은 1858년에 태어나, 1879년 파리고등사범학교에 입학해 대학생이 됩니다. 이 시기는 프랑스가 엄청난 격동을 겪던 때였습니다. 프랑스는 1870년 프러시아와의 전쟁에서 패배했고, 그 결과 나폴레옹 3세의 제2제정이 붕괴했으며, 이어 제3공화국

이 성립됩니다. 하지만 다음 해인 1871년, 패전으로 인한 여러 조치들에 반대했던 세력들이 파리코뮌(Paris Commune)을 구성하게 되면서 대대적인 내전이 벌어집니다. 결국 피의 학살을 통해 파리코뮌은 진압되었지만, 그 후 수년간 정국이 안정되지 못해 큰 혼란이 지속되죠. 하지만 시간이 지남에 따라 제3공화국은 과거에 비해 비교적 안정적인 정치 체제를 유지하면서 1940년 제2차 세계대전 즈음까지 지속됩니다. 이처럼 제3공화국이 안정기에 접어들기까지 프랑스의 역사는 격변의 연속이었는데요. 1789년 프랑스혁명이 발발한 후 제3공화국 이전까지 대략 80여 년간 두 번의 공화정, 세 번의 입헌군주정, 두 번의 제정을 경험하게 됩니다. 단순하게 계산해도 10년에 한 번꼴로 정치 체제가 바뀐 셈인데, 그때마다 정권이 전복되고 이에 따른 엄청난 학살과 숙청, 내전이 수반되면서 거대한 사회적·정치적 혼란이 계속되었던 것이지요.

말하자면 이와 같은 격동의 시기에 태어나 성장하는 과정에서, 뒤르켐은 프랑스에서 벌어지던 엄청난 소요와 혼란을 보고 겪은 것입니다. 이런 조건에서 태어나 자라면서 청년이 되었다면 그 청년은 어떤 문제의식을 가지게 될까요? 엄청난 정치적 소요와 혼란을 경험했었기 때문에 청년 뒤르켐에게 가장 중요한 문제의식은 '새로운 사회질서는 무엇이고 어떻게 가능할까' 하는 것일 수밖에 없겠죠. 뒤르켐은 사회의 새로운 질서에 대한 관심을 가지고 '어떻게 사회를 새롭게 재조직할 것인가'라는 문제의식을 움켜쥔 채 학문 활동을 시작하게 됩니다. 이 문제의식을 풀기 위해 그는 사회에 대한 학문, 사회를 다루는 학문이 있어야 한다는 생각을 했고, 사회학을 정립하고 제도화하는 데 평생을 바치게 됩니다.

사회에 대한 학문을 정립하려면 우선 사회학의 연구 대상인 '사회'가 무엇인지 분명히 규정할 수 있어야 할 것입니다. 그래서 뒤르켐은 개인의 심리적인 것, 국가 등 정치적인 것, 경제적인 것들과는 구분되는, 사회적인 것 또는 사회라는 영역 고유의 변별성이나 독자성을 강조하게 됩니다. 이를테면 분명히 사회 고유의 작동 메커니즘이라는 것이 있다고 생각한 것이죠. 이 점은 마르크스를 다뤘던 앞 강의에서 살펴봤듯이 마르크스가 사회적인 것을 언제나 경제적인 것과의 연관 속에서 사고했던 것과는 다른 관점이라고 할 수 있습니다.

이런 문제의식과 관점 속에서 뒤르켐은 사회에 대한 실증적 경험과학으로서 사회학을 만들려고 했습니다. 그리고 실천적 문제의식도 있었는데요, 사회에 대한 실증과학으로서 사회학을 통해 새로운 질서의 원리를 탐구함으로써, 당대의 끊임없는 정치적·사회적 혼란과 소요를 극복하고 새롭게 사회를 재조직화하고자 했습니다. 그렇다면 뒤르켐이 바라보는 사회란 도대체 무엇일까요? 이 질문에 대해 단도직입적으로 답변해 보자면, 뒤르켐에게 사회는 한마디로 '집합적인 도덕의 영역'입니다. 뒤르켐은 사회를 하나의 '사회적 사실(social fact)'로 바라보라고 말하죠. 사회적 사실로서의 사회란 개인에 외재하면서 그 개인에 대해 강제력을 지니고 있다고 말합니다. 말하자면 사회는 개인으로 환원될 수 없는 고유의 실체로서 개인에게 모종의 영향을 주는 힘이 있다는 것이지요. 개인으로 환원될 수 없는 사회가 지닌 힘, 이를 뒤르켐은 '사회적 힘(social force)'이라고 부르고, 이를 달리 '도덕적 힘(moral force)'이라고도 표현합니다. 사회가 도덕의 영역이라고 말하면 왠지 모르게 고루한 느낌이 들지 모르겠습니다. 하지만 뒤르켐의 실천적 문제의식에서 도덕의 문제는 굉장히 정치적인 함의를 가집니다. 이에 대해서는 차후 좀 더 상세히 이야기해 보도록 하고, 우선은 사회를 집합적인 도덕의 영역으로 보는 것은 당시로서는 매우 새로운 관점이었다는 점을 지적하고 싶어요.

사실 사회가 무엇인가라고 물으면 대답하기가 쉽지는 않습니다. '사회'는 근대적인 현상이라고 말할 수 있습니다. 왜냐하면 고대 사회로부터 매우 오랫동안 인간 삶의 영역은 공적인 정치 영역과 사적인 가정경제 영역으로 나뉘어 사고되었고, 사회라는 영역은 충분히 그 두 영역으로부터 독립되지 못했습니다. 그런데 근대 사회가 성립되면서 가정에 머물러 있던 경제 영역이 확장되어 국가 운영의 중요한 고려 영역이 됩니다. 이로써 근대 국민국가의 형성과 함께 국민경제학 또는 정치경제학이 등장하게 되는 것이지요. 사적인 가정을 넘어 공적인 정치와 국가 영역으로까지 확대된 경제 영역에서, 물건을 생산하고 사고팔며 이루어지는 인간 삶의 다양한 양상이 있죠. 경제 활동과 무관하지는 않지만 그렇다고 경제 활동으로 환원될 수는 없는 고유한 인간 삶의 양상들로 이루어진 영역들이 있습니다. 후에 사회라고 불리게 될 영역들인데, 예를 들면 출산, 결혼, 자녀 양육, 교육, 범죄, 이주, 보건, 건강, 문화, 복지, 법률 등의 영역들 말이지요. 이런 영역들을 애덤 스미스, 헤겔, 마르크스 같은 근대 초기의 사상가들은 '시민사회'라고 불렀습니다. 이들은 근대와 함께 등장한 이와 같은 새로운 인간 삶의 영역들을 '경제 활동과 부르주아 소유권에 기반한 시민법을 주요 특징으로 해 조직되는 삶의 영역'이라고 봤습니다. 물론 좀 더 자연과학적인 관점을 가진 근대 초의 사상가들은 사회를 일종의 기계 장치와 같은 것으로 상상하고 또 그렇게 만드는 것이 합리적이라고 생각하기도 했습니다. 전근대적인 전제군주 체제에서 군주의 자의성에 의해 작동하는 인간들의 사회적 삶보다는 기계처럼 보편적이고 인과적인 원리에 따라 법칙적으로 작동하는 것이 더 합리적이라고 여겨졌던 것이죠. 또한 사회를 거대한 유기체나 생태계처럼 바라보는 관점도 존재했습니다.

사회를 바라보는 이러한 관점들은 사회를 상품이나 기계 또는 동물 같은 일종의 사물들의 작동 모델에 기반해 바라봤다는 점에서 공통적입니다. 하지만 뒤르켐은 사회를 경제활동과 무관한 것은 아니지만 경제로 환원될 수는 없는 도덕의 영역으로 바라봤다는 점에서 당시의 관점들과는 구분되는 새로움이 있습니다. 그렇다면 사회를 바라보는 뒤르켐의 관점이 어떠한 비판적 의미를 가지는지 알아보도록 하지요.

2.

현대성 비판:
현대 사회의 병리 진단

앞에서도 잠깐 이야기했듯이, 뒤르켐의 사회학을 비판사회학이라고 표현하는 것은 생소한 느낌이 드는 것이 사실입니다. 하지만 고전사회학자들은 당대에 특정한 모습을 하고 부상한 현대적 삶의 방식들에 대해 나름의 비판적 관점에서 분석 및 진단하고 그 문제점에 대한 나름의 처방을 제시했습니다. 뒤르켐도 예외는 아닙니다.

앞에서 '비판'은 '위기'와 같은 어원을 가지며 그 둘은 같은 의미였다고 했죠? 어떤 사태를 위기로 인식하는 것 자체가 이미 그 사태에 대한 비판적 관점을 담고 있는 것이고, 무엇인가를 비판한다는 것은 어떤 위기 상태에 대한 분석적 진단과 처방을 한다는 말입니다. 이때 비판과 위기라는 용어 모두 본래 의학의 용어였다는 점을 주목해 볼 필요가 있습니다. 인간 몸의 건강에 문제가 생긴 상태를 위기라고 불렀습니다. 건강에 위기가 생기면 의사가 진단하고 적절한 처방을 내리게 됩니다. 말하자면 비판이란 내 몸의 건강에 대한 병리 상태의 인식 또는 진단을 통해서 몸을 건강하게 만드는 작업이라고 할 수 있습니다. 그렇다면 사회를 하나의 몸에 비유해 봅시다. 사회도 몸과 마찬가지로 병리 상태에 빠질 수 있겠죠? 그리고 병리 상태에 빠진 몸을 치료하듯이 사회를 치료할 수 있겠죠? 이를 우리는 사회비판이라고 부를 수 있을 것입니다. 이는 뒤르켐의 작업에도 그대로 적용됩니다. 사회비판가로서 뒤르켐은 당대의 사회가 겪고 있는 병리 상태를 나름의 관점에서 인식 및 진단하고 그에 따라 처방을 내립니다.

그렇다면 뒤르켐의 비판사회학이 무엇인지 알아보기 위해서는 우선 그가 현대 사회 또는 현대성의 병리를 어떻게 진단했는지가 관건이 되겠습니다. 여기서 현대의 위기, 현대의 병리 상태를 뒤르켐이 어떻게 파악하는가 하는 질문이 제기됩니다. 뒤르켐은 현대 사회의 병리를 크게 두 가지 측면에서 지적합니다. 첫 번째, 현대 사회의 병리는 여러분도 잘 알고 있는 '아노미 (anomie)'라는 용어로 표현됩니다. 아노미란 무규범 상태를 의미하죠. 그럼 규범이란 무엇일까요? 쉽게 말하자면 규범은 '내가 또는 우리가 어떻게 사회적 삶을 살아야 하는지 방향을 제시해 주는 지침'들을 말하죠. 어떻게 살 것인지에 대한 일종의 가이드라인 역할을 해주는 것이 규범입니다. 인간은 그런 지침들이 있어야 살 수 있습니다. 그런데 그러한 지침들이 갑자기 사라져 버린다고 상상해 봅시다. 어떻게 사는 것이 옳은 것이고 좋은 삶인지, 고귀하고 의미 있는 삶인지 방향을 잡을 수 없게 되겠죠. 또 어떻게 살아야 할지 모르겠고, 내가 제대로 살고 있는지도 혼란스럽고, 살고 있기는 하지만 의미를 찾을 수 없게 되는 일이 벌어지겠죠.

서양 전현대 사회에서 신의 말씀이나 전통적 관습 등이 당시에는 규범으로서 역할을 했습니다. 그런데 현대에서의 사회적 삶은 대도시적 삶이라고 할 수 있을 것입니다. 대도시에서 삶의 규범 역할을 하게 되는 것은 무엇일까요? 공장의 노동 규율 또는 산업 및 상업적 삶 속에서 시장과 돈의 논리 정도가 그 역할을 하게 됩니다. 하지만 이런 것들이 사회적으로 의미 있고 보람 있는 삶의 지침과 방향 제시 역할을 하기에는 부족한 점이 많죠. 어떤 점에서는 기계처럼 노동 규율에 따라 살아가는 삶이나 시장의 돈의 논리에 따라 살아가는 삶이야말로 의미 없는 허무한 삶처럼 느껴질 수 있습니다.

이렇듯 아노미에 빠져 삶의 방향과 의미를 상실하게 되면 극단적으로는 무슨 일이 벌어질까요? 삶의 의미를 찾지 못하게 되면 살아야 할 이유를 찾지 못하게 되고 결국은 자살에 이르게 될 수도 있겠죠. 뒤르켐은 이를 '아노미적 자살'이라고 부릅니다. 아노미는 보통 급격한 사회 변화가 있을 때 벌어집니다. 한편으로는 사회가 급격하게 변하게 되면 기존의 규범들은 변화된 상황에 적합한 규범으로서 역할을 하지 못하게 될 가능성이 커집니다. 다른 한편으로는 변화된 상황에 걸맞은 적절한 규범이 형성되어야 하는데 너무나 급격한 변화가 발생한 탓에 아직은 새로운 규범이 만들어지지 못하게 될 수도 있죠. 그러면 일시적으로 새로운 상황에 부합할 만한 적절한 규범이 부재하는 아노미 상태가 벌어집니다. 실제로 급격한 사회변동이 있을 때 뒤르켐이 말했던 아노미적 자살이 증가한다고 해요. 자살이야말로 어떤 사회 상태가 커다란 위기에 빠져 있음을 보다 직접적으로 보여주는 징후라고 할 수 있겠죠. 이렇듯 뒤르켐은 현대 사회의 중요한 병리적 특징을 기존 사회로부터의 급격한 사회변동과 이로 인한 사회적 삶의 방향 및 지침의 상실, 즉 아노미에서 발견합니다.

두 번째, 현대 사회의 병리는 현대 민주주의가 내장하고 있는 정치적 위기입니다. 현대 사회의 거대한 변동의 매우 중요한 축들 중 하나가 정치 체제의 변화입니다. 프랑스혁명 이후, 왕의 목을 치고 인민들이 주권자가 되는 민주주의 시스템은 거의 불가역적인 현상으로 제도화됩니다. 그런데 뒤르켐이 볼 때 새로운 정치 체제로서 민주주의는 불가피하게 끊임없는 혁명적 체제의 전복과 학살의 반복으로 인한 혼란을 야기할 수밖에 없습니다. 과거 전제 왕정과 비교할 때 민주주의의 중요한 특징은 통치자와 피통치자가 일치한다는 점입니다. 전제 왕정에서 통치자는 왕이고 피통치자는 신민이었습니다. 그 둘은 결코 일치하지 않습니다. 왕은 통치하고 신민은 통치당합니다. 하지만 현대에는 왕의 목을 치고 통치자의 자리에 인민을 위치시킵니다. 인민이 주권자가 되는 것이지요. 민주주의는 주권자로서 인민이 통치의 원리나 규칙을 만들고 자신들이 만든 통치 원리나 규칙에 따라 통치되는 것입니다. 즉, 인민이 인민을 통치하는 것이지요.

민주주의는 형식적으로는 최고의 정치 형태라고 할 만합니다. 하지만 실제 작동 방식에서는 여러 문제가 발생하게 됩니다. 우선 비록 원리적으로는 인민 전체가 주권자로서 통치자가 된다고 하지만 실제로 그럴 수는 없기 때문에 인민을 대표하는 정부를 구성하고 정부가 실질적으로 통치 역할을 수행하게 됩니다. 형식적으로 그 정부는 인민들이 수립한 것이기 때문에 정부가 인민을 통치한다는 것은 인민들의 자기 통치라고 할 수 있습니다. 하지만

'과연 실제로도 그런가?' 이것이 문제죠.

　예를 들어 인민을 대표하라고 인민들이 수립한 정부가 가만히 보니까 인민을 위해 인민을 대표해서가 아니라 때때로 인민의 이해나 의지에 반해서 권력을 사용해요. 그러면 인민은 어떻게 합니까? 인민이 주권자니까 자신들이 수립했던 정부를 전복할 권리가 있습니다. 그런데 인민들이 봉기해 정부를 전복하려고 하면 정부는 가만히 있을까요? 정부는 공권력이라고 하는 강력한 힘이 있습니다. 상비군이 있고 경찰이 있으며 여러 정책을 수행할 수 있는 행정권력을 다 가지고 있어요. 인민들은 주권이라는 초법적 최상권을 가지고 있고 국가는 법적으로 보장된 그와 같은 강력한 공권력을 가지고 있습니다. 인민이 주권을 가지고 정부를 전복하려고 하면 정부는 이에 맞서 인민에게 부여받았던 공권력을 가지고 맞서게 됩니다. 한쪽에서는 최고의 권리로서 주권이, 다른 쪽에서는 실질적으로 막강한 힘으로서 공권력이 직접 부딪히는 일이 벌어집니다. 그 결과는 기존 정치 체제의 혁명적 전복이나 그 과정에서 불가피하게 발생하는 인민들에 대한 학살입니다. 이러한 일들이 끊임없이 벌어지는 것이지요. 앞서 말했듯이 프랑스혁명 와중에 수차례나 정치 체제가 바뀌면서 끊임없는 정치적 격변과 소요가 발생했던 정치 구조적 원인이 바로 이것이었습니다.

　더구나 민주주의의 인민주권 개념에 따르면 인민 전체가 하나의 주권자로 간주됩니다. 하지만 인민이 하나의 동질적 집단일 수는 없습니다. 인민은 사실상 계급으로, 젠더로, 인종으로, 세대로, 지역 등으로 분열되어 있습니다. 하나의 단일체로서 인민이란 그런 점에서 허구적입니다. 즉, 형식적으로는 인민의 이름으로 정부를 구성했다고 하지만 실제로는 구성된 정부의 실제 구성원들은 예를 들면 자본가 집단이거나, 남성 집단이거나, 패권을 가진 인종 집단이거나, 기성세대이거나 한 것입니다. 이들이 통치하는 자 역할을 하는 정부의 실제 구성원들이 되는 것이고 노동자나 여성이나 소수 인종 집단, 청년층이나 노년층 등은 피통치자가 되는 것이죠. 즉, 인민주권에 기반한 민주주의는 형식적으로는 '통치자와 피통치자의 일치'라는 원리에 따라 사고되지만 실제로는 인민 내부의 분열로 인해 통치자와 피통치자는 결코 일치할 수 없습니다. 따라서 인민과 정부 사이에는 항상 충돌의 가능성이 내재되어 있습니다.

이러한 사실이 1848년 6월 봉기와 학살을 통해 눈앞에 선명하게 드러났습니다. 1848년 프랑스에서 벌어진 사건에 대해 자세히 말하지는 않겠지만, 프랑스혁명 이후 그동안 제3신분으로서 형제라고 생각되었던 프롤레타리아트와 부르주아가 1848년 6월 봉기와 학살을 통해 형제애로 뭉쳐진 동질적인 인민이 아니라는 점이 만천하에 드러나게 됩니다. 1848년 2월 혁명을 통해 인민의 이름으로 구성한 혁명정부가 그해 6월에는 인민의 요구에 맞서 자신을 구성한 인민을 학살하는 일이 벌어져요. 당시 혁명정부를 구성하고 있던 자들은 부르주아 세력이었는데, 이들이 공권력을 동원해 프롤레타리아트에 대한 피의 학살을 벌인 것입니다. 이 사건을 통해 인민이 내적으로 부르주아들과 프롤레타리아트로 분열되어 있으며, 이 두 집단 사이에는 형제애가 아니라 적대가 놓여 있다는 점이 노골화됩니다.

이렇듯 프랑스혁명 이후 만들어진 인민주권의 관념과 불가역적인 정치 제도로 등장한 민주주의는 내적으로 혁명적 전복과 국가에 의한 인민에 대한 학살 그리고 이로 인한 끊임없는 정치적 혼란과 소요를 해결할 원리를 가지고 있지 못합니다. 뒤르켐은 바로 이 점을 현대의 정치적 병리 상태의 중요한 측면으로 여깁니다.

3.　　　　　분업에서 나타나는 현대적 사회 조직화 방식들

1) 현대의 인간 결합 방식으로서의 분업에 주목하다

그렇다면 이와 같은 현대의 병리적 위기의 문제들을 어떻게 해결할 수 있을까요? 당시 이 문제에 대한 해결책으로 제시되었던 관점은 크게 두 가지로 이야기해 볼 수 있을 것 같습니다. 우선 개인주의적 자유주의자들을 들 수 있습니다. 이 관점은 '자유로운 개인들의 자유에 기반한 시장의 논리로 사회를 조직하자'는 것입니다. 다른 관점은 '국가주의적 관점으로서 국가의 논리로 사회를 조직하자'라는 견해입니다. 물론 여러 입장을 거칠게 단순화한 것이지만, 이는 당대의 병리적 위기에 대한 대응의 양대 산맥이라고 할 수 있습니다. 그런데 뒤르켐은 이 두 개의 길 중 어느 하나를 택하지 않고 일종의 제3의 길을 택합니다. 그 제3의 길이 무엇인지는 좀 이후에 말하기로 합시다.

　우선 뒤르켐은 해법을 찾기 위해 현대 사회의 가장 중요한 특징, 특히 현대 사회에서 사람들이 결합되는 핵심 메커니즘이 무엇인지를 주목해야 한다고 봅니다. 그렇다면 그 핵심 메커니즘이 무엇일까요? 아마도 '분업'일 것입니다. 이는 뒤르켐의 고유한 견해가 아니고 당대 지식인들이 공유하고 있던 관점이라고 할 수 있습니다. 확실히 분업은 이전 시대와 구분되는 현대 사회에서 사람들 사이의 결합 방식을 규정하는 가장 두드러진 현상이라고 할 수 있습니다. 애덤 스미스도 『국부론』에서 국부가 비약적으로 증가한 핵심 메커니즘으로 분업을 주목합니다. 마르크스는 『독일 이데올로기』나 『공산당 선언』 같은 저작들에서 분업을 현대의 핵심적인 특징으로 지적하죠. 하지만 분업에 대한 뒤르켐의 관점에는 애덤 스미스나 마르크스의 견해와는 변별되는 독창적 통찰이 있습니다. 이를 살펴볼 필요가 있을 것 같아요.

　우선 애덤 스미스와 마르크스가 분업을 어떻게 평가했는지 살펴보죠. 애덤 스미스와 마르크스의 경우, 보통 한 사람은 시장자유주의의 조상처럼 간주되고 다른 한 사람은 시장의 원리를 비판하면서 사회주의나 공산주의를 대변했던 사람으로 이야기됩니다. 하지만 분업에 대한 평가에서는 두 사람 모두 비슷한 견해를 가집니다. 우선 두 사람 모두 분업이 생산성의 비약적 증대를 가져다준다고 봅니다. 또한 두 사람 모두 분업이 인간 잠재력이나 시민적 덕성의 발전을 저해한다고 본 것도 공통적입니다. 분업이 생산성의 비약적 발전을 가져온다는 점은 쉽게 이해될 수 있을 것입니다. 예를 들면 애덤 스미스는 『국부론』에서 유명한 핀 공장 이야기를 하죠. 한 사람이 핀을 만들 경우 하루 20개 정도를 만들 수 있었는데, 핀을 만드는 공정을 18단계로 나누어 10명이 작업을 했더니 하루 4만 8000개의 핀을 생산할 수 있었다고 합니다. 한 사람당 평균 4800개를 생산할 수 있게 된 것이니 생산성에서 엄청난 향상이 이루어진 것이죠. 그렇다면 왜 애덤 스미스와 마르크스는 분업이 인간성의 위축을 가져온다고 평가했을까요?

분업은 어떤 전체적 노동 과정을 개별 과정들로 분해한 후 각자가 특수한 일을 맡아서 하는 것이죠. 그 말은 각자가 이제는 자신의 특수 능력만을 발전시키고 자신의 특수한 일에 대해서만 관심을 가지게 된다는 것을 의미하겠죠. 공적이고 정치적인 존재로서 인간은 모두가 공동체의 구성원으로서 해당 공동체의 일들에 대해 두루두루 관심을 가지며 공적으로 말하고 행동할 수 있어야 합니다. 자기 분야에 대해서는 전문가지만 자기 분야 이외에 대해서는 관심이 없고, 그래서 공동체 전체의 공적 관점에서가 아니라 오로지 자기만의 특수한 이해관계만을 살펴 사태를 평가하고 행동하는 사람은 공동체의 공적 존재로서 자격이 부족하다고 볼 수 있을 것입니다. 그런데 분업이 전면화되면 인간 능력의 전면적 발전이 저해되고 공동체의 시민적 덕성을 배양할 기회가 체계적으로 위축될 수밖에 없겠죠.

바로 이 점 때문에 애덤 스미스도 국가의 역할을 중시합니다. 현대 사회에서 분업으로 인해 다수의 인간들 사이에서 인간 능력의 전면적 발전 및 고귀한 인간적 성향들의 발전이 저지되는 상황이 야기되기 때문에, 국가는 이들이 공정한 시장의 규칙에 따라 활동할 수 있도록 사람들을 돌봐야 한다는 것입니다. 마르크스도 분업이 인간의 전면적 발전을 가로막으며 인간 소외를 야기한다고 호되게 비판하죠. 잘 알려져 있듯이, 마르크스는 공산주의 사회가 되면 우리가 아침에는 사냥을 하고, 오후에는 낚시를, 저녁에는 목축을, 저녁 식사 후에는 문필 활동을 할 수 있게 된다고 말하잖아요? 이는 분업, 특히 자본주의 사회에서처럼 강제된 분업이 극복된 상황이죠.

그런데 분업에 대한 뒤르켐의 관점은 이와는 사뭇 다른 통찰을 담고 있습니다. 분업에서 희망을 찾는다고나 할까요? 인간성의 발전이나 인간 사회의 새로운 조직화 방식에서 분업이 가지고 있는 긍정성을 찾아낸다고 말해볼 수 있습니다. 분업은 각자가 특정 부분을 전문적으로 담당해 일을 하되 그 부분들이 모여 하나의 전체적인 일 또는 공정을 구성하는 것이지요. 그런 점에서 분업은 인간과 인간을 결합시키는 현대적 삶의 대표적인 메커니즘이라고 할 수 있습니다. 달리 말해 분업은 인간과 인간의 사회적 관계를, 즉 사회를 재조직하는 현대 사회 고유의 방식인 것이지요. 뒤르켐에 대해 기초적인 지식이 있으신 분들이라면 눈치를 챘겠지만 분업은 현대 사회에서 '연대'가 이루어지는 대표적인 현상인 것입니다. 이미 분업이 새로운 시대의 원리가 되어 불가역적인 현상이 되어버린 상황에서 분업 자체를 폐지한다는 것은 비현실적인 이야기일 것입니다. 따라서 뒤르켐은 분업이라는 현대의 독특한 인간 결합 방식에 주목하면서, 여기서 새로운 사회의 새로운 연대 방식의 가능성을 찾아내려고 합니다.

2) 부정적 연대와 유기적 연대

뒤르켐은 인간과 인간의 결합 방식, 즉 사회의 결속 방식을 '연대(solidarity)'라고 표현하고 그 결합 방식의 차이에 따라 연대의 종류를 구분합니다. 우선 뒤르켐 사회학의 ABC에 해당하는 것으로 뒤르켐에 대한 개설서를 펼치면 항상 나오는 구분이 있습니다. '기계적 연대(mechanical solidarity)'와 '유기적 연대(organic solidarity)'의 구분이 그것입니다.

기계적 연대란 전근대적인 사회에서 두드러지게 나타나는 인간 결합 방식을 지칭합니다. 그 원리는 '공통성'입니다. 구성원들이 어떤 공통적인 것을 공유함으로써 하나의 사회를 구성하는 것이죠. 일종의 공동체(community)라고 할 수 있습니다. 예를 들어 공통의 신, 공통의 믿음, 공통의 핏줄, 공통의 민족성, 공통의 문화 같은 것을 가지고 있기 때문에 사람들은 하나로 뭉칠 수 있습니다. 따라서 기계적 연대에 의해 결속되는 사회에서는 각 개인의 자유와 개성이 충분히 발달하지 않습니다. 한 사회의 구성원들이 자신의 자유로운 활동을 하는 것이 아니라, 개인들이 전체의 작동 방식에 종속되고 흡수될 때에만 그 사회가 작동하게 됩니다.

사람들이 개체성을 넘어서 하나의 공동체로 묶이는 데서 '공통성의 공유'는 매우 중요한 작용을 합니다. 저를 예로 들어보자면, 저는 잘 알지 못하는 사람과 함께 어떤 일을 해야 할 상황이 생기면 부담스럽더군요. 그 사람이 누구인지, 어떤 능력이 있는지, 어떤 성향의 인물인지 잘 모르기 때문이죠. 그래서 그 사람과 저 사이에 존재하는 공통적인 것을 찾으려는 시도를 하게 됩니다. 가령 상대방에게 "담배 피우세요?"라고 물어요. 그런데 상대방이 "그렇다"고 대답을 합니다. 그러면 얼마나 기쁘던지요. 방금 전까지는 전혀 공유하는 것이 없던 남남이었는데 이제는 흡연가로서 공통분모가 만들어졌잖아요. 서로 담배를 권하면서 이야기를 해나가다 보면 서로에 대해 더 잘 알 수 있게 되는 기회도 생기고 친근감이 생깁니다. 그런 점에서 "담배 피우세요?"라는 저의 물음은 서로의 공통성을 찾아 교류의 다리를 놓으려는 시도라고 볼 수 있습니다. 또한 그것은 상대방에게서 저를 찾아냄으로써 상대방과 친밀감을 형성하려는 질문이라고 할 수 있습니다. 아마 여러분도 이와 유사한 방식으로 친구 맺기를 시도하는 경우가 많을 텐데, 공통성을 찾는 것이 사람들을 결속시키는 매우 중요한 방식이기 때문입니다.

현대적 삶의 조건에서도 이처럼 공통성을 통해 사람들이 결속되는 기계적 연대가 작동하기는 하지만, 기계적 연대는 현대보다는 아무래도 전현대의 사회적 조건에서 더욱 두드러지게 나타나는 현상이라고 할 수 있을 것입니다. 현대와 달리 전현대의 사회적 삶은 같은 지역에서 오랫동안 살며, 유사한 일을 하고, 공통의 언어와 공통의 신을 믿으며 살아가는 공동체적인 삶이 보다 두드러진 특징이라고 할 수 있을 테니까요.

그런데 현대는 어떤 시대인가요? 현대는 얼굴도 잘 모르고, 고향도 다르며, 하는 일도 다른 사람들이 대도시라는 공간에 모여서 생활하는 시대입니다. 이 대도시 생활의 특징은 공통성이 아니라 차이입니다. 즉, 현대 사회의 중요한 특징은 차이의 부상(浮上)이에요. 보통 차이가 생기면 사회가 조직이 잘 안 되고 해체 가능성이 높아질 것이라고 생각할 수 있는데, 꼭 그런 것만은 아닙니다. 오히려 차이가 있기 때문에 서로를 필요로 할 수가 있죠. 상호 의존과 협동이 필수적으로 요구되는 것입니다.

예를 들어보도록 하지요. 어느 대도시에 빵 가게 주인이 있어요. 이 사람은 맛있는 빵을 기가 막히게 잘 만듭니다. 그런데 이 빵 가게 주인은 빵밖에 만들 줄 몰라요. 옆에는 구두를 기가 막히게 잘 만드는 구두 가게 장인이 있습니다. 물론 이 사람도 구두는 잘 만들지만 빵을 만들지는 못해요. 그런데 빵 만드는 사람에게도 신발이 필요하지 않겠습니까? 그리고 신발을 만드는 사람에게도 빵이 필요하겠죠. 그러니까 하는 일은 완전히 다르지만 서로 살기 위해서는 서로 의존할 수밖에 없겠죠. 이렇듯 개인 간에 상호 차이가 있음에도 불구하고 그들이 상호 의존의 도덕 질서로 결합되는 것을 '유기적 연대'라고 말할 수 있습니다. 주로 현대 사회의 대도시에서 흔히 볼 수 있는 인간 결합 방식으로서, 유기적 연대는 현대의 두드러진 특징입니다.

앞에서 설명한 사회 결속 방식으로서 기계적 연대와 유기적 연대라는 두 유형은 각각 전근대와 현대를 특징짓는 사회조직화 방식의 두 가지 구분입니다. 한 사회가 전근대 사회에서 현대 사회로 이행하는 맥락, 현대화나 발전론의 맥락에서 이 두 가지 구분은 매우 중요합니다. 하지만 저는 뒤르켐의 연대 이론에서 기계적 연대와 유기적 연대의 구분보다는 다른 구분에 더 집중을 해보고자 합니다. 뒤르켐이 분업을 특징으로 하는 현대 사회에서 발견할 수 있는 두 가지 연대의 방식으로 제시한 '부정적 연대(negative solidarity)'와 '유기적 연대(organic solidarity)'의 구분이 그것입니다. 뒤르켐을 소개하는 개괄서들에서 그가 기계적 연대와 유기적 연대를 구분했다는 설명은 나오지만, 현대의 중요한 두 연대 방식으로 부정적 연대와 유기적 연대를 구분했다는 점은 잘 소개하지 않습니다. 하지만 제가 볼 때는 오늘날 우리가 겪고 있는 여러 사회적 병리들을 이해하기 위해서는 뒤르켐이 부정적 연대와 유기적 연대를 어떻게 구분했고 그것들에 대해 어떠한 평가를 했는지가 더 중요한 쟁점이 아닌가 합니다.

부정적 연대와 유기적 연대는 분업에서 발견할 수 있는, 현대의 사회적 삶속에서 작동하는 인간들의 두 가지 결합 방식입니다. 우선 부정적 연대에 대해 이야기해 보죠. 제가 '부정적 연대'라고 표현했는데, 이는 '소극적 연대' 또는 '물권적 연대'라고도 표현됩니다. 따라서 '부정적(negative)'이라는 표현은 무엇인가를 거부한다거나 하는 의미가 아니라 '물권(real right)'에 기반한 연대이기에 무엇인가가 부족한 연대라는 의미로 이해하고 따라오면 좋을 것 같습니다. 법률 용어가 나와서 어려울 수 있는데요, 채권은 '사람에 대한 권리'로서 채권자가 채무자에게 특정한 행위를 요구할 수 있는 권리를 뜻합니다. 이와 달리 물권은 '사물에 대한 권리'로서 사물에 대한 배타적 지배 권리를 의미합니다. 쉽게 말해 물권은 사적 소유권을 떠올리면 쉽겠습니다. 그렇다면 부정적 연대는 사물에 대한 소유권에 기초해서 이루어지는 인간과 인간의 결합 방식이라고 할 수 있게 되겠죠. 분업에서는 이와 같은 부정적 연대의 원리를 발견할 수 있다는 것입니다.

다시 앞서 말한 분업의 상황을 떠올려봅시다. 한편에 제빵 장인이 있고 다른 편에 구두 장인이 있어요. 그 둘은 전체 사회 속에서 빵 만들기와 구두 만들기라는 전문적인 일을 하면서 분업을 하고 있는 것이죠. 이 두 사람이 살아가기 위해서는 서로에게서 구두와 빵을 얻어야 합니다. 두 사람은 현대의 분업이 이루어지는 시장에서 만나죠. 시장에서 만난 두 사람은 서로 필요한 물건들을 교환합니다.

여기서 부정적 연대란 무엇일까요? 부정적 연대는 물권, 말하자면 사물에 대한 소유권에 기반한 인간 결합 방식이라고 했었죠. 제빵 장인에게는 그의 소유물인 빵이 있고 구두 장인에게는 그의 소유물인 구두가 있습니다. 그리고 그 시장 교환을 통해 서로의 소유권을 교환하는 것입니다. 이렇듯 서로가 소유한 사물을 주고받음으로써, 둘은 시장 교환의 메커니즘에 따라 특정한 방식으로 결합이 되는 것이죠. 이를 부정적 연대라고 합니다. 뒤르켐은 부정적 연대에 대해 다음과 같이 말합니다.

> 인간관계 중 가장 대표적인 부정적 관계는 사물을 사람과 연결시키는 관계다. 사물들도 인간과 마찬가지로 사회의 일부를 구성하고 거기에서 특수한 역할을 수행한다. 이 경우 사물과 사회의 관계를 규정하는 것도 필요하다. 우리는 매우 특별한 성격을 지닌 법률 절차를 통해 아주 특별한 성격을 표현하는 사물들의 연대를 말할 수 있다.[1]

말하자면 부정적 연대는 ① 각 사람들이 사물들과 물권이라는 방식으로 (즉, 소유권의 형태로) 관계를 맺은 상태에서, ② 두 사람이 각자가 가진 사물과 그 소유권을 상대방과 교환함으로써, ③ 간접적으로 두 사람 사이에 모종의 결합 관계가 이루어지는 것을 말해요. 결국 단순화하자면 시장에서 사물과 사물 사이의 관계(사물들 사이의 연대 또는 사물과 사물의 이전 관계)에 의해 이차

---

1   에밀 뒤르켐, 『사회분업론』, 민문홍 옮김(파주: 아카넷, 2012), 175쪽.

적으로 그것들을 소유한 인간과 인간 사이의 사회적 관계가 맺어지는 것을 말합니다. 따라서 부정적 연대는 '실제로 시장에서 물권에 기반한 상품의 교환을 통해 이루어지는 인간들 사이의 사회적 관계의 조직화'라는 형태로 나타나게 됩니다. 그런 점에서 볼 때, 부정적 연대에서 인간과 인간의 사회적 관계는 시장에서 사물과 사물의 교환 관계, 위 인용문에서 뒤르켐이 쓴 표현으로는 "사물들의 연대"에 의해 규정됩니다. 시장은 사물의 가치에 대한 냉정한 현금 계산에 따라 인간들의 사회적 삶이 조직되는 영역으로서, 부정적 연대는 협력이나 상호 존중과 같은 도덕과 규범에 의한 인간 결합 방식이라기보다는 사물과 사물 사이의 익명적인 사실적 질서에 따라 인간이 결합되는 방식을 지칭합니다. 그래서 부정적 연대는 사람과 사람을 직접 연결시키는 것이 아니라 사물과 인간을 소유권으로 연결시키는 것입니다. 시장 교환에서 두 사람은 단지 사물들의 소유권과 사물을 주고받은 후에는 서로에 대해 어떠한 도덕적 요구를 하거나 의무를 질 필요도 없이 서로의 갈 길을 가면 그만이게 됩니다. 서로가 서로의 배타적 소유권을 침해하지 않으면서 각자의 삶을 살아가는 사회의 모습이 떠오르죠? 따라서 뒤르켐은 부정적 연대에서는 사람들을 공동의 목적을 향해 함께 움직이도록 할 수 없고, 상호 협력과 합의도 낳을 수 없다고 말합니다. 결국 뒤르켐은 부정적 연대는 사회 통합에 어떠한 도움도 되지 못한다고 결론 내립니다.

법학자들은 사실상 두 종류의 권리를 구분한다. 하나는 물권이고 또 하나는 인격적 권리다. 재산권이나 저당권은 물권에 속하고, 채권은 인격적 권리에 속한다. 물권의 특징은 그것만이 우선권과 상속권을 가져올 수 있다는 점이다. 이 경우 내가 물건에 대해 갖는 권리는 배타적이어서 나 이외의 타인은 그 권리를 갖지 못한다. …… 이러한 특권적 상황이 가능한 이유는, 나라는 법률적 인격이 사물과 연대를 맺었기 때문이다. …… (부정적 연대는) 사물과 개인을 직접 연결시켜 주는 것이지 개인들 사이의 관계를 연결시켜 주는 것이 아니다. 엄격히 말하자면, 사람은 자신이 세상에 혼자 살고 있다고 생각하면서 다른 사람들을 무시하고 실질적 권리를 행사할 수 있다. 그런데 사물이 사회에 통합되는 것은 오직 인간을 통해서만 이루어진다. 따라서 이러한 통합에서 생긴 연대는 아주 소극적이라고 할 수 있다. 따라서 이와 같은 사회적 연대는 개인 의지들을 공동의 목적을 향해 움직이도록 할 수 없으며, 단지 사물들이 질서정연하게 개인 의지들과 연결되도록 할 뿐이다. 물권은 한정되어 있기 때문에 갈등을 일으킬 수 없다. 왜냐하면 그 관계의 규정을 통해 적대감을 미리 예방할 수 있기 때문이다. 그러나 물권은 적극적 협력이나 합의를 낳지는 못한다. 그러한 종류의 합의가 완전하다고 가정해 보자. 그 합의가 존재하는 사회를 우주에 비유하면, 그 사회는 마치 각각의 별이 이웃에 있는 별들의 움직임을 방해하지 않고 자신의 궤도를 따라 움직이는 거대한 성운과 같다. 따라서 이들 형태의 연대는 모두를 한꺼번에 움직일 수 있는 것처럼 그 구성 요소들을 종합할 수 없다. 결국 이와 같은 연대는 사회체계의 통합에 아무런 기여도 하지 못한다.[2]

그럼 분업에서 발견되는 다른 방식의 연대, 즉 유기적 연대란 무엇인지 알아보도록 하죠. 앞서 말했던 제빵 장인과 구두 장인이 분업을 하고 그 결과물인 빵과 구두를 교환하는 상황을 떠올려봅시다. 부정적 연대에서 두 사람은 서로의 사물을 교환해 필요한 것을 얻으면 그 관계는 더 이상 지속되지 않습니다. 하지만 이렇게 생각해 보죠. 제빵 장인의 입장에서는 이런 생각이 들겠죠. '만약 저 구두 장인이 없었다면 과연 나는 어떻게 구두를 신고 길거리를 활보할 수 있을 것인가?' 구두 장인은 또 이렇게 생각하는 것이죠. '만약 제빵 장인이 없었다면 과연 나는 어떻게 생명을 유지하기 위한 음식을 구할 수 있단 말인가?' 제빵 장인이나 구두 장인 모두 서로의 존재와 그 일에 대해 감사한 마음을 가지게 되고 상대방에 대한 존중의 마음이 들겠죠. 결국 서로의 삶이 서로에게 의존하고 있고 그 덕택에 자신이 행복한 삶을 살 수

---

2 같은 책, 176~177쪽.

있다는 것을 알게 됩니다. 말하자면 분업을 통해 서로가 결속되는 현대적 삶은 서로에 대한 상호 인정과 존중의 도덕과 규범을 내장하고 있는 것이지요.

여기서 우리는 두 차원을 구분해 볼 수 있습니다. 한편에는 부정적 연대의 경우처럼 분업의 구조 속에서 서로의 사물을 교환함으로써 각자 원하는 사물을 얻은 후 관계가 단절되는, 냉정한 사물들의 사실적 질서에 머무는 차원이 있습니다. 다른 한편에는 분업 속에서 서로의 사물을 교환하되 사물의 가치에 대한 냉정한 현금 계산을 넘어 서로에 대한 인정과 존중 그리고 감사의 마음을 가지게 되는 도덕규범적 차원이 있습니다. 애덤 스미스나 여타 경제학자들의 관점처럼 시장 교환을 통해 사물들이 맺는 관계와 그 작동 논리에 의해 인간의 사회적 삶을 설명하려는 시도와 달리, 뒤르켐은 바로 거기에서 상호 존중과 인정의 도덕규범적 원리가 작동하고 있다는 것까지 끌어올리는 것이지요. 이렇듯 분업 속에서 상호 존중과 인정의 도덕규범적 차원을 통해 인간과 인간이 서로 결속되는 사회 구성 방식, 사물의 질서를 넘어선 도덕규범의 질서, 이것을 뒤르켐은 유기적 연대라고 부릅니다. 부정적 연대가 사물들의 연대라는 사물들의 질서에 따른 인간 삶의 조직화 방식이라고 한다면, 유기적 연대는 인간들의 합력과 합의에 기반한 도덕규범적 질서에 따라 이루어지는 인간 삶의 사회 조직화 방식이라고 할 수 있습니다. 보통 경제학자들은 한 사회의 질서는 시장에서의 사물의 질서에 충실한 이기적이고 개인주의적인 경제적 인간, 이른바 '호모 에코노미쿠스(homo economicus)'면 충분하다고 말합니다. 하지만 뒤르켐이 볼 때 경제인들만으로는 진정한 사회 질서를 만드는 것은 불가능합니다. 때문에 그는 경제적 개인주의가 아니라 도덕적 개인주의가 현대의 사회도덕, 유기적 연대의 새로운 도덕이 되어야 한다고 말합니다. 뒤르켐이 볼 때는 시장에서와 같은 부정적 연대처럼 냉정한 사물의 질서에 따른 인간들의 결합 방식마저도 사실은 유기적 연대의 도덕규범적 원리에 기반해서 이루어질 수 있는 것입니다.

사실상 인간이 서로 인정하고 서로의 권리를 보장하기 위해서는 우선 서로를 사랑해야 한다. 그리고 어떠한 이유에서건 그들이 공동체를 구성하고 있는 사회에 대해 애착을 가져야만 한다. 정의는 자선으로 가득 차 있으며, 우리가 사용했던 표현을 다시 사용한다면, 부정적 연대는 적극적 연대에서 나온다. 부정적 연대는 서로 다른 근원에서 나오는 사회적 감정이 실제적 권리 영역에 반향되어 나타난 것이다. 따라서 부정적 연대는 그 자체로 특수한 것이 아니라 모든 종류의 연대에 필수적인 부수물인 것이다.[3]

이렇듯 유기적 연대에 대한 뒤르켐의 논의는 분업과 사물들의 시장 교환으로부터 도덕규범의 차원을 도출해 낸다는 점에서 기발한 발상을 보여줍니다. 보통 우리는 분업에 의해 각자가 자신의 일만 하게 되면 사회적 관계가 파편화되고 개인의 자유와 개성이 증대하게 됨으로써 사회가 해체될지 모른다는 우려를 하기 쉽습니다. 그런데 뒤르켐의 통찰은 이와 달리 분업이 발달하면 발달할수록, 개인성이 발달하면 발달할수록 오히려 개인들 사이의 상호 의존은 더욱 강화되고 이로 인해 서로에 대한 상호 인정과 존중의 도덕규범이 발달할 수 있다는 생각을 하게 만들어줍니다.

유기적 연대는 개인이 고유한 행동 영역을 가지고 있고, 개성을 가지고 있는 경우에만 가능하다. …… 개인의식의 활동 영역이 확장될수록 유기적 연대에서 비롯된 사회적 결속력은 더 강해진다. 사실상 노동이 더 분화될수록 개인은 점점 더 사회에 의존하게 된다. …… 사회는 그 구성원들이 독자적 운동을 더 많이 할수록 집단적 행동을 할 수 있는 능력이 커진다. 이런 형태의 연대는 우리가 고등동물에서 볼 수 있는 연대와 비슷하다. 여기서 각 기관은 자신만의 고유한 모습과 자율성을 지닌다. 그러나 유기체의 통일성은 각 부분의 개체화가 더 현저하게 진행될수록 강화

---

3   같은 책, 183쪽.

된다. 이러한 유추에 의해 우리는 분업에 기인하는 연대를 유기적 연대라고 부를 것을 제안한다.[4]

이렇듯 뒤르켐은 현대 사회에서 불가역적으로 진행되고 있는 분업과 개인주의의 증가 경향에서 사회의 해체를 보는 것이 아니라 오히려 다른 방식의 사회 통합 원리를 찾아냅니다. 그렇기 때문에 뒤르켐은 현대의 주요 특징으로서 분업과 개인성의 발달을 문제시하면서 과거로 돌아가자는 보수적 견해를 취할 필요가 없게 됩니다. 또한 개인의 자유만을 강조하는 자유주의의 길이나 국가의 권위를 강조하는 사회주의의 길을 택할 필요가 없어집니다. 뒤르켐은 '개인이냐 국가냐'의 대립을 넘어 인간과 인간 사이의 관계를 도덕규범적인 유기적 연대로 결속하는 사회적 연대의 길, 달리 말해 도덕규범의 영역으로 이해되는 '사회'라는 길을 찾았던 것입니다.

4. 현대의 위기에 대한 대응으로서의 유기적 연대와 종교 분석

보통 분업은 경제적 생산성의 비약적인 증대를 가져오는 것이 틀림없지만 인간 능력의 전면적 발전이나 사회적 유대를 깨뜨리는 부정적 요인으로 보였죠. 하지만 뒤르켐은 분업에서 오히려 인간 개성의 발전과 상호존중의 도덕규범적 질서라는 현대 사회의 새로운 연대 원리를 도출했습니다. 즉, 현대로의 급격한 사회변동 와중에 벌어진 여러 현대의 위기들을 해결하고 새로운 사회 질서를 구축할 수 있는 방안을 분업이라는 현상에서 찾아낸 것입니다.
　현대 사회에서 우리의 삶은 분업을 통해 조직되고 있습니다. 각자가 자기

4　같은 책, 194쪽.

직업을 전문적으로 맡음으로써, 하고 있는 일을 통해 소득을 얻고, 자기 자아를 실현하며, 공동의 사회적 삶에 참여하게 됩니다. 그렇다면 직업 집단들 차원에서 현대의 새로운 조건에 맞는 나름의 도덕규범적인 질서를 구축한다면 현대가 상실한 도덕규범의 질서를 새롭게 세울 수 있을 것입니다. 이는 현대의 병리로서 아노미에 대한 뒤르켐의 해법이라고 할 수 있습니다.

또 다른 현대의 병리는 인민주권에 기반한 민주주의가 근본적으로 끊임없는 정치적 혼란과 소요를 야기하기만 하고 해법은 되지 못하는 현상이었죠. 그 요체는 초법적 인민주권과 법적 정당성을 가지는 국가의 권위가 직접 충돌하면서 서로 반목하게 되는 것이었습니다. 이 문제를 어떻게 풀 것인가 하는 질문과 관련해 뒤르켐은 '유기적 연대로 파악된 사회의 도덕규범적 질서'를 해법으로 제시합니다. 말하자면 다음과 같은 것입니다. 초법적 인민주권과 법적 정당성을 가지는 국가의 권위가 직접 충돌하지 않도록 그 두 막강한 힘 사이에 도덕규범적 결속 영역으로서 사회라는 또 다른 영역, 오늘날 사용하는 더 익숙한 용어로 표현하자면 일종의 '시민사회'라는 영역을 끼워 넣어 그 두 힘이 직접 충돌하지 않도록 일종의 완충장치를 설치하는 것입니다. 달리 말하면 아래로는 초법적 인민주권의 전복적 혁명의 힘이 사회라는 도덕규범의 영역을 통과해 국가에 인민의 의지가 전달되도록 하고, 위로는 국가의 막강한 권력 역시 도덕규범으로서 사회라는 영역을 통과해 인민들에게 작용되도록 만드는 것입니다.

그럼 어떻게 될까요? 우선 인민들이 자신들을 대리하라는 의미에서 정부를 구성했는데 정부가 오히려 인민의 생존을 보살피지 않고 오히려 국가 권력의 남용이라는 형태로 인민들에게 폭력적 통치를 수행하면, 인민들은 기존의 정부를 끌어내리고 새로운 정부를 구성하려는 혁명적 봉기의 에너지를 분출하잖아요? 그런데 이 혁명적 봉기의 에너지가 직접 정부를 때리는 것이 아니라 사회의 도덕규범적 영역을 통과해 도덕규범의 언어로 변환된 후 정부에 도달하는 것입니다. 마음 같아서는 다 때려 부수고 다 뒤집고 싶은 날

그림 2-1

뒤르켐의 정치적 기획

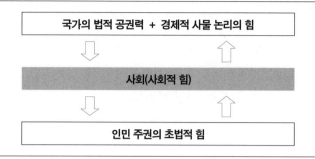

것의 전복적 에너지가 도덕규범의 사회 영역을 통과하면, 우리 다수의 인민들도 골고루 더불어 살 수 있게 정책을 수정하라는 방식으로 인민의 의지가 공적인 여론의 형태로 정부에 전달되는 형태로 나타나겠죠. 또한 폭력을 독점하고 있는 국가가 통치를 수행할 때 인민을 굴복시키거나 상황에 따라 학살하게 되는 날것의 폭력을 인민에 대해 행사하는 것이 아니라, 국가의 통치권력을 도덕규범의 사회 영역을 거쳐 작동시키면 각종 삶의 어려움과 위기에 처한 인민들의 삶을 보살피는 사회보장 같은 행정 조치 형태로 변환되겠죠. 인민주권이 지녔던 날것의 전복적 힘은 사회적 여론의 형태로 국가에 전달되고, 국가는 사회적 여론을 참조해 (치안적 통치의 방식이 아니라) 사회적 통치의 방식으로 통치를 수행하게 됩니다.

　말하자면 도덕규범의 영역으로서 사회의 힘을 가지고 인민주권과 국가 폭력의 막강한 힘들을 통제하는 동시에 양자를 매개한다는 것, 그리고 유기적 연대에서 확보되는 사회의 힘을 가지고 부정적 연대라고 표현했던 사물화된 시장의 익명적 힘에 의해 사회가 조직됨으로써 나타나는 아노미 상태를 극복하는 것, 이와 같은 기획이 실천적인 의미에서 뒤르켐 사회학의 기본 발상이라고 할 수 있습니다. 매우 기발한 생각 아닌가요?

하지만 여기서 질문이 제기됩니다. 뒤르켐의 기획은 사회적 힘, 즉 도덕적 힘을 가지고 인민주권의 초법적이며 전복적인 봉기의 힘과 국가권력이 지닌 공권력 및 행정권력의 막강한 힘 모두를 통제하며, 시장에서 작동하는 익명적 사물 논리에 의한 사회 조직화를 극복하려는 것이잖아요. 그렇다면 '과연 사회가 무슨 힘이 있어서 국가의 힘, 인민 주권의 힘, 시장의 익명적 사물 논리의 힘을 통제할 수 있단 말인가?'라는 질문이 제기될 수밖에 없어요. 사회가 가진 힘, 즉 사회적 힘은 앞서 말했듯이 결국 도덕적 힘이잖아요. 도덕의 힘으로 이러한 엄청난 힘들을 과연 통제할 수 있을까요? 인민주권과 국가 폭력 사이에 사회라는 완충 영역을 끼워 넣어 그 두 힘을 통제하고, 분업화된 시장에서 작동하는 도덕적 연대의 힘을 발견해 익명적 사물 논리에 의한 사회조직화의 힘을 통제한다는 발상은 기발하기는 한데, 과연 그것이 현실적인 효력을 지닌 기획일 수 있을까요? 아마 뒤르켐도 이러한 문제에 대해 골치 아픈 고민을 했을 것입니다. 뒤르켐은 사회의 힘은 충분히 이러한 힘들을 통제할 수 있을 것이라는 막연한 낙관적 기대를 가지고 있기는 했는데, 그것이 현실에서 충분히 가능하다는 것을 설득력 있게 해명하지는 못합니다.

뒤르켐이 사회가 지닌 힘에 대한 자기 확신을 얻게 되는 것은 한참 후인 일련의 말기 연구들을 통해서였습니다. 뒤르켐은 생애의 말기에 종교 분석에 집중하죠. 종교에 대한 관심은 어떤 점에서는 사회적 힘의 실체 찾기의 일환이었다고 볼 수 있습니다. 뒤르켐은 종교 현상을 연구하면서 사회적 힘의 원천을 발견하고자 했습니다. 그가 종교를 살펴보면서 추론해 갔던 사고의 흐름은 다음과 같은 것입니다.

우리는 보통 가급적이면 이 한 사회의 도덕과 규범 또는 그것들의 제도적 형태인 법을 위반하지 않으려고 합니다. 그것들이 일정 정도 우리의 자유를 박탈하는 측면이 있다고 할지라도 말이죠. 또한 우리는 한 사회의 도덕과 규범 또는 법을 위반한 자들에 대해서 도덕적으로 분개하며 손가락질 하고 처벌하고자 합니다. 만약 자신이 위반을 했다면 죄책감에 괴로워하기도 합니다. 즉, 일반적인 경우 우리 모두는 한 사회의 도덕, 규범, 법을 지키려 합니다. 그러면 여기서 질문을 던져봅시다. '도대체 우리는 왜 도덕, 규범, 법을 지키려 하며 그것들을 위반한 자들에 대해서는 도덕적으로 분개하고 처벌하고자 하는가?' 이 질문에 대해 우리가 생각할 수 있는 첫 번째 대답은 아마 '도덕, 규범, 법 등을 위반하면 처벌받을 수 있다는 두려움 때문이다'라는 것일 듯해요. 실제로 누군가가 법을 위반하면 법 뒤에 있는 경찰과 사법부의 처벌권력이 나타나 그를 감옥에 가두거나 사형에 처하는 방식으로 그에게 고통을 주는 무시무시한 처벌 권력을 행사하잖아요? 법 위반의 결과로 행해질 처벌의 고통이 주는 공포를 피하기 위해 우리가 법이나 도덕, 규범 같은 것들을 지킨다고 생각할 수 있습니다. 물론 처벌의 고통에 대한 공포는 우리가 법, 도덕, 규범 등을 지키게 만드는 현실적인 물리적 강제력입니다. 하지만, 우리가 단지 처벌의 고통에 대한 공포를 피하기 위함이라는 소극적 이유에서 법, 도덕, 규범 등을 지키는 것일까요? 결국 물리적 강제력이 무서워서 지킨다는 이야기인데, 과연 그럴까요? 법, 도덕, 규범 그리고 그것들을 어겼을 때 작동하는 사회나 국가가 단지 공포의 대상이기만 한 것일까요? 여기서 잠시 뒤르켐의 이야기를 직접 들어보도록 합시다.

만일 사회가 물리적인 강요에 의해서만 우리로부터 이러한 양보들과 희생들을 얻어낸다면, 사회는 우리에게 종교가 찬양하는 것과 같은 도덕적인 힘의 관념을 일깨우는 것이 아니라 우리가 필연적으로 양보해야만 하는 물리적 힘의 관념만을 일깨우게 될 것이다. 그러나 사실상 사회가 의식에 행사하는 지배권은 사회의 특권인 물리적 우위에서보다 오히려 사회에 부여된 도덕적 권위에서 기인하는 것이다. 만일 우리가 사회의 명령에 복종한다면 그것은 단순히 사회가 우리의 저항을 이겨낼 만큼 강하기 때문만은 아니다. 그것은 무엇보다도 사회가 진정한 존경의 대상이기 때문이다. …… 존경심이란 이러한 내적이고 완전한 정신적 압력이 우리 안에서 작용하는 것을 느낄 때, 우리가 경험하는 감정이다. …… 이른바 도덕적 지배권을 만

들어내는 것이 바로 이러한 심리상태의 강렬함이다.[5]

위 인용문에서 뒤르켐은 우리가 사회의 규제나 명령을 준수하는 이유는 단지 그것이 지닌 물리적 강제력 때문만이 아니라 사회의 도덕적 권위에 대한 존경심 때문이기도 하다고 말하고 있죠. 즉, 법, 도덕, 규범 같은 것들에 대한 복종을 강요하는 국가나 사회는 단지 무서운 공포의 대상이기만 한 것이 아니라 동시에 에로스의 대상이라는 것입니다. 우리 팀, 우리 마을, 우리 조직, 우리 공동체, 우리 나라 등 사회나 국가는 사랑의 대상이기도 한 것입니다. 한 예로 국가가 우리의 삶을 제한하는 물리적 강제력일 뿐이라고 생각하다가도 국가 대항 스포츠 경기 같은 것들이 있을 때 우리는 또 우리나라 팀을 열렬히 응원하기도 하잖아요? 결국 국가나 사회는 물리적 강제력을 지닌 공포의 대상인 동시에 도덕적 강제력을 지닌 존경과 사랑의 대상이기도 합니다.

그런데 가만히 생각해 봅시다. 공포의 대상인 동시에 존경과 사랑의 대상, 피해 멀리하고 싶어 하면서도 동시에 가까이 다가가기를 원하게 만드는 경외감의 양가감정이 느껴지는 존재, 이런 존재가 무엇일까요? 그렇습니다. 바로 신이죠. 그렇다면 사회는 결국 신이라는 말을 해볼 수 있겠습니다. 말하자면 우리가 법이나 규범, 도덕의 집합으로서 사회에 대해서 가지는 양가감정이나 태도는 신성의 힘이라는 것입니다. 신이란 사실상 사회가 가진 힘이 종교의 형태로 인격화된 것일 뿐, 신성의 힘이란 결국 사회의 힘과 다름없다는 것이죠.

서양인들의 문화적 상상력 속에서 국가나 경제, 인민의 힘 같은 것들보다 상위에 있는 최고의 힘은 신성의 힘입니다. 뒤르켐에게 그 신성의 힘이

---

5   에밀 뒤르켐, 『종교생활의 원초적 형태』, 노치준·민혜숙 옮김(서울: 민영사, 1992), 296~297쪽.

란 결국 사회의 도덕적 힘인 것이고요. 그렇다면 뒤르켐은 자신의 사회학의 실천적인 이론 구도에 대해 확신할 수 있게 됩니다. 즉, 사회라는 고유의 영역이 지닌 힘을 가지고서 현대 사회를 조직하는 막강한 힘들로 등장한 국가의 힘, 시장의 익명적 사물 논리의 힘, 인민 주권의 힘들을 매개하고 통제하겠다는 것이 뒤르켐의 기획이었지만, 아직까지 뒤르켐은 사회의 힘이 그토록 막강할지에 대한 분명한 확신은 할 수 없었습니다. 그런데 뒤르켐은 종교 분석을 통해 사회의 힘이 곧 최고의 힘으로서 신성의 힘임을 이론적으로 논증함으로써 자신의 기획이 충분히 현실적일 것이라는 확신에 이를 수 있게 된 것이죠.

5. 사회적 연대를 통한 사회의 재조직화

이와 같은 뒤르켐의 실천적인 이론 기획은 단지 책 속의 건조한 이론적 사변에 머물지 않고 실제로 프랑스 제3공화국에서 다양한 정책들로 구체화됩니다. 뒤르켐과 그에 영향을 받은 제자 및 학자들은 당시의 프랑스 사회를 재조직하고자 했던 제3공화국 정치인들 및 정책가에게 사회적 연대에 대한 풍부한 이론적 자원을 제공해 줬고, 그들의 연대이론은 '연대주의'라는 이념으로 만들어져 제3공화국의 국가철학 수준으로까지 격상되었습니다. 프랑스 제3공화국은 1870년에 시작되어 1940년까지 지속된 정치 체제인데, 이 시기에 뒤르켐과 같은 사람들의 사회적 연대 이론을 근거로 다양한 사회 정책들이 만들어졌고 그것이 지금의 프랑스를 비롯한 유럽의 사회보장 체계의 모습을 형성하는 데 매우 큰 역할을 했습니다. 사회보장 체계들 중 특히 사회보험에 기반한 사회보장 제도들의 형성에 뒤르켐의 연대이론이 큰 역할을 했습니다. 뒤르켐의 연대이론과 사회보험의 문제를 살펴보는 것이 당대의 사회적 병리를 치료하기 위한 사회 재조직화라는 뒤르켐의 실천적 관심을 좀 더 구체적인 현실 맥락 속에서 이해하는 데 도움이 될 것 같습니다.

이때 주목해 볼 만한 것이 '연대'라는 말이 당시에는 일상에서 쓰이는 말이 아니라 법정에서나 쓰이는 채권법의 법률 전문 용어였다는 점입니다. '연대'란 채무 보증을 의미했습니다. 당장 나 자신은 별 문제 없이 잘 살고 있지만 내 옆의 이웃이나 동료 또는 잘 모르는 타인들은 여러 이유로 다양한 삶의 위기와 곤란을 겪고 고통 받을 수 있습니다. 이때 그들이 겪는 삶의 위기와 곤란은 나의 고통이 아니기 때문에 나는 그들의 고통을 외면할 수도 있을 것입니다. 과거에는 사람들이 삶의 위기에 처해 생존을 걱정해야만 하는 고통을 받을 때 교회, 지역 영주, 군주들이 나서서 그들을 보호했습니다. 교회는 그 교구 신자들이 어려움에 처하면 자선의 형태로 그들을 먹여 살렸고, 영주들은 그 지역 주민들의 아버지 역할을 떠맡아 가부장적 온정주의(pater-nalism)의 방식으로 주민들의 생존을 도모했습니다. 한 나라의 군주는 자신이 가진 초법적 주권을 이용해서 때에 따라서는 부자들의 곳간을 강제로 열거나 곡물의 시장 가격 등을 통제해 국민들이 살 수 있도록 했습니다. 하지만 현대는 이와 같은 방식들이 역사의 뒤안길로 퇴장하는 시대입니다. 현대에 등장한 자유주의적 개인주의는 이 문제를 시장에 맡기는 방식으로 해결해야 한다고 주장하죠. 우리가 자주 듣는 '시장의 경쟁을 존중해야 하며, 그렇기에 가난한 자들에게 시혜적 복지를 해서는 안 되고, 그들이 근면성실하게 일하도록 도모해 자신의 노동을 통해 스스로 자신이 처한 가난의 위기를 극복하게 만들어야 한다'는 식의 주장이 그것입니다.

하지만 사회적 연대라는 관점에서 사태를 보면 다른 관점과 해법이 나올 수 있습니다. 앞서 분업과 유기적 연대의 문제를 다룰 때도 살폈지만 우리는 사회 전체 수준에서 이루어지는 작업들 중 특정 전문 분야를 맡아 분업을 수행하면서 사회를 만들고 있었죠. 이때 서로는 각자가 하는 일을 통해 상호 의존하는 것이고 그렇기 때문에 살 수 있으며 풍요를 누릴 수 있는 것입니다. 그렇기 때문에 나와 다른 일을 하는 타인이 나를 살게 해주는 고마운 존재인 것이고 따라서 상호 인정과 존중의 도덕규범은 분업화된 현대 사회를 조직하는 도덕적 질서였습니다. 우리 모두는 서로에게 빚을 지고 있는 채무자인 셈입니다. 이것이 뒤르켐이 유기적 연대라는 말로 표현하고자 했던 것이었죠. 이렇게 보면 내 이웃이나 동료, 또는 내가 잘 모르는 다른 타인들이 여러 삶의 위기와 곤경을 당하는 것은 나를 위한 일을 하다가 불의의 사태에 직면하게 된 것이고, 그때는 우리가 그들에게 진 빚을 갚을 때라고 할 수 있습니다. 빚을 갚는 방식은 사회 전체가 그들에게 보호복이 되어 그들이 다시 일어설 수 있도록 도움을 주는 것이 됩니다. 사회보험의 원리가 그런 것이죠. 가령 한 작업장에서 일하는 사람들이 각자 조금씩 돈을 모아 공금을 만들고 만약 동료가 산업재해를 당하면 그동안 모아놓은 공금의 일부를 그 동료를 위해 쓰는 것입니다. 나 역시 언젠가 불행한 일을 당할 가능성이 있는 법이고 만약 그런 일을 당하면 그때는 내가 동료들의 도움을 받는 것이죠. 이것이 보험의 원리지요.

그런 점에서 고통 받는 그들과 연대한다는 것은 그들에게 진 빚을 갚는다는 채권법적인 또는 도덕적 강제의 요청에 답하는 것이 됩니다. 유기적 연대란 이렇듯 현대 사회에서 살아가는 사람들이 서로가 서로에 대해 채권자이자 재무자로서 서로에게 빚을 지고 있다는 점을 통해 한 사회가 도덕적으로 결합되는 방식인 것입니다. 이는 과거의 경우처럼 부유한 자가 자신의 도덕적 감각에 따라 가난한 자에게 자선을 베푸는 경우와는 다른 것이 되겠죠. 왜냐하면 유기적 연대에서 모든 사람은 서로가 서로에 대해 채권자이자 채무자로서 상대방에게 연대 행위를 요구할 수 있는 권리를 가지고, 그 권리를 서로에 대해 강제하며 우리는 그 요구에 대해 응할 의무가 있기 때문입니다. 다시 말해, 사회적 연대는 서로가 서로에게 가하는 강제력인 것입니다. 이렇게 보면 왜 뒤르켐이 지극히 현대적인 현상으로서 '분업'에 주목해 거기에서 '채무 보증'이라는 뜻을 가진 채권법의 용어인 '연대'의 원리를 도출했는지, 그리고 왜 연대의 원리를 통해 현대의 병리를 극복하기 위해 사회를 재조직화하고자 했는지에 대한 실천적 의미가 좀 더 선명해질 것 같습니다.

이렇듯 뒤르켐이 당대의 사회적 병리를 극복하기 위해 사회가 지닌 독자적 힘을 도출해 내고 그것을 유기적 연대의 이론으로 정교화한 것에는 현대사회를 재조직화하려는 실천적 의도가 담겨 있었습니다. 그것은 인간과 인간의 관계를 조직하는 방식을 현대의 등장에 의해 부상한 익명적 사물들의 시장 원리나 근대 국가의 행정권력 그리고 단일한 완전체로 뭉쳐진 인민들의 초법적 주권 같은 힘들에 맡기는 것이 아니라, 분업이라는 현상에서 나타나는 도덕규범으로서의 사회적 힘을 통해 재구성하는 것이었습니다. 그리고 그것은 구체적으로 사회보험에 기반한 사회보장 체계라는 정책들로 나타나게 되었습니다.

6. 몇몇 한계들: 생각해 볼 점들

이제 서서히 마무리해야 할 것 같습니다. 아마 뒤르켐의 비판적이고 실천적인 문제의식과 의도는 충분히 이해되었을 것이라고 믿습니다. 하지만 뒤르켐의 비판사회이론이 가진 한계도 분명합니다. 여기서는 뒤르켐의 비판사회이론이 가진 한계를 마르크스 그리고 베버와의 비교를 통해서 몇몇 중요한 쟁점을 중심으로 살펴보도록 해요.

우선 사회를 바라보는 마르크스와 뒤르켐의 시각 차이를 비교해 보는 것은 흥미로운 이론적 논점과 상상력을 제공해 줍니다. 앞에서 마르크스의 비판사회이론을 다루었으니 기억을 떠올려보시기 바랍니다. 마르크스의 상품 물신성 분석과 뒤르켐이 분업에서 유기적 연대를 도출하는 논리를 비교해 보면 흥미로운 지점들이 여럿 포착됩니다. 마르크스의 『자본』을 읽어보면 처음부터 매우 난해하지만 흥미로운 논의가 나옵니다. 마르크스는 자본주의 작동 법칙을 분석하기 위해 자본주의의 가장 단순한 형태인 상품에 대한 치밀한 분석을 수행하는데, 이때 상품 물신성이라는 흥미진진한 논의를 해요. 그 난해한 내용의 핵심만 간단히 말해보도록 하죠.

분석을 위해 단순화시키자면, 자본주의에서 인간과 인간의 사회적 관계는 시장에서 행위자들이 각자의 상품을 들고 나와 서로 교환하는 것입니다. 각 행위자는 자신이 지닌 사물과 소유권을 통해 관계를 맺고 교환을 통해 자신이 소유한 사물과 그 소유권을 주고받음으로써 두 사람의 사회적 관계가 맺어집니다. 앞서 다루었듯이 이 상황이 곧 뒤르켐이 분업에서 이루어지는 인간과 인간 사이의 결속 또는 연대 방식을 분석하기 위해 주목했던 점임을 기억해 두시기 바랍니다. 그런데 마르크스는 자본주의 상품들 중 매우 예외적이고 독특한 상품이 하나 있다는 점에 주목합니다. 바로 사람, 즉 노동력이라고 불리는 상품입니다. 다른 상품의 경우에는 한 상품과 그 상품의 소유자 또는 판매자가 분리되어 있습니다. 하지만 노동력 상품의 경우에는 그 상품의 소유자도 '나'이고 팔리는 상품도 '나'입니다. 즉, 자본주의 시장 교환에서 노동자는 판매자인 동시에 팔리는 사물입니다. 노동자는 자신의 노동력 상품(사물)을 자본가에게 건네주고 그로부터 임금(사물)을 받습니다.

마르크스는 자본주의가 상품 물신성이라는 환상이 벌어지는 요지경이라고 말합니다. 마르크스는 상품 물신성을 다음과 같이 정의해요. '사물과 사물의 사회적 관계가 인간과 인간의 사회적 관계로 전도되는 현상.' 자본주의 시장에서는 인간과 인간이 맺는 실재의 사회적 관계가 사물과 사물 사이의 결합 방식처럼 나타난다는 것이죠. 사실 마르크스의 상품 물신성 분석은 상당히 난해하기도 하고 이야기하려면 대단히 많은 것들을 추가로 설명해야 합니다만, 단순화의 위험을 무릅쓰고 간단히 이야기해 보도록 할게요. 임노동 시장 관계에서 인간과 인간 사이의 사회적 관계는, 결국 자기 노동력 상품의 판매자로서 노동자와 그 상품을 구입해 임금을 지불하게 되는 자본가 사이의 관계입니다. 노동자와 자본가의 관계에서 노동자가 자신을 상품으로 파는 행위는 자유로운 선택이 아니라 살기 위해 어쩔 수 없이 하는 강제적인 것이고, 자신의 인신에 대한 소유권을 자본가에게 넘긴다는 점에서 사실상 노예노동입니다. 그리고 그 둘 사이에는 노동자가 노동을 통해 생산한 가치보다 적은 임금을 받게 되는 노동 착취가 존재합니다. 또한 그 둘 사이에는 적대적 계급투쟁이 존재합니다. 그런데 마르크스에 따르면 상품 교환의 형식에서는 이러한 것들이 정반대로 뒤집힙니다. 시장에서 상품과 다른 상품이 교환될 때, 즉 사물과 사물의 관계에서는 가치를 지니고 있어 팔릴 수 있는 조건만 갖추고 있으면 상품들은 시장에 자유롭게 입장할 수 있습니다. 그 두 상품은 등가로 교환된다는 평등 원칙을 따릅니다. 그리고 상품이 교환됨으로써 상품의 구매자와 판매자는 서로 원하는 것을 얻어 원원하게 됩니다. 다시 말해서 노동자와 자본가 사이의 실제적 사회관계에서 존재하는 강제된 인신구속적 노예노동, 계급 위계와 착취의 불평등, 적대적 계급투쟁이 시장의 상품 교환 형식에서는 정반대가 되어 자유로운 계약, 등가교환의 평등 원리, 서로 원하는 것을 얻게 되는 유대로 둔갑함으로써 인간과 인간 사이의 계급적 관계가 비가시화된다는 것이지요. 마르크스는 부르주아 혁명으로서 프랑스혁명의 기치였던 자유, 평등, 박애란 바로 이처럼 계급관계가 시장을 거치면서 나타나는 허상이자 시장 이데올로기와 다름없다고 봅니다.

마르크스의 상품 물신성 분석에서 흥미롭게 볼 부분은, 마르크스가 '인간과 인간의 사회적 관계'와 '사물과 사물의 사회적 관계'를 결부시키고 그것들이 결합되는 방식을 통해 자본주의적 현대에 대한 분석을 하고 있다는 점입니다. 이 두 사회적 관계의 구분은 뒤르켐이 분업의 조건에서 자기 생산물을 교환함으로써 인간이 결속되는 방식을, 사물에 대한 소유권의 교환을 통해 두 사람이 결합되는 부정적 연대와, 그 속에서 사람들 사이에 작동하는 상호 인정과 존중의 도덕규범에 기반한 유기적 연대를 구분하면서 사용했던 방법이기도 합니다. 뒤르켐은 부정적 연대는 사실상 '사물과 사물의 연대'라고 보고, 유기적 연대는 '인간과 인간 사이의 도덕규범적 연대'라고 봤었죠.

이렇듯 마르크스와 뒤르켐 모두 사물과 사물의 익명적 관계와 인간과 인간의 도덕규범적 관계, 다른 식으로 말하자면 '상호사물성(inter-objectivity)'과 '상호주체성(inter-subjectivity)'을 통해 현대 사회에서 사회적인 것이 어떻게 조직되는지 설명한다는 점에서 유사합니다. 하지만 그 두 관계의 차원들을 결부시키는 방식이 다르기 때문에 사회적인 것을 바라보는 두 사람의 관점이 달라집니다. 마르크스에게 사회적인 것은 경제적인 것으로부터 독립된 어떤 것이 아니고 언제나 경제적인 것에 의해 관통되어 있습니다. 그렇기 때문에 사회적인 것의 영역은 경제적 이해관계를 둘러싼 양대 계급 사이의 적대적 계급투쟁이 벌어지면서도 그것들이 체계적으로 은폐되기도 하는 영역입니다. 이와 달리 뒤르켐에게 사회적인 것은 경제적인 것이나 정치적인 것의 영역들과는 구분되는 독자적인 영역입니다. 특히 뒤르켐은 부정적 연대는 사실상 익명적인 사물과 사물 사이의 연대에 불과한 것으로, 그 자체만으로는 아무런 통합 역할을 하지 못하기에 진정한 연대가 아니라고 주장했어요. 결국 뒤르켐은 분업을 통해 이루어지는 진정한 연대는 유기적 연대고 이것이 현대적 현상으로서 사회라는 영역을 특징짓는 것이라고 결론을 내립니다.

그 결과 뒤르켐의 시각에서 사회는 도덕규범의 영역으로 파악되며, 서로가 도덕적 강제력을 가지고 서로를 보살피는 곳으로 남게 됩니다. 반면 마르크스는 현대의 특징을 자본주의적 시장의 법칙으로 파악함으로써, 자연스럽게 상품과 화폐 같은 익명적 사물들의 자본주의적 작동 메커니즘에 주목했습니다. 그 결과 뒤르켐과 달리 사회는 도덕규범의 영역이라기보다는 양대 계급 사이의 적대적 계급투쟁과 지배가 작동하는 곳으로 설명됩니다. 두 관점 중 어느 것이 더 낫다고 말하기는 쉽지 않겠지만, 확실한 것은 뒤르켐이 익명적 사물들의 결합 방식을 진정한 연대가 아니라며 사회적인 것에서 배제함으로써 오늘날 사회를 조직하는 무시할 수 없는 익명적 사물들의 메커니즘을 설명할 수 없게 되는 체계적인 이론적 공백이 발생했다는 사실입니다. 뒤르켐이 분업에서 도덕규범적 차원을 도출해 내는 것은 분명히 천재적인 통찰이기는 합니다만, 그 대가로 상호사물성이라고 해볼 만한 익명적 사물들의 결합 방식에 의해 인간 사회가 조직되는 차원을 놓쳐버리는 커다란 이론적 손해를 감수해야만 한 것입니다.

오늘날 우리의 사회적 삶이 어떻게 조직되고 있는지 조금만 관찰해 봐도 뒤르켐의 이와 같은 견해가 이론적으로 매우 취약하다는 것을 알 수 있습니다. 우선 마르크스가 주목했듯이, 상품과 화폐 같은 익명적 사물들의 작동 논리가 자본주의 시장의 작동 법칙이며 이것들이 우리의 삶을 특정한 방식으로 틀 짓고 결정하고 있음을 어떻게 부정할 수 있을까요? 하다못해 아파트 한 동에서 이웃들이 서로를 전혀 모르더라도 아파트의 물리적 공간 배치 속에서 이미 이들은 하나의 동 주민으로 결합되고 있습니다. 물론 여기에 도덕규범적인 교류가 없을 수는 있습니다. 그렇다고 이들이 사회를 이루지 않고 있다고 봐야 할까요? 이미 행정권력은 주민들을 아파트의 물리적인 건축학적 공간 배치에 따라 동의 일원으로 배치하고, 도덕규범과는 상관없이 특정한 통치를 수행해 이들을 하나의 질서로 통합하고 있습니다. 또한 푸코의 생명권력에 대한 논의가 잘 드러내주듯이 사람들은 서로 도덕규범적 상호작용이 없어도 국가에 의해 전 국민이 하나의 거대한 생물학적 단위인 '인구'로 조직되어 체계적인 생명권력의 통치 대상이 되고 있습니다. 사람과 사람 사이의 사회적 관계가 휴대폰이나 컴퓨터와 같은 사물 매체들을 통해 결합되고 있다고 말하는 것 자체가 이미 진부한 표현이 되어버릴 정도로, 사물들의 결합 방식에 대한 고려를 빼고 우리의 일상을 설명하는 것은 비상식적입니다.

이미 최근의 사회과학 분야에서는 사물들의 행위자성(agency)을 인정하면서 익명적 사물들의 작동 방식에 의해 이루어지는 사회적 결합과 질서에 대한 논의가 풍부하게 존재합니다. '사물의 사회적 삶'이나 '사물들의 민주주의' 같은 표현이 나온 지는 꽤 오래전입니다. 여기서 이러한 사물들의 사회에 대한 논의를 자세히 논할 수는 없겠지만, 뒤르켐처럼 사회를 설명할 때 익명적 사물들의 질서를 제외하고 논하는 것은 매우 부적절해지고 있는 것처럼 보입니다. 최소한 사회의 통합 방식을 도덕규범적인 사회적 통합 방식과, 익명적 사물 논리에 따른 체계 통합 방식으로 구분해서 바라볼 때, 아마도 오늘날 우리의 사회적 삶이 배치되는 양상을 더 잘 설명하고 비판적·실천적 논의를 보다 풍부하게 할 수 있지 않을까 합니다.

다음으로 종교의 힘이라는 문제를 주제로 베버와 뒤르켐의 문제의식을 비교해 보면서 뒤르켐 사회학의 약점이 무엇인지 살펴보도록 합시다. 잘 알려져 있듯이 베버는 현대 서구 자본주의의 등장에 개신교가 매우 중요한 역할을 했다고 말하죠. 요점만 말하자면, 쉼 없는 자본의 자기 증식을 원리로 작동하는 자본주의가 가능해지려면 평생토록 끊임없이 돈을 벌기 위해 돈을 버는 이른바 '벌기의 자기목적화된 금욕적 행위'를 하는 사람들이 만들어져야 합니다. 베버에 따르면 이를 가능케 한 것이 개신교 교리로 구체화된 종교의 힘이 가하는 압박이었죠. 현세에서 부자가 되는 것이 곧 신의 선택을 받아 구원될 것이라는 증표로 이해되는 상황에서, 말하자면 '죽어서 영생이 부여되는 천국에 갈래, 아니면 지옥에 떨어져 영원토록 고통 받을래?'라는 종교적 협박은 개신교도들이 현세에서 쾌락을 추구하는 삶을 사는 대신 평생 돈을 벌기 위해서 돈을 버는 혹독한 금욕의 생활 윤리를 만들어냈다는 것입니다. 그것이 바로 자신을 신의 섭리를 구현할 수 있는 도구로 만들어 신의 섭리에 동참함으로써 구원받을 수 있는 길이기 때문이죠. 베버는 당시의 초기 자본주의를 그런 의미에서 '도덕적 자본주의'라고 부릅니다. 이러한 베버의 설명은 자본주의와 현대인들의 삶의 방식을 만들어내고 통제할 수 있었던 것이 당시에는 종교적 신성의 힘 덕분이었다는 것을 의미합니다.

하지만 베버의 비판적 논점은 무엇인가요? 그것은 어디까지나 자본주의가 막 성립되던 당시의 이야기고, 시간의 흐름과 함께 자본주의의 발전이 고도화되는 상황에서는 이제 그처럼 막강한 힘을 지녔던 종교가 퇴거한다는 것이잖아요? 현대는 신이 죽어가는 시대니까요. 베버는 종교로 응축되어 있던 도덕적 힘이 쇠퇴함으로써 자본주의는 이제 더 이상 종교적 도덕의 구속을 받지 않고 자본의 자기 작동 메커니즘에 따라 움직이게 되는 '자본주의의 자립화' 현상이 나타난다고 지적하고, 이러한 자본주의를 '천민자본주의'라고 불렀습니다. 이제는 종교적 구원을 위해 돈을 버는 것이 아니라 벌기 위해서 돈을 버는 물화된 경제 활동만이 남게 되었다는 것이죠. 이때 베버의 비판적 고민은 종교나 도덕의 통제력에서 벗어나 자립화된 자본주의를 다시 통제하기 위한 방안은 무엇일까 하는 것이었습니다. 하지만 베버는 이 질문에 대한 적절한 답을 찾을 수 없었습니다. 베버가 볼 때 역사적으로 자본주의의 자기 작동 메커니즘이라는 강력한 힘을 통제할 수 있었던 유일한 힘은 종교의 힘이었는데, 이제 종교가 퇴거하는 현대적 상황에서는 더 이상 자본주의의 자기 작동 메커니즘을 통제할 현실적인 힘이 없다는 비관에 빠진 것입니다. 이러한 비관적 전망 속에서 베버는 자립화된 자본주의 사회에서 최후의 인간은 '영혼 없는 전문가'와 '가슴 없는 향락가'라는 두 유형의 인간만이 남게 될 것이라고 냉정한 경고를 하죠. 이러한 결론에 도달하면서 베버는 아마 비통한 눈물을 흘렸을지 모릅니다.

그런데 뒤르켐의 현대 비판 기획은 사회 자체가 지닌 고유의 사회적 힘 또는 도덕적 힘을 통해 현대의 병리를 해결하고 사회를 새롭게 조직하려는 것이었습니다. 이러한 일을 할 수 있을 만큼 사회적 힘이 막강하다는 것을 보이기 위해 뒤르켐은 종교 분석을 했고, 그 작업들을 통해 결국 종교적 신성의 힘이 곧 사회적 힘임을 논증했습니다. 베버는 비록 비관주의에 빠졌지만 그것은 현대의 조건에서 종교의 힘이 위축된다는 냉정한 현실 인식의 결과였습니다. 하지만 뒤르켐은 사회적 힘의 원천을 찾기 위해 현대적 조건을 분석하는 대신 과거로 눈을 돌려 토테미즘이라는 원시 종교 현상에 주목했습니다. 베버와 비교할 때 우리는 사회적 힘의 원천을 찾고자 했던 뒤르켐의 종교 분석이 과연 현대적 조건에 대한 냉정한 분석에 기반해 사회적 힘의 실체를 찾은 성공적인 작업인지에 대해 의문을 던져볼 필요가 있을 것입니다. 아마 베버라면 자신을 있게 한 모태인 사회의 도덕적 또는 종교적 힘으로부터 날로 자립화해 자신의 두 발로 서더니, 급기야 그 토대로부터 떨어져 나와 날개를 달고 독립함으로써 그 모태의 통제력을 벗어나 버린 자본주의 경제 메커니즘과 근대 관료제적 국가 행정권력의 메커니즘의 발목을 잡고 다시 끌어내려 사회의 통제하에 두고자 할 때 그 발목을 끌어내리는 힘이 과연 무엇인지, 과연 종교적 신성의 힘이 여전히 그럴 만한 힘을 가지고 있는지 물을 것입니다. 뒤르켐이라면 이에 대해 사회로 응축된 종교적 신성의 힘이 그럴 만한 충분한 능력이 있다고 긍정할 테지만, 베버라면 뒤르켐을 보며 아마 사회적·도덕적 힘으로 변신한 신성의 힘에 대해 지나치게 낙관하고 있다고 볼 것입니다.

이렇게 볼 때 아마도 우리는 뒤르켐의 통찰을 이어받되 그가 사회적 힘의 원형적 원천으로 바라본 종교적 신성의 힘을 현대적 조건에서 다시 재구성할 필요가 있을 것 같습니다. 사회적 결속의 많은 메커니즘의 원형이 종교 현상이라는 점을 수용할 수는 있겠지만, 현대의 사회적 힘을 곧장 원시 공동체의 종교 현상에서 발견되는 신성의 힘에서 끌어오기보다는 종교 현상의 메커니즘이 현대적 조건에서 어떤 변형을 거치면서 사회적 메커니즘으로 정착되어 갔는지에 대한 좀 더 인류학적이고 역사적인 분석이 보완될 필요가 있어 보입니다.

지금까지 뒤르켐 사회학의 구성 요소들을 하나하나 설명하기보다는 비판사회이론으로서 뒤르켐 사회학이라는 관점에서 그의 연구들의 비판적·실천적 맥락을 이해할 수 있도록 몇 가지 주제들을 선별해 이야기해 봤습니다. 따라서 이 강의는 뒤르켐 사회학의 전체적인 취지나 구도를 이해하기 위한 참고로 이해해 주시고, 이것이 뒤르켐 사회학을 좀 더 공부해 볼 수 있는 하나의 길잡이가 되었으면 하는 바람입니다.

1. 뒤르켐을 비판사회학과 결부시키는 것은 낯설면서도 색다른 설명이었습니다. 하지만 뒤르켐 사회학의 어떤 점이 비판사회학과 연결되는지, 어떤 점에서 급진성을 가지는지 좀 더 설명해 주시기 바랍니다.

사실 뒤르켐을 프랑스를 넘어 전 세계 학계에 소개하는 데는 기능주의자인 탤컷 파슨스(Talcott Parsons)와 그 후예들이 큰 역할을 했습니다. 사실 사회학 개론서들의 대부분이 파슨스의 기능주의가 한창 유행하던 1950~1960년대의 뒤르켐 이해 방식에서 크게 나아가지 않은 듯합니다. 그래서 뒤르켐은 한동안 기능주의 사회학의 비조처럼 간주되어 왔습니다. 기능주의는 유기체론을 통한 유비(類比)로 사회를 이해하면서, 어떤 것이 존재할 때는 그 나름의 기능적 이유가 있다는 설명 방식을 취합니다. 그러다 보면 현재 상태에 대한 부정과 비판보다는 수용의 논리로 흐르는 경향이 있기 때문에 아무래도 보수적인 색채를 띠게 됩니다. 그러다 보니 마치 뒤르켐이 보수적인 사회학자처럼 이해되기도 했어요. 하지만 뒤르켐의 사회학을 꼭 그렇게 볼 필요는 없습니다. 실제로 뒤르켐은 보수적이지 않았습니다. 일례로 뒤르켐은 『사회분업론』이 출간된 직후 발생한 드레퓌스 사건을 둘러싼 논쟁에서 드레퓌스를 지지하는 입장에 섰고, 보수주의자들과 논쟁도 했습니다. 또한 파리고등사범학교에서 뒤르켐은 훗날 걸출한 사회주의 정치인이 된 장 조레스라는 친구와 깊은 지적 교류를 하면서 앞으로 프랑스 사회를 어떻게 개혁할 것인가를 같이 고민했던 열혈 청년이었습니다. 비록 뒤르켐이 사회주의자는 아니었지만, 사회주의자인 장 조레스와는 평생 친분을 유지하면서 정치적으로 그를 지지했습니다.

'사회 비판'이라는 말을 들으면 우리는 곧장 머릿속에 마르크스주의를 떠올리는 경향도 없지는 않은 탓에 사회주의나 마르크스주의에 비판적이었던 뒤르켐의 사회학에서 비판사회학을 결부시켜 생각하는 것은 다소 어색한 느낌이 들 수도 있습니다. 또한 뒤르켐이 강조하는 '도덕'이라는 단어도 다소 고루한 인상을 줄 수도 있습니다. 하지만 비판사회이론의 의미를 좀 더 폭넓게 이해할 필요가 있을 듯해요. 앞서도 말했듯이 비판은 '한 시대의 자기 인식으로서 그 시대의 병리를 진단하고 처방하는 실천적 작업'입니다. 물론 뒤르켐의 사회학이 마르크스주의나 사회주의 이론들처럼 급진적이고 혁명적인 것은 아닙니다만, 당대의 사회적 병리들을 진단하고 해결하기 위한 사회 재조직화라는 실천적 관심에서 제기된 것이라는 점에서 충분히 비판사회이론이라고 부를 수 있을 것이라고 봅니다.

비판은 비판 대상의 고유 논리에 대한 분석을 수행하고 그것을 통해 비판의 무기를 찾아낼 수 있어야 합니다. 마르크스는 비판 대상이었던 자본주의에 대해 그 작동 법칙을 분석하고 그것에 대한 비판의 무기를 자본주의적 노동의 원리에서 도출했습니다. 뒤르켐에게 비판 대상은 현대성의 병리들입니다. 뒤르켐은 현대성의 병리를 비판하기 위해 시공간적으로 다른 시대나 다른 곳의 논리를 가져와 현대를 비판하는 것이 아니라 병리를 만들어내는 현대성으로부터 비판의 무기를 확보했습니다. 앞서 설명했듯이 뒤르켐은 현대 사회에서 인간과 인간을 결합시키는 핵심적인 원리로서 분업이라는 현상을 분석함으로써 유기적 연대라는 새로운 사회 질서의 원리를 발견하고, 그것을 통해 현대의 병리를 해결하고자 했습니다.

마르크스는 비판을 실천적 맥락에 위치시키면서 비판을 실천적으로 수행할 물질적 힘을 프롤레타리아 계급에서 발견했었죠. 마찬가지로 뒤르켐도 당시 사회의 개혁이라는 실천적 비판을 위해 비판을 수행할 힘을 사회적 힘에서 찾았고, 그 힘의 원천을 종교적 신성의 힘에서 발견합니다. 그리고 당대의 현실에서 사회적 힘이라는 비판의 무기 역할을 할 수 있는 실질적인 모습을, 직업집단들에서 형성되는 새로운 시대의 시민도덕으로 봅니다.

이런 맥락에서 본다면 뒤르켐 사회학을 비판사회이론으로 볼 수 있으리라고 생각됩니다. 특히 요즘 같은 개별화의 시대에 뒤르켐의 연대 이론은 매우 풍부한 비판적 함의를 가질 수 있다고 생각됩니다.

2. 뒤르켐에게 사회적 힘은 곧 도덕적 힘이라고 했습니다. 그래서 그런지 뒤르켐은 도덕을 매우 중요하게 생각하는 것 같습니다. 하지만 사회를 재구성하는 원리로서 뒤르켐이 중요하게 생각한 도덕이 과연 누구의 도덕인지, 어떤 것을 도덕이라고 결정하는 자가 누구인지에 대한 의문이 듭니다.

너무나 좋은 질문입니다. 우리가 사회라는 말을 쓸 때, 사회는 마치 하나의 균질적인 단일체인 것처럼 이해되곤 합니다. 하지만 그런 사회는 없습니다. 사회는 언제나 다양한 분할선에 의해 분열되어 있습니다. 예를 들어 사회는 계급으로 분열되어 있고, 인종으로 분열되어 있으며, 젠더로 분열되어 있습니다. 그 외에도 더 다양한 분할선을 그어볼 수 있겠죠. 그런 점에서 사실상 사회는 '분열된 사회적 삶의 지평'으로 존재합니다. 더구나 현대는 하나의 공통된 신이나 언어 혹은 핏줄 같은 특징으로 결속되는 공동체와 달리, 각자 다른 집단들이 모여 공통의 삶의 공간을 만들어가는 차이의 공간으로서 '사회'가 전면화되는 시대입니다. 그렇기 때문에 질문자의 의문처럼 '뒤르켐이 말하는 도덕이 누구의 도덕이냐'라는 질문이 제기될 수밖에 없습니다.

전현대적인 공동체적 삶에서는 그 공동체의 도덕이 누구의 것이냐 하는 질문이 제기될 필요가 없을 것입니다. 구성원들이 공통의 도덕과 삶의 규범을 공유하고 있다고 가정할 수 있으니까요. 또한 그렇기 때문에 그 공통의 도덕은 매우 구체적인 내용을 가질 수 있게 됩니다. 예를 들면 나이가 적은 사람이 연장자에게 순종하는 것이 도덕이라는 식의 구체적인 내용을 가질 수 있습니다. 하지만 공동체가 아니라 차이가 전면화되는 현대의 '사회'라는 조건에서는 한 사회의 성원들이 공유할 수 있는 공통의 구체적인 도덕 내용을 규정하기 매우 힘들어집니다. 더 이상 어린 사람이 연장자에게 순종하는 것이 도덕이라는 부분에 동의하지 않는 사람이 많아지겠죠. 오히려 통합은커녕 한 집단의 반발만 불러일으키게 될 것입니다. 따라서 현대 사회의 조건에서 도덕은 추상화되고, 최대한 실체적인 구체성을 제거한 채 보편적으로 동의할 수 있는 형식적 원칙이 될 수밖에 없습니다. 가령 서로가 서로를 존중해야 한다거나 하는 원칙들 말입니다. 어떻게 하는 것이 서로를 존중하는 것인지에 대한 구체적인 내용은 생략한 채로 말이지요. 즉, 실체화된 도덕이 아니라 굉장히 형식화되고 추상화되어 일반적인 것이 된 도덕만이 보편성을 획득할 수 있습니다. 그런 성격의 도덕만

이 한 사회를 결속하는 집합의식이 될 수 있는 것이죠.

뒤르켐은 현대의 등장과 함께 보편적 삶의 태도로 부상한 개인주의가 새로운 시대의 새로운 도덕이 될 수 있을 것이라고 봤습니다. 뒤르켐은 현대의 핵심적인 특징을 '분업'으로 봤죠. 대부분의 사람들이 분업을 통해 사회에 참여하여 결속되는 현대의 조건에서, 분업의 특징인 개인주의는 보편적 도덕이 될 수 있으리라고 봤습니다. 또한 분업은 도덕적 결속의 메커니즘이기도 했었죠. 뒤르켐은 분업의 조건에서 사고될 수 있는 새로운 개인주의를 '도덕적 개인주의'라고 부릅니다. 물론 그러한 도덕적 개인주의 역시 특정 집단이 규정한 도덕일 뿐이라고 말할 수도 있을 것입니다. 하지만 뒤르켐의 도덕 논의의 핵심은, 사회를 통합할 수 있는 도덕은 그것이 한 집단에 의해 일방적으로 규정되고 강제되는 내용의 것이어서는 안 되고 누구나 보편적으로 동의할 수 있는 어떤 집합의식이어야 한다는 것입니다.

3. 우리는 일상적으로 '사회'라는 말을 사용하지만, 뒤르켐이 국가의 힘, 인민의 힘, 경제의 힘 등을 완충하면서 통제할 수 있다고 보는 '사회적 힘이 조직되는 영역으로서의 사회'라는 것이 구체적으로 어떤 것인지 다소 막연한 느낌입니다.

뒤르켐은 도덕의 힘으로서 사회의 힘이 사

회에서 조직된다고 봤는데, 그것의 구체적인 모습을 '직업집단'에서 발견합니다. 직업집단은 분업이라는 구조 속에서 조직되는 사회조직들로서, 도덕적 개인주의를 훈련받고 교육할 수 있는 곳이라고 본 것이죠. 당시에는 사람들이 자신의 필요를 충족시키는 동시에 전체 사회에 공적으로 참여하는 대표적인 방식이 자신의 직업을 통한 것이었습니다. 따라서 직업집단이 중요하게 포착된 것이죠. 뒤르켐의 시대보다 훨씬 복잡해지고 분화된 오늘날 우리들은 직업집단뿐만 아니라 여러 사회활동과 조직들을 통해 사회에 참여할 수 있죠. 따라서 도덕적 힘이 조직되는 곳으로서 사회란 오늘날 흔히 사용하는 용어로 말하자면 '시민사회'라고 볼 수 있습니다. 뒤르켐이 말하는 사회가 막연하게 느껴진다면 오늘날의 시민사회를 떠올려보면 이해가 쉽지 않을까 생각합니다. 시민사회의 활동을 통해 우리는 정부와 시장을 감시 및 통제하려는 사회운동을 펼치기도 하며, 여론을 조성해 한 사회가 나아갈 방향을 결정하기도 하잖습니까?

4. 뒤르켐이 부정적 연대를 폐기한 것은 사회적인 것의 독특한 영역을 설정하기 위한 기획 과정으로 이해할 수 있을 것 같습니다. 하지만 부정적 연대를 사회 통합의 중요한 메커니즘들 중 하나로 그 위상을 복권시킨다면 사회에 대한 규정도 변하게 될 것 같습니다.

너무나 훌륭한 지적입니다. 뒤르켐은 사회의 고유 영역을 발견하고자 했고, 그러다 보니 사회의 통합(integration of a society)을 오로지 도덕규범적인 사회적 통합(social integration)의 관점에서만 보려고 했다고 이야기했지요. 하지만 그 외에도 부정적 연대의 경우처럼 익명적 사물들의 통합 방식에 의해 이차적으로 사람들의 사회적 관계가 통합되는 것도 고려할 필요가 있습니다. 사회를 이처럼 이원적 방식으로 보아야 한다는 것이지요.

그렇게 된다면 사회적인 것에 대한 이론은 마치 도덕사회학자로서 뒤르켐과 자본의 사물 논리에 대한 분석가로서 마르크스를 합한 것과 같은 모습이 되지 않을까 합니다. 사회를 도덕규범의 메커니즘과 익명적 사물 논리의 메커니즘에 의해 구성되는 것으로 볼 수 있다면 아마도 사회의 여러 작동 방식에 대해 훨씬 더 풍부하게 분석할 수 있게 될 것 같아요.

이러한 논의를 위해 참고해 볼 많은 학자들과 이론들이 있습니다. 탤컷 파슨스는 사회를 조직하는 질서에는 두 차원이 있다고 말합니다. 하나는 사실적 질서(factual order)이고 다른 하나는 규범적 질서(normative order)입니다. 파슨스의 작업이 성공적이었는지는 논외로 하더라도, 그가 이처럼 사회의 질서를 두 차원으로 나누어 본 것은 사회에 대한 보다 풍부한 설명의 틀을 제공해 줄 수 있는 훌륭한 발상이라고 봅니다. 또한 데이비드 록우드

(David Lockwood)라는 영국의 네오마르크스주의 사회학자는 사회의 통합을 '체계통합(system integration)'과 '사회적 통합'으로 나누어 설명합니다. 이러한 생각을 하게 된 것은, 마르크스주의자로서 당대 서구 자본주의의 물질적 시스템의 조건은 이미 혁명이 발생하고도 남음이 있을 정도로 위기에 빠졌는데 어째서 혁명이 발생하지 않는지를 설명하기 위한 것이었습니다. 록우드는 마르크스주의자였지만 마르크스의 이론에 뒤르켐의 이론적 통찰을 결합해 답을 찾고자 했습니다. 그는 물질적 시스템 이외에도 하나의 사회는 도덕규범적인 질서에 의해 통합되어 있기 때문에, 전자에 위기가 발생한다고 할지라도 후자가 굳건하다면 혁명은 쉽사리 발생하지 않는다는 결론에 도달합니다. 이러한 맥락에서 록우드는 사회의 통합을 시스템 통합과 사회적 통합으로 나누어 고찰해야 한다고 봤던 것이죠. 또한 여러분이 잘 아는 위르겐 하버마스(Jürgen Habermas)의 유명한 '체계와 생활세계의 이분법적 사회이론' 역시 이러한 사고의 연장에 있습니다. 하버마스의 설명에서 체계는 화폐와 권력의 익명적 사물 매체들에 의해 조직되는 사회적 삶의 한 측면입니다. 생활세계는 도덕규범의 합리화된 형태로서, 소통적 공론의 원리에 의해 인간들의 사회적 삶이 조직되는 측면을 말합니다. 하버마스는 사회를 이 두 차원으로 나누어 설명함으로써, 어째서 우리의 삶이 물화되고 있으며 그것을 민주적으로 통제할 수 있는 전략은 무엇인지를 매우 정교하게 이론화해 가죠.

이와 관련해 첨언하자면 사회이론은 한동안 '사회냐 개인이냐', '구조냐 행위냐'라는 질문을 제기하며 이에 답해왔습니다. 하지만 제 생각에는, 이러한 질문이 무의미한 것은 아니지만 다소 비생산적 질문이라고 생각합니다. 그보다는 상호객체성(inter-objectivity) 원리에 의한 사회조직화 양상과 상호주체성(inter-subjectivity) 원리에 의한 사회조직화 양상을 구분하고, 그 두 방식 사이의 연관에 대한 질문을 제기하는 것이 우리의 사회적 삶의 위기와 극복을 위해 보다 더 풍부한 통찰을 제기해 주지 않을까 생각합니다.

읽을거리

김덕영. 2019. 『에밀 뒤르케임: 사회실재론』. 서울: 길.

김종엽. 1998. 『연대와 열광: 에밀 뒤르켐의 현대성 비판 연구』. 파주: 창비.

다나카 다쿠지(田中拓道). 2014. 『빈곤과 공화국: 사회적 연대의 탄생』. 박해남 옮김. 파주: 문학동네.

뒤르켐, 에밀(Emile Durkheim). 1998. 『직업윤리와 시민도덕』. 권기돈 옮김. 서울: 새물결.

_____. 2012. 『사회분업론』. 민문홍 옮김. 서울: 아카넷.

_____. 2020. 『종교생활의 원초적 형태』. 민혜숙·노치준 옮김. 파주: 한길사.

_____. 2019. 『자살론』. 황보종우 옮김. 서울: 청아출판사.

모스, 마르셀(Marcel Mauss). 2002. 『증여론』. 이상률 옮김. 파주: 한길사.

촐, 라이너(Rainer Zoll). 2008. 『오늘날 연대란 무엇인가』. 최성환 옮김. 파주: 한울.

하버마스, 위르겐(Jürgen Habermas). 2006. 『의사소통행위이론 2』. 장춘익 옮김. 파주: 나남.

Lockwood, David. 1964. "Social Integration and System Integration." by G. K. Zollschau and W. Hirsch(eds.). *Exploration in Social Change*. Boston, MA: Houghton Miffiln Company.

Parsons, Talcott. 1937. *The Structure of Social Action I, II*. New York: Free Press.

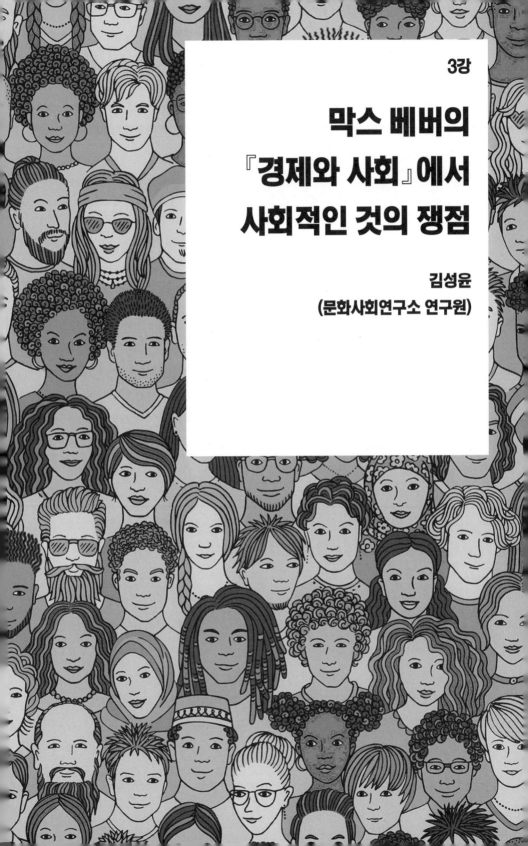

막스 베버의
『경제와 사회』에서
사회적인 것의 쟁점

김성윤
(문화사회연구소 연구원)

이번 강의는 두 부분으로 구성되어 있습니다. 첫 번째는 기초적인 부분으로, 베버에게서 사회적인 것은 무엇인지 짚어보도록 하겠습니다. 이렇게 봤을 때 베버의 '목적합리적 행위' 개념이 중요하게 다뤄지게 되는데요, 두 번째는 바로 목적합리성을 중심으로 베버의 사회학적 대상이 경제학을 비판하면서도 어떻게 다시 경제적인 것의 자리로 되돌아오게 되는지를 짚어보고자 합니다.

1. 사회적 상상의 기원들

먼저 베버에게서 사회적인 것이 어떻게 이해될 수 있는지 이야기해 보겠습니다. 앞서 마르크스 강의나 뒤르켐 강의 때 다뤘을 것 같은데, 사회학의 대상으로서 '사회적인 것을 어떻게 이해할 것인가'를 이번 강의 서두에서도 짚어볼 필요가 있겠습니다. 보통 정치학의 대상으로서의 '정치적인 것', 그리고 경제학의 대상으로서의 '경제적인 것'은 그 대상이 명확한 편입니다. 교과서적으로 어느 정도 합의된 틀이 있는 것 같아요. 정치학에서는 플라톤이나 마키아벨리 식의 접근이 있을 것이고, 경제학에서는 살림살이나 비용-편익의 문제 같은 접근이 있을 겁니다. 이런 식으로 정치학이나 경제학에서는 학문적 대상이 어느 정도 확고한 편인데, 사회학에서는 다소 논쟁적인 측면이 있습니다. 대표적으로, 사회는 명목에 불과한 것인가 아니면 사회라는 실체가 존재하는가 하는 논쟁이 있지 않습니까? 또, 사회 개념이 미시적이거나 대면적인 관계를 가리키는가 하면, 그렇지 않고 거시적이거나 제도적인 관계를 가리키기도 하죠.

보통 사회학 개론 같은 수업에서 이런 쟁점들로부터 이야기를 시작하는 것은, 사회학의 대상으로서의 사회적인 것이 그만큼 명확하게 정의를 내리기 어렵다는 반증이기도 할 것입니다. 우리가 지금 '사회'라는 개념적 용어보다 '사회적인 것'이라는 표현으로 에둘러 이야기하는 것도 그와 같은 곤란을 반영하는 측면이 있지요. 사회학을 비롯해서 새로운 학문이 탄생한다면 그것은 기존의 학적 체계가 설명하지 못하는 부분들을 보완하기 위해서 등장한 것이라 봐도 무방할 겁니다. 사회학도 마찬가지의 역사로부터 시작되었겠죠. 기존의 인문학이나 사회과학에서 설명되지 않는 인간 세계의 영역들, 인간 세계의 현상들을 설명하기 위해 사회학을 비롯한 유관 학문이 발생했다는 것입니다. 그렇다면 사회학은 무엇을 해명하기 위한 학적 체계일까요? 이 부분과 관련해서 사회학에는 다소 불명확한 측면이 있습니다. 니클라스 루만(Niklas Luhmann)을 사례로 삼아 이 불명확함에 대해 한번 생각해보면 좋겠네요. 아시는 분들도 있겠지만 루만의 *Soziale Systeme*(*Social Systems*)이 국내에는 『사회체계』라는 제목으로 번역이 돼 있습니다. 그런데 이 제목이 잘못 번역됐다는 이야기들이 있습니다. '사회적 체계'와 '사회체계'는 딱 봐도 함의하는 바가 다른 개념인데요, 루만은 체계에 대해서 설명하면서 '사회적 체계'를 상위에 설정하고 그 하위 체계에 경제체계 같은 것들이 있다고 하면서, 마찬가지로 이 하위 체계의 하나로 '사회체계'를 듭니다. 체계에 여러 종류가 있는데 그중에 사회적 체계가 있는 것이고, '사회체계'는 이 '사회적 체계'의 하위 범주라는 것입니다. 루만의 용법을 따르자면 사회적 체계와 사회체계는 엄밀히 구분되는 것인데, 국역본은 '사회적 체계(들)'라고 번역해야 할 것을 그냥 '사회체계'라고 잘못 번역한 것이죠. 물론 형용사로 social이나 cultural 같은 것을 관례상 사회○○이나 문화○○으로 번역하기도 하지만, 사회체계라는 개념이 별도로 있다는 점을 염두에 둔다면 이 책 제목은 독자들한테 꽤 혼란을 안겨주는 제목이라 할 수 있습니다. 즉, 체계의 특정한 성격을 뜻하는 말 그대로 '사회적인 체계', 그리고 공동체나 시민사회 같이 어떤 실체를 가지는 것으로 연상되는 '사회체계' 사이에서 혼란이 생기는 것이죠.

루만 이야기로부터 시작하기는 했는데, 간단한 용어상의 문제일 수도 있기는 하겠지만, 사회적이라고 표현하는 것과 사회라는 구체적 대상을 지칭하는 것 사이에는 중요한 차이가 있습니다. 이를테면 사회체계라고 하면 어떤 실체가 있는 것으로 보통 이야기가 될 거란 말이지요. 좀 전에 예시했던 공동체나 시민사회처럼요. 그리고 그만큼 다양한 형태의 사회체계들이 있을 수 있는데요, 예컨대 정치 체계로서 왕정과 민주정이 다르고 경제체계로서 노예제와 자본주의가 다르듯이 우리가 사회라고 부르는 체계는 역사적 상황과 맥락에 따라 다양한 형태를 가질 수 있습니다. 원리적으로 따져본다면, 종교 사회학에서 이야기하는 원시 종교의 세 가지 형식에서부터 출발해볼 수 있을 겁니다. 보통은 지금으로부터 약 20만 년 전쯤에 애니미즘이라는 원시 종교가 있었고, 그 이후인 15만 년 전쯤에 토테미즘이라는 새로운 형태가 등장했으며, 그 다음에 만주 등 몇몇 지역을 중심으로 샤머니즘 같은 것이 등장해서 종교의 기본형을 갖춘 것으로 추정합니다. 그런데 종교의 어원인 '렐리가레(religare)'가 의미하는 것처럼 이들 종교는 사람들을 엮어내는 기능이 있었고, 이것이 마치 사회가 구성되는 방식과 유사해서 종교와 사회학이 만나는 출발점으로 언급되곤 하지요. 달리 말하자면 종교의 결속 형식과 사회에서 구성원들의 연결 형식 사이의 유사성으로부터 다양한 사회 형태들의 짜임새를 엿볼 수 있다는 것입니다.

이들 연결의 세 형태에 대해 살펴보도록 합시다. 첫째, 애니미즘은 어떤 형태이겠습니까? 사람들은 만물에 정령이 깃들어 있다고 간주하고 이 정령을 숭배하죠. 이것도 하늘님이고 저것도 하늘님이라면서요. 요즘으로 치자면 사회를 일종의 네트워크 형태로 생각하는 것과 유사하다고 할까요. 애니미즘의 현대화된 방식이라고 볼 여지가 있을 겁니다. 둘째, 토테미즘은 정령 숭배라는 점에서 애니미즘의 일종으로 간주되기도 하지만, 동물이든 식물이든 또는 사물이든 이미지든 성체(聖體; corpus)를 통해 종교적 결속이 이뤄진다는 점에서 구분됩니다. 뒤르켐은 집합표상이나 집합의식처럼 현대의 토템이 필요하다고 역설했었죠. 토템을 통해 사회적 결속이 구성되기 때문입니다. 셋째, 샤머니즘은 초자연적으로 신통한 능력이 있는 영매를 중심으로 구성원들이 하나의 집합적인 신념을 공유하게 되는 거잖아요? 여기서는 영매의 주술적 능력을 통해 구성원들이 초자연적 세계와 매개되고 이를 통해 상호 연결되어 있다는 믿음이 가능하게 되죠. 이렇게 이들 세 가지가 사회적 연결이 이뤄지는 원형적 방식이라고 볼 수가 있을 것 같습니다.

물론 사회라는 실체가 어떤 '연결 방식'에 의해 지탱되는가 하는 논점이 우리가 맺는 관계들의 성격을 모두 규정하는 것은 아닐 겁니다. 사회적 존재로서 우리 개개인은 그 안에서 다양한 관계를 맺지 않습니까? 그래서 이번에는 관계의 맥락을 어떻게 볼 것인가, 즉 '관계의 성격'이 무엇이냐는 논점에 대해 생각해 볼 수 있겠습니다. 라틴어로 '소치우스(socius)'라는 말과 '소치에타스(societas)'라는 말이 있습니다. 소치우스는 보통 '조건 없는 친교'를 의미합니다. 그러니까 사람들 사이의 대면적이고 사교적인 관계를 가리킨다고 보면 될 것입니다. 인간과 인간의 관계를 의미한다는 점에서 상당히 긴 역사를 가진 용어라고 할 수 있겠죠. 그런데 인간 세계가 점차적으로 문명화하기 시작하면 복잡한 계약적 관계, 나아가 제도적 관계가 출현하게 되잖아요? '계약, 법, 제도 등을 통로로 삼아서 사람들 사이의 관계가 이루어지는 것'을 두고 바로 소치에타스라고 합니다. 라틴어 연구에서는 보통 소치우스가 먼저 있었고, 문명 발달, 특히 고대 로마 문명이 출현하면서 소치에타스라는 새로운 용어가 등장했다는 식으로 이야기를 하더군요. 옛날이야기긴 하지만 관계의 성격을 구분해서 보여주는 논점은 이 두 가지 정도의 접근 방식이 가장 대표적이라고 할 수 있겠습니다. 실제로 오늘날에도 사회적이라고 이야기하면 이 둘 중 하나를 의미하는 것이라고 봐도 크게 무리는 없을 거예요.

그런데 이른바 현대 사회가 출현하면 상황이 복잡해집니다. 소치우스와 소치에타스, 이 두 가지 방식만으로는 설명할 수 없는 새로운 사회적인 것, 또는 사회적인 것에 관한 사람들의 새로운 상상이 출현하게 되거든요. 이것을 두고 찰스 테일러(Charles Taylor)는 '사회에 대한 근대적 상상'이라고 이야기한 적이 있었어요. 그러니까 인간들이 서로 맺고 있는 관계에 대해 우리가 어떤 이름을 붙일 것인가 하는 문제가 대두되기 시작한 거죠. 근대화와 더불어 시장경제, 공론장, 인민주권의 형식들이 출현하게 되는데, 이런 상황들과 영향을 주고받으면서 '시민사회'라는 영역이 나타났다는 설명입니다. 물론 그 이전에도 그렇고 지금도 그렇고 다양한 공동체의 형식이 있기는 하지요. 그런데 이제는 시장경제와 더불어 일상생활의 가치가 주목을 받게 되고, 공론장과 더불어 공동행위의 양식이 창출되었으며, 인민주권과 더불어 인민이 주권적 행위의 주체라는 믿음 또한 가능하게 됐다는 점이 중요합니다. 또한 이와 같은 분위기 속에서 프랑스혁명 이후로 노동자들의 사회적 권리에 대한 요구가 봉기적 수준으로 제기되기까지 했는데, 시민사회의 출현과는 다소 다른 형식으로서 '사회주의' 운동을 통해 유토피아적 사회에 대한 전망들이 나타나기에 이릅니다. 당연히 혼란스러운 정국이 펼쳐졌겠죠? 모든 것이 뒤흔들리는 시대가 됐으니까요. 사회적인 것이 여러 집단들에 의해 다양한 선분을 그리며 분출하고 있는 상황이었으니 사실상 통치의 위기가 도래했다고 봐도 무방할 겁니다. 이때 등장한 것이 바로 '국가연대주의'라는 형식이었습니다. 로베르 카스텔(Robert Castel) 같은 사람은 이를 두고 '국가의 제도적 중재'라 표현하기도 했는데요, 이는 민중 봉기의 항시적 위험 속에서 첨예화되는 계급 적대를 순치시키기 위한 정치적 목적과도 관계된 것이었습니다. 민족주의가 대두되어 국가 및 정치체에 접합된 것도 바로 이즈음이었죠? 베네딕트 앤더슨(Benedict Anderson)이 『상상의 공동체』에서 지적했던 것처럼 네이션(nation), 즉 민족이 이들을 일컫는 새로운 이름이 되었습니다. 자크 동즐로(Jacques Donzelot)의 책 제목처럼 『사회보장의 발명』, 즉 '현대적 의미에서' 사회적인 것이 탄생하는 과정이었던 것이죠.

이와 같은 역사적이고 정치적인 과정을 통해 인간들의, 그리고 시민들의 사회적 삶에 관한 영역이 존재한다는 관념이 형성되기에 이르렀습니다. 이 시기에 프랑스 제3공화정을 중심으로 뒤르켐이 등장하기도 했고, 그와 더불어 국가를 중심으로 한 연대주의, 즉 국가의 제도적 중재를 통해 사람들이 공적인 상호부조와 사회적 연대를 맺게 되지 않습니까? 이런 일련의 역사적 운동과 함께 사람들이 관계를 맺고 있는 형식, 그리고 사람들이 그 관계를 통해 도출한 집합체에 대한 상상도 구체화하기 시작했습니다. 근데 이들 사이에는 뚜렷한 공통점이 있지요. 시민사회라고 하면 기본적으로 국가나 시장과 다른 영역에 속하는 것이라는 관념이 있잖아요? 유토피아 사회주의에서 이야기되는 자신들만의 유토피아적인 공동체도 마찬가지고요. 국가나 시장으로부터 자율적인 영역이라고 하는 상상력이 결정적이라는 사실을 알수가 있어요. 이렇게 해서 정치와 경제 혹은 국가와 시장 등과는 구분되는 별도의 공간, 즉 사회적 공간이 구획되기에 이릅니다. 이것은 소치우스나 소치에타스로는 더 이상 표상해 낼 수 없는 실제적 현상이기도 했습니다. 인민들의 자율적 공간이라는 점, 나아가 국가를 통해 제도적으로 중재된다는 점, 그렇지만 인민주권 이념에 근거하기 때문에 언제든 더 많은 것을 요구할 수 있다는 점 등 때문이겠지요. 우리는 거기에 대해 '사회'라는 이름을 붙여왔던 것입니다. 그리고 전체적으로는 이와 같은 근대적 상상이 처음에 이야기했던 고대 시기로부터 기원했던 사회에 대한 이해 방식에 덧붙여지는 효과를 가져왔다고 할 수 있을 거예요.

그런데 여기에 중요한 고려 사항이 하나 더 있습니다. 우리 전체 강의의 기조가 '경제학 비판'이라는 점에서 드러나듯, 근대 시기에 출현한 이 사회적인 것은 시장경제 및 경제학과의 긴장 관계 속에서 나타난 것이기도 했습니다. 사회적 권리에 대한 요구는 『레미제라블』 같은 작품들에서 볼 수 있듯 당시 인민들의 삶이 얼마나 척박했는지를 보여주는 반증이 아닐까요? 칼 폴라니(Karl Polanyi)가 '악마의 맷돌'이라 한 적이 있었죠? 시장경제가 불러온 파멸적 효과에 대한 문제의식이 널리 퍼지는 것은 당연한 수순이었을 겁니다. 그런 가운데 고전 사회학자들이 사회를 상상한 방식은 당대를 풍미하던 정치경제학과는 다른 차원의 지적 기획이었으며, 다른 차원의 규범적이고 정치적인 기획으로 나타난 실천이자 관행이었다고 볼 수 있지 않을까 싶습니다. 그러니까 '경제라는 영역과 어떻게 대립점을 가지는가'라는 문제와도 연결된다는 것이죠. 그래야만 사회라는 독자적 영역이 있을 수 있고, 시민사회라는 독자적 공간이 있다는 접근이 가능해지니까요. 이를테면 마르크스주의에서 사회를 상상하는 방식은 자본주의 경제의 구조화된 성격과 맞물린 것이기도 했잖아요? 이런 식으로 18세기와 19세기 그리고 20세기를 거쳐온 산업화와 현대화 과정 속에서 그에 대한 일정한 지적 대응으로서 사회학이라는 학문이 출현했고, 이 학문은 시민사회라든가 사회보장이라든가 사회적인 것이라는 독자적인 영역을 자신의 고유한 대상으로 삼으면서 등장했다고 볼 수 있을 겁니다.

이제 베버에 대한 이야기로 넘어갈 텐데요, 이런 흐름에서 베버만의 독특성을 이야기해 볼 수 있을 겁니다. 베버가 취한 이론적 대응은 인간의 사회적 행위를 주된 대상으로 삼으면서 거기에 내재되어 있는 의미, 주관적 동기, 그리고 그 효과 등에 대해 분석해 나가는 것이었지요. 널리 알려져 있다시피 이는 베버의 선배 세대에 해당하는 마르크스나 뒤르켐과는 분명히 구별되는 지점입니다. 여기서 베버의 출발점이 사회적 행위의 주체로서 개인이라는 점에 주목할 필요가 있습니다. 이것이 베버가 마르크스나 뒤르켐과 상이하게 나아가게 되는 이론적 경로를 예기하는 것이기도 하니까요. 실제로 많은 부분에서 베버 그 자신이나 베버로부터 영향 받은 일군의 베버주의적 관점의 사회학 연구자들은 접근, 관찰, 서술 등의 체계를 다룰 때 개인 단위를 출발점으로 삼는 경향을 보이곤 합니다. 이게 종종 이야기되는 이른바 '방법론적 개인주의 경향'의 전조라고 할 수 있을 텐데요, 이와 같은 설정은 사실 당대의 정치사회적 분위기와 맞물려 이해될 필요가 있다고 생각합니다.

우리가 앞에서 사회에 대한 근대적 상상과 관련해 찰스 테일러를 소개했었죠. 테일러는 근대 시기에 등장한 사회에 대한 독특한 상상의 방식을 세

가지 원리로 정리했습니다. 하나는 시장경제입니다. 즉, 인간이 살고 있는 세상을 시장경제의 원리로 이해하고자 하는 관습이 생겨난 것입니다. 둘째는 공론장입니다. 우리의 세계를 공론장의 원리로 이해하고자 하는 상상의 방식입니다. 나머지 하나는 바로 셀프거버넌스(self-governance)입니다. 보통 '인민주권'이라 번역되지만 맥락적으로는 '자기 통치'라고 직역해도 무방할 것 같습니다. 테일러는 현대 사회의 도래와 더불어 이상의 세 가지 관념이 사회에 대한 유력한 상상의 방식으로 자리를 잡게 되었다고 말합니다. 이 논리들을 잘 추려보면 사회를 어떻게 볼 것인가에 대해 이런 결론에 도달하게 됩니다. 시장경제, 공론장, 인민주권의 조합이 가리키는 것이 바로 '평등한 개인들의 상호이익의 질서'라는 것입니다. 국가, 시장 등의 외적 압력으로부터 자율적인 영역으로 사회학의 대상이 부상했다고 했는데, 그런 차원에서 보자면 베버에게서도 사회적인 것은 이 범주(평등한 개인들의 상호 이익의 질서)와 놀라운 일치점을 보여줍니다. 사회적 행위의 담지체라고 할 수 있는 개인들은 기본적으로 국가나 시장, 정치나 경제로부터 자율적인 영역에 있는 독립적 개인이지요. 이러한 독립성과 자율성은 어느 누구에게나 균등하게 배분되어 있는 것으로 상상됩니다. 그리고 근대적인 사회(게젤샤프트)는 과거의 공동체(게마인샤프트)와 비교했을 때 그 구성원들이 근대 자본주의 체제의 출현과 더불어서 상호 이익의 질서를 추구한다는 점에서 차이가 있습니다. 사회학이라는 학문은 아무래도 이와 같은 맥락에서 결코 자유로울 수 없을 텐데, 베버는 그중에서도 그러한 논리 구조를 가장 잘 보여주는 대표적인 사회사상가였습니다.

앞에서 시민사회, 유토피아 사회주의, 국가연대주의 등을 이야기했었는데요, 이들 중 '평등한 개인들의 상호이익의 질서'에 가장 잘 부합하는 것은 아무래도 시민사회겠지요. 다른 두 가지 형식과 달리 시민사회에서는 평등한 개인으로 상상되는 부르주아 공민들이 서로 간의 효용을 추구하는 상호작용의 질서가 용이하게 관찰될 테니까요. 그리고 그런 점에서 시민사회야말로 시장경제, 공론장, 인민주권의 상상이 '다른 불순물 없이' 잘 조합된 대표적 형식이라 할 수 있을 겁니다. 아무래도 시민사회적 형식에서는 사회주의와 국가연대주의에 동반되는 정치적 목적과 규범적 압력이 직접적으로 작용한다고 보기는 어렵겠지요? 잘 알려져 있다시피 베버는 가치자유, 가치중립적인 학문을 추구했습니다. 그런 베버에게 목적론이나 규범주의가 끼어들 여지가 상대적으로 적은 시민사회적 문법이 제격임은 부인하기 어렵습니다. 물론 다양한 이해관계와 가치체계가 뒤엉키는 현실에서 이와 같은 순수한 시민사회를 상상하기는 어렵습니다. 그러나 이론적 공간으로서 시민사회적 형식은 베버가 '사회적인 것'을 풀어낼 수 있는 가장 중요한 근거가 됩니다. 아시다시피, 일련의 가치중립적 태도를 통해 베버가 이론적 핵심으로 삼았던 것은 다름 아닌 '사회적 행위'였습니다. 각각의 개인들이 행사하는 행위가 사회적일 수 있는 이유는 무엇일까요? 행위가 사회적이게 되려면 그 행위는 상호작용적 맥락과 연결되어야 합니다. 베버가 보기에 사회적인 것에 관한 원리적 핵심은 바로 여기에 있었습니다.

2.   '사회적 행위'에서 사회적인 것

사회적인 것을 이해하는 여러 가지 방식을 살펴봤는데요. 이번 강의에서는 베버의 사회적 행위라고 하는 개념, 그리고 그중에서도 목적합리적 행위에 대해 좀 더 집중해 볼까 합니다. 왜냐면 바로 이 범주가 베버에게서 경제와 사회를 이어주는 중요한 이론적 통로가 되기 때문입니다. 사회에 대해서 접근할 때 특정한 실체를 중심으로 사회에 접근할 수도 있긴 하겠지만, 베버는 사회를 하나의 실체로 놓고 접근하기보다는 사람들 사이에 관계의 형식과 원리의 측면에 주목했던 대표적인 학자로 이야기되죠. 우리가 앞에서 봤던 소치우스와 소치에타스는 관계의 원리, 관계의 형식을 가리키고 있는 것이지요. 이 부분을 현대 문명의 맥락으로 가져오는 것이 중요한 관심사라고 봐도 무방할 것 같습니다. 물론 이런 관계의 원리적 측면들을 베버만 이야기했던 것은 아니에요. 고전사회학자를 중심으로 본다면, 마르크스도 사람들 사이의 관계의 형식과 원리에 대해서 이야기했었죠. '교통 형태'라는 용어가 대표적인 것일 테고요. 뒤르켐에게는 연대의 원리적 형식을 이루는 사회적 사실, '수이 제네리스(sui generis)'라는 것이 있겠죠. 베버의 사회적 행위나 게오르크 지멜(Georg Simmel)의 상호작용 개념들도 사회적인 것의 원리적 측면에 해당한다고 할 수 있을 겁니다.

지금 지멜이 잠깐 언급됐는데요. 잠깐 곁가지 이야기로 빠져보겠습니다. 보통 우리가 상호작용 하면 지멜을 많이 떠올리고, 사회적 행위 하면 베버를 많이 떠올리잖습니까? 그런데 사실 베버가 이야기하는 사회적 행위에서의 '사회적'이라는 관념 자체가 상호작용적 맥락을 포함하고 있으니까, 사실 이 두 사상가를 형식적 차원에서 뚜렷하게 구분하거나 변별해 내는 게 쉽지 않을 수 있습니다. 다만 일반적으로는 지멜의 사회학을 '형식사회학' 및 '상호작용론'이라 부르고 베버의 사회학을 '이해사회학'이라 부르면서 용어상으로 이 둘을 구분하곤 하지요. 그렇다면 두 사람 사이에 차이는 없을까요? 지멜의 형식사회학에 대해 베버가 직접 비판했던 적이 있어요. 그러면서 자전거를 비유로 드는데요. 자전거는 사람이 몰죠. 사람이 자전거를 탄단 말이에요. 자전거를 탄 인간은 걸어 다니는 사람들하고도 상호작용을 하고 다른 자전거를 타고 있는 사람들하고도 상호작용을 하게 되겠죠. 그런데 이때 상호작용의 맥락에서 자전거를 타고 있는 인간이 비인간적인 대상들과도 상호작용을 하는 것이냐고 물어볼 수 있을 겁니다. 지멜 식으로 치자면 일단 사람은 자신이 타고 있는 자전거와 상호작용을 합니다. 그리고 자전거를 탄 상태에서 도로를 달리기도 하고 과속 방지턱을 넘어서기도 하고 보도블록을 지나가기도 하고요. 이런 식으로 주변 환경과 상호작용을 하는 것이죠. 이렇게 지멜에게서 상호작용은 적어도 세 가지 정도의 관계 형식으로 나타납니다. 인간과 자전거, 자전거 타는 인간과 주변 환경, 인간과 다른 인간이라고 하는 세 가지 상호작용 관계가 모두 사회학의 대상이 된다는 것이죠. 그에 반해 베버는 '그런 식으로 보면 세상에 사회적이지 않은 게 도대체 어디 있겠느냐'라고 반문합니다. 즉, 상호작용에서 사회적인 것은 인간중심적으로 이해되어야 한다는 것이에요. 여기서 베버가 말하는 사회학의 대상으로서 사회적 행위, 사회적 상호작용이 무엇인지 좀 더 명확해집니다. 베버에게는 세 항목 중 정확하게 세 번째 항목, 즉 자전거를 탄 인간과 다른 인간 사이의 상호작용에 한해서만 사회적 행위라는 표제가 붙습니다. 이들 사이에서만 사회적 행위가 이루어진다는 것이죠. 짧은 인용문인데 같이 읽어보겠습니다.

> 사람들 간의 모든 종류의 접촉이 사회적 성격을 갖는 것은 아니다. 의미 차원에서 다른 사람의 행동에 따라서 취해진 고유한 행동만이 사회적 성격을 갖는다. 예를 들어 자전거를 탄 두 사람이 부딪쳤을 경우 이것은 '자연현상과 같은 하나의 단순한 사건(bloßes Ereignis wie ein Naturgeschehen)'일 뿐이다. 그러나 상대방을 피하려는 시도, 충돌 후에 일어나는 일들, 즉 욕지거리, 몸싸움, 또는 화해의 논의는 '사회적 행위(soziales Handeln)'가 될 것이다.[1]

'단순한 사건'과 '사회적 행위'를 구분하고 있죠? 그러면서 '다른 사람의 행동에 따라서 취해진 고유한 행동'에 한정해서 사회적 행위라고 명명하고 있어요. 좀 더 구체적으로 이야기해 보면 이렇게 됩니다. 자전거를 탄 인간과 다른 인간, 이렇게 두 명의 행위자가 있는 거죠. 우리가 자전거를 타고 다니다 보면 사람들이 어떤 식의 눈빛을 보이는가, 혹은 어떤 식의 자세를 취하

---

1   막스 베버, 『사회학의 기초 개념』, 이상률 옮김(서울: 문예출판사, 2017), 18쪽.

는가 등에 따라 운행 방식이 달라지곤 합니다. 이때 굳이 "저 왼쪽으로 갈게요", "그럼 저도 왼쪽으로 가겠습니다"라고 발화하지 않아도 괜찮잖아요? 사람들은 굳이 말하지 않아도 서로 피해가고 충돌하지 않습니다. '저 사람이 지금 왼쪽으로 가려고 하는 것 같아' 그리고 '저 사람이 저런 자세를 취하는 것은 나 역시 왼쪽으로 가기를 바라는 거겠지. 그럼 난 왼쪽으로 가야겠구나'라는 생각이 만들어지고, 그 결과 내가 자전거의 손잡이를 왼쪽으로 돌렸다면 베버가 보기에는 바로 이게 사회적 행위가 되는 겁니다. 즉, 두 행위자가 서로에게 기대와 지향을 가질 때 그 행위가 비로소 사회적이라는 거죠. '저 사람이 나한테 어떠어떠한 기대를 하고 있겠지', 그 기대를 미루어 짐작함으로써 나의 행위 지향이 만들어지는 거죠. 다만 이것은 매우 불확실하고 우연적인 상황에 해당합니다. 사람들이 특정한 가치나 규범에 따라 행동하거나(좌측통행) 또는 인습이나 종교적 교리에 따라 행동하면('우리는 좌파니까 왼쪽으로!') 상호작용의 불확실성은 줄겠지만, 그 같은 규범적 요소를 제거하고 순수한 행위들의 마주침이라는 순간에 집중해 본다면 사회적 행위로부터 나오는 상호작용은 결국 많은 부분이 우발성을 특징으로 할 수밖에 없습니다. 그리고 이런 사회적 행위와 사회적 행위들의 다발들이 서로 연관되고 엮이는 그 과정, 그리고 더욱 확산되어 점점 더 커지는 과정 등을 통해서 좀 더 복잡다단한 방식의 사회적 행위들이 만들어지기도 하지요.

베버는 무엇이 사회적 행위고 무엇이 사회적 행위가 아닌지를 명확히 구분합니다. 가령 이렇게요.

이처럼 '군중'이라는 단순한 사실의 작용을 통해 그 진행 과정에서 순전히 반사적으로만 일어나거나, 또는 그 작용과 동시에 일어나는 행위면서도 그 작용과 의미 차원에서 연관되지 않은 행위는 개념적으로 볼 때 여기서 확정한 의미에서의 '사회적 행위'가 아니다.[2]

사회적 행위론의 요점을 추리자면 이렇게 말할 수 있습니다. 첫 번째로 둘 이상의 인간 행위자가 결부되어 있어야 합니다. 물론 지멜이 볼 때는 여기에 굳이 인간 행위자만 포함되는 건 아니죠. 아까 얘기한 것처럼 주변 환경도 포함될 수 있고 인간이 타고 있는 자전거도 포함될 수 있으니까요. 그런데 베버에게 사회적 행위는 대면적 관계로부터 출발합니다. 요즘에는 포스트휴머니즘이나 행위자 네트워크 이론처럼 기존의 인간 중심적 사회학에 대한 도전들이 나타나고 있기는 하지만, 그에 반해 베버 같은 경우는 비교적 명확하게 인간 중심성의 이론적 가치를 명시화하고 있다고 볼 수 있습니다. 행위 주체가 인간이라는 점을 명확하게 표현한 것이죠. 그런 점에서 보자면 오히려 지멜의 형식사회학에서 행위자 네트워크 이론과 유사성을 발견할 수 있을지도 모르겠네요. 사회적인 것의 재회집(reassembling)에서 비인간, 행위소(actant)의 이론적 지위를 생각해 본다면 지멜의 상호작용 관념과 확실히 통하는 측면이 있는 것 같기도 해요. 물론 지멜이 상호작용에서 개인들의 인성, 이해, 감정을 배제하고자 한다는 점에서는 정동적(affective) 관계성과 공동체성을 어떻게 볼 것인가라는 문제가 쟁점이 될 수 있겠지만요.

두 번째로 '기대를 지향'해야 합니다. '저 사람이 나한테 이걸 기대하고 있겠구나. 어떻게 해야 하지?' 이런 생각과 함께 우리는 움직이기 시작합니다. 그러면 이제 어떻게 될까요? 구체적인 행위자와 행위자 사이에 사회적 의미와 행위가 교환되는 거죠. 이런 논리를 중심으로 사회적 현상을 설명하게 되니까 당대 유럽 사회를 풍미했던 역사유물론 같은 접근 방식과는 아주 다른 류의 접근이었을 수밖에 없었겠죠. 세 번째로 기대와 지향이 서로 교환될 때, 이것이 확실성의 원리나 필연성의 원리를 가지는 것이 아니라 불확실하고 우연적인 것이라는 점도 중요합니다. 이 세 가지의 특징, 즉 ① 둘 이상의

인간 행위자의 관여, ② 기대에 대한 지향, ③ 불확실성과 우연성의 논리 등을 기본 요체로 해서 베버의 이해사회학이 등장합니다. 베버가 사회적 행위라고 이야기했을 때 그 사회적인 것이 무엇이냐고 물어본다면 인간의 상호작용이라고만 답해도 틀린 말은 아닐 것입니다. 거기에 주관적이고 때로는 심리적일 수 있는 의미와 동기, 그리고 불확실성과 우연성에 기반해서 작동되는 상호작용이라고 덧붙이면 더욱 좋을 테고요. 물론 마르크스나 뒤르켐에게 상호작용의 논리가 없는 것은 아니죠. 그러나 상대적으로 행위를 기본으로 해서 사회적인 것을 설명하고자 하는 데는 베버가 좀 더 특화되어 있는 것 같습니다.

우리는 상대방이 나에게 기대하는 것이 무엇일지 상상하고 그에 따라 행위를 합니다. 상대방도 마찬가지죠. 내가 상대에게 어떤 기대를 하고 있는지 상상하고 그런 지향성에 따라 사회적 행위를 합니다. 이렇게 될 때 양방향의 사회적 행위의 진행이 가능해집니다. 이런 논리는 앞서 살펴봤던 루만의 사회적 체계 개념에서도 확인해 볼 수 있습니다. 루만이 이야기하는 사회적인 것은 '이중의 기대 구조'라고 이야기해 볼 수 있어요. 어떻게 보면 베버의 논점에 굉장히 가깝죠. 저 사람이 나에게 뭘 기대하고 있구나, 그런데 이것은 그 사람 역시도 나의 기대가 무엇인지를 지향한다는 뜻이겠죠? 즉, 기대와 지향이 잔뜩 얽혀 있는 관계, 이것을 이중의 기대 구조라고 이야기해 볼 수 있습니다. 베버가 일찌감치 '사회적 관계의 상호성'이라고 이야기했던 것이기도 하고요. 확실히 구조주의적 설명 논리와는 다른 점이 있습니다. 외재적인 실재라는 것과는 논의의 출발점이 많이 달라서 합리화되고 원자화된 개인들의 자율적인 행위를 단위로 사회적인 것을 확인할 수 있다는 거죠. 그런 측면에서 보자면 관계 이전의 외적 압력이자 실체로서 사회라는 설정은 아예 성립하지 않거나 적어도 차후의 문제로 미뤄집니다. 베버는 그런 맥락에서 사회적 행위의 개념을 가지고 『경제와 사회』나 『프로테스탄티즘 윤리와 자본주의 정신』 등의 저술 작업을 했다고 보시면 될 것 같습니다.

다만, 이번 강의에서는 우리가 경제학과의 관계에서 베버의 사회적인 것을 이해해 보려 하기 때문에 약간 까다롭다면 까다로울 수 있는 논점이 있습니다. 예컨대 우리가 교과서적으로 이해했을 때, 뒤르켐에게 사회라고 하는 것은 경제의 타자로서 별도의 독자성과 공간을 가지는 것으로 상정되죠. 그런데, 이를테면 루만이 '사회적' 체계를 이야기했을 때 그 사회적 체계의 하위 범주 속에는 사회체계도 있을 순 있지만, 경제체계도 들어갈 수가 있어요. 커뮤니케이션 체계도 들어갈 수가 있는 것이고요. 무슨 말이냐면 원리로서의 사회적인 것이 반드시 시민사회에서만 출현하는 건 아니라는 이야기입니다. 사회학의 공간이 시민사회라고 한다면 경제학의 공간은 시장이겠죠? 근데 시장에서도 우리가 앞에서 봤었던 이중의 기대 구조를 가진 사회적인 것이 관찰될 수 있는 거잖아요. 마찬가지로 커뮤니케이션 체계에서도 드러나는 것이고, 아니 어쩌면 커뮤니케이션 체계에서는 이 구도가 더욱 적나라하게 드러날 수 있겠네요. 커뮤니케이션을 하는 것 자체가 이중의 기대 구조를 통해 이뤄진다고 봐도 무방할 테니까요. 이런 상황이 되면 베버에게 사회적인 것은 경제와 완벽한 타자적 관계를 이룰 수가 없어요. 완벽하게 분리 가능한 타자가 되는 게 아닌 거죠. 그리고 폴라니주의적으로 사회적인 것을 활성화시켜서 경제적인 것을 제어한다든가 시장적 교환의 체계를 공동체나 사회 안으로 배태시켜서 사회적인 삶이나 사회적 권리를 증진하겠다는 주장은 힘을 얻기 어렵게 됩니다.

베버에게 사회적 행위가 시민사회 안에서만 나타나는 게 아니라 시장에서도, 그리고 정치의 공간이나 다른 어떤 공간에서도 출현 가능하다는 점을 이해하는 것이 매우 중요합니다. 『경제와 사회』라는 책 제목만 보고, '아 뒤르켐하고 비슷하게 베버만의 독특한 경제와 사회 사이의 구분법이 있겠구나'라고 생각한다면 베버의 서술을 파악하는 데 혼란이 따를 수밖에 없습니다. 오히려 경제 영역에서 일어나는 다양한 행위들을 기본적으로 사회적 행위로 간주하고 있으니까요(물론 모든 경제 행위가 사회적 행위일 수는 없다고 보지만요).

이러한 논점은 우리가 살고 있는 세계를 이해할 때 일정한 장점을 제공하기도 합니다. 우리는 '호모 에코노미쿠스' 같은 현상에 대해 많은 규범적 진단명이 있다는 사실을 알고 있습니다. 마르크스주의적으로 물신숭배의 관점에서 이해해 볼 수도 있을 것이고, 뒤르켐이 말한 공리주의라든가 (물권에 관한 법률 체계가 표상하고 있는) 부정적 연대라는 관점에서도 이해해 볼 수 있을 거예요. 또는 폴라니처럼 돈벌이를 추구하는 형식적 경제의 문제에서 기인한 것이라고 진단할 수도 있을 겁니다. 원리적으로 보면 경제학적인 양식이 인간의 행위에 지배소로 작용하고 있다는 의미일 텐데요, 베버의 논점을 따른다면 사회의 영역에서 어째서 경제학적 문법이 자리하게 되는지가 이론적으로 좀 더 명확해집니다. 경제 영역에 사회적 행위가 나타나는 것처럼 사회 영역에서 경제적 행위 – 베버 식으로는 목적합리적 행위가 되겠죠? – 가 나타나는 것은 규범적으로 본다면 꺼림칙할 순 있겠지만 이론적으로 본다면 충분히 있을 수 있는 일이거든요. 왜냐하면 사회적인 것과 사회, 경제적인 것과 경제 등은 이론적으로 그리고 분석적으로 구분되는 것일 뿐, 현실에서는 서로 뒤엉킬 수밖에 없기 때문입니다. 그러면 이제는 사회적 행위와 경제 사이에서 어떤 의미들이 연관되는 것인지 구체적으로 들여다보도록 해야겠습니다.

3.   '목적합리성'에서 사회적인 것

이렇게 설명해 볼 수 있겠습니다. 베버는 사회적 행위로 네 가지 정도를 꼽습니다. 전통적 행위, 정서적 행위, 가치합리적 행위, 목적합리적 행위 등이죠. 이 중 경제학적 원리, 특히 비용-편익 원리에 가장 가까운 사회적 행위가 목적합리적 행위가 됩니다. 현대 자본주의 체제에서 사람들은 대개 효율성을 중심으로 하는 합리성, 계산 가능성에 입각한 합리성, 도구적 합리성 같은 것을 추구하고는 하지요. 즉, 현대 자본주의 문명이라는 시점에 이르게 되면 경제적인 것과 사회적인 것이 극적으로 융합된다는 사실을 알 수 있습니다. 이런 맥락에서 베버는 목적합리성을 중심으로 하는 사회적 행위에 초점을 둡니다. 즉, 경제와의 관계에서 베버의 사회적인 것이 어떤 특징을 갖는 것인지 이야기한다면, 바로 이 목적합리적 행위 유형을 좀 자세히 들여다볼 필요가 있다는 겁니다. 여러 행위 유형 중에서 가장 경제학적이면서도 가장 현대적인 현상에 해당하니까요.

여기서 바로 베버가 가지고 있는 경제학에 대한 입장을 확인해 볼 수 있습니다. 현대 사회로 넘어오면서 전반적으로 인류의 문명이 합리성 증대 방식으로 가동되고 있다는 것은 달리 말해, 전통적 행위에서 점차 목적합리적 행위의 중요성, 빈도, 범위, 규모가 증대되는 방향으로 나아가고 있다는 뜻이기도 합니다. 이 부분을 확인해 볼 수 있는 대표적인 저작이 바로 『프로테스탄티즘 윤리와 자본주의 정신』입니다. 프로테스탄티즘 윤리라는 하나의 종교적인 원칙이 근대 자본주의 경제 관념과 '선택적 친화성'을 가지는데, 이때의 선택적 친화성은 둘이 공유하고 있는 금욕주의적인 특성에서 기인한다는 내용입니다. 프로테스탄트 윤리에서 나타난 소명 의식이라든가 구원 예정설 같은 요소들이 서구 자본주의의 태동을 자극하는 극적인 과정을 설명하죠. 그리고 이런 맥락들은 베버가 사회 변동을 설명할 때 다른 요인보다도 개인이 가지는 주관적 동기 구조로서 윤리나 정신 등을 강조한다는 내용이기도 합니다. 쉽게 말하자면 '서구 사회에서 어떻게 해서 자본주의가 발흥할 수 있었느냐, 중국이나 다른 지역도 아니고 왜 하필 서유럽이냐?'라고 했을 때, 이와 같은 주관적 동기의 구조가 중요하다고 봤던 거예요. 여기서 베버가 한 말이 있어요. 중요한 말이라 같이 읽어보겠습니다.

이념이 아니라 이해관계(물질적 그리고 이념적 이해관계)가 인간의 행위를 직접적으로 지배한다. 따라서 이해관계의 역동적 힘이 우리를 움직여 (문명의) 선로를 깔게 한다. 그러나 '이념'을 통해 창출된 '세계상'은 바로 이 선로의 방향을 결정짓는 전철수(轉轍手; Weichensteller; switchman) 역할을 하는 경우가 매우 많았다. 결국 이 세계상에 따라, 사람들이 '무엇으로부터' 그리고 '무엇을 위하여' 구원받고자 원하는지 그리고 …… 과연 구원받을 수 있는지 여부가 결정되었던 것이다.[3]

'이념이 아니라 이해관계가 인간의 행위를 지배한다.' 어찌 보면 너무나 당연한 말이겠죠. 우리가 어떤 행동을 결정하고 취할 때 추상적 이념이나 대의명분보다 당면한 이해관계를 더 고려하는 경향이 있다는 게 틀린 말만은 아닐 테니까요. 그런데 여기서 이해관계라고 하는 것은 당대의 마르크스주의자들이나 사회주의자들이 이야기하는 것처럼 물질적인 이해관계만 이야기하는 것은 아닙니다. 인용문 뒷부분에 '구원'이라는 말이 나오듯, 여기서는 정신적인 이해관계까지도 포함해서 이해해야 합니다. 즉, 물질적이거나 이념적인 이해관계가 인간의 행위를 지배한다고요. 그런데 베버는 이 진술에 단서를 달고 있습니다. 사실은 이 단서가 더 중요한 부분이기도 해요. '이념에 의해서 창출된 세계상'이라는 단서입니다. 세계에 대한 상상적 이미지라는 뜻이겠죠. 그런데 이 '세계상이 전철수 역할을 하면서 문명의 행로를 동기화한다'고 합니다(여기서 전철수는 보통 철로의 선로를 바꿔주는 기계 장치 또는 그 조작자를 의미합니다). 인간 행위를 지배하는 것은 이해관계이고, 여기서 비롯된 동력으로 철로가 깔린다고 해요. 그렇지만 철로 위에서 어떤 선로로 가게 되는가 하는 데에는 이념적 영역에 속하는 세계에 대한 이미지가 개입하곤 한다는 것이죠. 이렇게 보면 물질적인 것보다는 관념적인 것이 때때로 결정적인 역할을 한다고 볼 수 있을 거예요.

다만, 그 과정이 그다지 투명하지 않다는 점에도 주목할 필요가 있습니다. 이념과 세계상 사이에는 차이가 있지 않겠습니까? 어떤 거대한 이념이 있더

---

3 막스 베버, 『'탈주술화' 과정과 근대: 학문, 종교, 정치』, 전성우 편역(서울: 나남, 2002), 190~191쪽. 일부 번역어는 강연자에 의해 수정됨.

라도 우리는 자신의 주관에 따라 이 이념을 각자 고유의 방식으로 내면화하거나 교섭적으로 편취하죠. 그렇기에 이념과 세계상은 경향적으로 불일치할 수밖에 없습니다. 문화사회학자 랄프 슈뢰더(Ralph Schroeder)는 이념과 세계상 사이쯤에 '세계관'이 있다고 해석하기도 합니다. 이념으로부터 특정한 세계상을 창출해 낼 수 있도록 하는 일종의 관념적 장치가 작용한다는 해석이지요. 어쨌든 이렇게 자리 잡힌 세계상은 우리가 우리 자신의 이해관계에 대해 인식하고 이해할 때 영향을 미치는 상상계로서 작용할 겁니다. 나자신 또는 내가 속한 집단의 이해관계를 판단할 때 중요한 참조틀이 될 테니까요. 어쩌면 우리는 이런 세계상에 의존해야만 이해관계에 대해 이해하고 이해관계의 실현을 어디까지 허용하거나 중지시킬지 결정할 수 있을지도 모릅니다. 적어도 '선로를 결정'하는 것, 즉 이해관계의 방향성에 충분한 영향력을 행사할 것이라 가정해 볼 수 있다는 것이죠. 이념도 아니고 이데올로기도 아니고 담론도 아닙니다. 무엇이 결정자가 되느냐, 이념으로부터 나온 세계관과 세계상이라는 거예요.

이제 이 문화적이고 정신적인 영역에 좀 더 집중해 보도록 하죠. 베버가 눈여겨봤던 것, 즉 베버의 해명 대상은 합리주의였습니다. 베버는 프로테스탄티즘 윤리를 해명하고자 했을까요, 아니면 자본주의 정신을 해명하고자 했을까요? 물론 이것들이 중요한 해명의 대상들이긴 하죠. 그러나 베버는 이 둘 사이의 조합에 의해서 서구 자본주의가 발원하게 된다고 설명합니다. 그런 점에서 진짜 중요한 것은 그 조합이나 연결 같은 것이 될 거예요. 서구 자본주의의 발원 과정을 설명하기 위해서는 종교 윤리와 경제관념 등을 두루 살펴보긴 해야겠죠. 하지만 그중에서도 핵심적인 해명 대상은 뭐겠느냐? 이 둘 사이를 관통하고 있는 합리주의에 해당하는 거예요. 그리고 이것이 앞에서 봤던 사회적 행위 유형 중 목적합리적 행위에 가깝다는 것은 너무 명확하죠. 다양한 자본주의 체제가 있을 것이고 다양한 종교 형태가 있을 텐데 왜 하필 이 둘이 만나는 것일까? 합리주의라고 하는 요소 때문이다! 이런 요소가 확장되고 심화되면서 전문가 집단과 관료 체제가 발달하게 되고, 합리주의적인 방식으로 자본과 노동이 조직됨으로써 부기와 회계 기법이 발달하든가 개인 재산과 기업 재산의 법적 분리가 나타나든가 하는 것이죠. 이런 식으로 경제 형태를 지배하는 시대적인 윤리나 신념이 이론적 중요성을 얻게 되는 겁니다.

이 점은 『경제와 사회』에서도 마찬가지로 발견되는 논점이기도 합니다. 이 책의 분석 대상은 크게 세 가지 정도로 정리해 볼 수 있을 것 같아요. 하나는 인류가 역사적으로 형성했던 경제 형식들이라는 것이고, 다른 하나는 사회문화적인 제도적 결정체로서 지배, 법, 종교 등이 있지요. 그리고 마지막 하나가 가장 중요해 보입니다. 경제 형식과 사회문화적 제도가 있더라도 중요한 것은 이 두 대상 사이의 구조적 연관입니다. 물론 단순히 정신적 과정에 의해 자본주의적 제도가 생성된다는 일방향적인 이야기만 하는 것이 아닙니다. 경제에 대해 사회학적 분석을 시도하는 것만큼, 현대의 사회적 삶에서 경제적 측면이 어떻게 자리하고 있는지를 보여주려 하고 있으니까요. 현대 자본주의의 질서, 힘, 관계 등이 당대 문화에 어떤 영향을 끼치는지, 그리고 인간의 운명에도 어떤 방향타 구실을 하는지 보여주고 있는 것입니다. 그런 점에서 베버의 강점은 사회학 내 분과로서 경제사회학의 범주를 종종 넘나든다는 점도 지적할 만합니다. 확실히 '경제와 사회'를 다루는 서술에서 문화이론적인 함의를 담아내고 있다는 점은 눈여겨볼 만해요.

이렇게 되면 이 쌍방향성이 어떻게 성립 가능한 것인가 하는 질문도 제기될 수 있겠죠? 결국 핵심은 '목적합리성에 해당하는 그 무엇'이 됩니다. 목적합리성이라는 이념형적 원리가 아니었다면 경제가 왜 이런 형식을 취하고 있는지, 그에 따라 사회문화적 형식은 또 왜 이런 형식을 취하고 있는지에 대한 포괄적 설명이 요원해질 수 있으니까요. 전통적 행위나 정서적 행위에 비해서 혹은 가치합리적 행위에 비해서 목적합리적 행위의 중요성이 증대되는 방향, 이것이 현대 자본주의 문명의 중심축이 되는 거겠죠. 그래서 세속적 금욕주의는 물론, 문화가 강화되고 법질서도 합리화되는 방향성이 감지되는 겁니다. 그리고 이런 일련의 움직임과 함께 우리가 익히 아는 문명적 차원의 사회 변동이 일어나게 된 것으로 볼 수 있을 거예요.

그런데 여기서 한 가지 더 눈여겨볼 만한 쟁점이 있는데요. 베버의 저작물, 특히 『프로테스탄티즘 윤리와 자본주의 정신』을 보면 목적합리적 행위 혹은 합리주의가 등장하는 초기 국면에 대한 강조가 눈에 띕니다. 16세기에서 17세기쯤이 되겠네요. 이 당시에 대해 베버는 비교적 호의적인 비평을 해요. 목적합리적 행위의 순기능이랄까, 그런 측면을 상대적으로 강조하는 것이죠. 그러다가 목적합리성이 지배적이게 된 후기 국면, 즉 베버가 살고 있던 즈음에 이르는 19세기쯤은 자본주의 정신이 정점에 다다른 순간에 해당할 텐데, 이 시점에 와서는 목적합리성의 원리에 대해 다분히 비판적인 논조를 접할 수 있습니다. 대표적인 게 널리 알려진 쇠우리(iron cage) 문제나 관료제의 병폐에 대한 비판 같은 것들이지요. 그렇다면 목적합리성이 역사적 맥락에 따라 순기능과 역기능이 존재한다는 뜻일 텐데, 이것은 또 어떤 이야기일까요?

이를테면 16~17세기에는 목적합리성이 기존 체제와 비교했을 때 일종의 대안적 원리를 제시해 주는 것으로서, 즉 새로운 가능성을 개방해 주는 구실이 있었다는 설명입니다. 쉽게 말하자면 현대성이 제공하는 가치체계와 생활양식이 봉건제에 대해서는 매우 혁신적이고도 해방적인 견지가 있었다는 설명이겠죠. 예컨대 계몽주의적 현대성의 확산과 더불어 낭만적 사랑이라는 감정이 만들어지고 자유의지에 의한 성적 관계가 가능해졌었잖아요? 당연한 이야기지만 이것은 개인의 탄생이라는, 다분히 인간학적 해방의 계기들을 경험하게 해주는 것이기도 했습니다. 물론 아시다시피 현대 사회의 도래와 더불어 확산된 친밀성이 현대인을 말 그대로 해방시켜 주기만 했던 것은 아니었죠. 여성에 대한 성적 억압은 여전했고 1인 생계 부양을 모델로 하는 가부장주의와 정상가족 이데올로기가 '자유로운 개인들'이라는 환상의 이면에서 작동하고 있었습니다. 그와 마찬가지로 목적합리적 행위에도 비슷한 구속이 작용하죠? 문화인간이라는 이상에 한걸음 더 접근하게 해줬던 목적합리적 행위가 이제는 멍에가 됩니다. 사회적 행위가 비의도적 결과로 이어진다고 했던 것도 이런 맥락에서 이해 가능할 겁니다.

이런 상황은 뒤르켐 식으로 말한다면 공리주의 패러다임이 확산된 결과로도 이해할 수 있는데, 뒤르켐이 도덕적 밀도를 제고함으로써, 즉 (베버 식으로 말하자면) 가치합리적 행위를 증대함으로써 이 난관을 극복하고자 했다면 베버는 이와는 상이한 전망을 선택합니다. 그것은 어쩌면 목적합리적 행위가 제공하는 효용이 여전히 크다는 판단 때문이지 않았을까 싶어요. 이를테면 요즘 첨단 기술 중 대표적인 것으로 스마트 워치 같은 게 있지 않습니까? 이 덕분에 원격 진료 이야기도 나오고 여러모로 생활 편의와 건강 관리 기회를 제공해 준다고 하지요. 물론 의료산업이 발전할 수 있다는 이야기도 빼놓을 수 없고요. 그런데 많은 사람들이 걱정을 하기도 합니다. '사람들 사이에 인간관계가 비대면적으로 이뤄지면서 비인간화된 관계가 강해지는 것은 아닐까?' '우리들의 생체 정보가 데이터화되어 산업적 이익으로 전유되고 감시 체제에 활용될 수도 있지 않을까?' 이런 상황을 뒤르켐이나 베버가 마주했다고 쳐봅시다. 어떤 반응을 보일까요? 감히 추측해 본다면, 적어도 베버라면, 물론 기계에 의한 비인간화나 데이터 자본주의에 의한 가치의 전유 같은 문제들이 있다고 인정하긴 할 텐데, 한편으로는 이런 원격 의료 체제가 가져오는 효과들에 대해 결코 가볍게 보지만은 않을 것 같습니다. 어빙 고프먼 (Erving Goffman)이 『수용소』라는 책에서 병원에 대해 이야기했던 것처럼, 의사와 간호사와 환자 사이의 관계로 이뤄진 병원이라는 공간에는 각자의 역할들이 있어요. 병원이라는 공간이 부과하는 권위적 관계에서 그 누구도 자유롭기는 힘들지요. 그런데 원격 진료를 받는다면 굳이 의사와 대면하면서 권위적 관계에 휘말려들 필요가 줄어들게 됩니다. 그런 점에서 비인간화니 착취니 해도 즉각적으로 어떤 긴장감으로부터 벗어날 수 있게 해주는 경험이 무의미하지만은 않은 거예요. 마찬가지로 대출을 받기 위해 은행원 앞에서 쭈그리고 있는 것보다는 AI로부터 심사를 받는 게 훨씬 깔끔할 수 있거든요. 배달 앱이 이렇게까지 성공할 줄 누가 알았겠습니까? 사람들은 전화로 주문하는 것보다 터치 몇 번으로 주문하고 한 시간 가까이 배달을 기다리는 걸 오히려 더 선호하더란 말이죠. 이렇게 이야기를 하면 무슨 신기술 예찬론자처럼 보일 수도 있지만, 강조점은 '새로운 것이 문제투성이라고 해서 그것이 가져다주는 해방감까지 되물릴 필요는 없다'는 거예요. 베버라면 아마도 이런 식으로 생각하지 않았을까요?

우리가 살고 있는 사회와 문명은 가면 갈수록 목적합리성이 증대되는 방향으로 가고 있죠. 그런데 이 추세가 마음에 안 든다고 해서 과거로 돌아갈 거냐, 중세적인 전통적 행위의 시스템으로 돌아갈 거냐, 아니면 가치합리적 행위의 관계 형식들로 옮겨갈 거냐? 베버는 그건 아니라고 봅니다. 새로운 추세에는 인식론적으로든 존재론적으로든 해방적 가능성이 일정 부분 들어가기 마련이니까요. 원격 의료가 됐든 뭐가 됐든 이 새로운 관계 맺기의 방식이 내포하는 일정한 위험성은 있을 수 있는 일입니다. 하지만 반대로 과거의 좋았던 전통을 되살리는 것에도 위험이 따르기는 마찬가지 아니겠습니까? 마을공동체 운동 같은 게 대표적인 것 같아요. 우리는 공동체라고 하는 것이 가지고 있는 권위주의의 문제, 혹은 중년 남성을 중심으로 하는 가부장주의적인 분위기가 지닌 반자율적인 위험성을 감지할 수도 있어요. 그런 까닭에 베버는 목적합리성의 증대가 아이러니, 모순 등을 가지고 있다고 하더라도 단순히 전통적 행위나 가치합리적 행위의 손을 들어주지는 않습니다. 쉽게 말해, 어디든 장단점은 있기 마련 아닙니까? 생각해 보면 이렇게 대중적 통념과 다른 방향으로 나아가려 하는 게 고전사회학자들의 매력인 것 같아요. 마르크스 같은 경우는 아예 변혁을 주장하죠. 뒤르켐은 새로운 연대와 제도적 중재를 요청하구요.

물론 베버에게 딱히 이렇다 할 만한 출구가 제시되는 건 아닙니다. '문화

인간'이라는 인간학적 해방과 미학적 실천의 이상을 염두에 두고 있기는 하지만, 정작 그는 현대문명의 아이러니를 이해하고 그 귀결에 대해 비판하는 쪽에 더 집중했던 것 같습니다. 합법적 지배와 카리스마적 지배가 공존하는 것, 자본주의를 자극했던 프로테스탄티즘이지만 탈주술화 추세에 직면하게 된다는 것, 목적합리성이 추구되지만 쇠우리에 갇힌 최후의 인간(the last humans) 또한 염려된다는 것 등이 그에 대한 표지라고 할 수 있을 거예요. 여기서 중요한 것은 목적합리적 행위의 증대가 다분히 비의도적인 결과로 나타난다는 겁니다. 처음에는 금욕주의로부터 자본주의 정신이 가동됐던 거잖아요? 그런데 금욕주의라고 하기는 하지만 현세에서 내가 얼마만큼 열심히 살고 있느냐, 그에 따라서 내가 얼마만큼 부와 자산을 축적하느냐 하는 사안들이 이제는 더 이상 금기가 아니게 됩니다. 그리고 이런 부분들이 노동생산성을 높이고 자본의 회전을 증가시키는 요인이 되기도 합니다. 다만 시간이 흐르면 사회 전반적으로 부의 유혹이 증가되는, 금욕주의로부터 출발하되 결과적으로는 그렇지 않게 되는 상황들이 오게 된다는 거죠.

그뿐만이 아닙니다. 예전 같았으면 '가난한 자들아, 천국이 너희 것이다', 이런 식으로 이야기했겠죠. 빈곤 문제라든가 저임금 문제가 전부 다 신의 뜻이니까요. 구원예정설에 따르면 부와 빈곤 문제는 속된 말로 '노오력'의 문제로도 이해됩니다. 구원을 받을 수 있는지의 여부가 이제는 현세에서의 물질적 풍요와 연결되기 때문입니다. 근면 성실하게 금욕적으로 열심히 노동하고 투자도 해야 하는 거예요. 그런데 노력이 노력 그 자체로만 그치지는 않지요. 누구나 출발선이 다르고 노력의 밀도가 다르고 따라서 성과물도 달라집니다. 결과적으로는 천국으로 가는 길이 제한적이게 됩니다. 이렇게 되면 다른 누군가와의 경쟁이 불가피하지 않겠어요? 여기서 또 하나의 역설이 발견됩니다. 애초에 프로테스탄티즘은 부패한 성직자 권력으로부터 독립하기 위해 추진한 종교 개혁의 결과물이었습니다. 그러나 그 안에 내재된 합리주의라는 '전철수'가 어느 순간 선로를 틀게 됩니다. 19세기에서 20세기로 넘어오는 동안 프로테스탄티즘은 '순수한 경쟁적 열정'으로 형해화(形骸化)되었고, 심지어 '노오력'에 따라 현세의 풍요와 내세의 구원을 정당화하는 엘리트주의의 문제까지도 내포하게 됩니다. 그런 점에서 본다면 프로테스탄티즘이 맺는 선택적 친화성은 자본주의 정신뿐만 아니라 엘리트주의와도 연결된다고 할 수 있겠죠. 21세기를 살고 있지만 어떻게 보면 베버가 『프로테스탄티즘 윤리와 자본주의 정신』에서 넌지시 언급했던 사회적 풍경이 지금 시기에 그대로 상연되고 있는 것은 아닐까 하는 생각도 듭니다. 도구적 합리성과 공정성, 순수한 경쟁적 열정과 생존을 향한 열망, 엘리트주의와 능력주의 등에서 일정한 연관성이 발견되는 것은 결코 우연만은 아닐 겁니다. 우리 시대의 문명은 이들 전철수와 함께 과연 어느 방향으로 가고 있는 것일까요?

그렇게 기존에 있었던 금욕주의는 점진적으로 공리주의의 형태로 해체돼 버립니다. 그런데 이런 결과는 말 그대로 그 누구도 의도한 결과는 아니라는 거예요. 그러니까 목적합리성을 추구하면서 누구나 합리적 행위를 했지만 그 결과는 이와 같은 아이러니, 이런 비의도적 결과에 이르게 된다는 것이죠. 대표적인 결과물이 바로 탈주술화 이후에 쇠우리에 갇힌 현대인, 문명사의 끝에선 최후의 인간인 거잖아요? 합리성을 추구했는데 그게 실제로는 비합리적이라는 거예요. 우리가 앞에서 베버의 사회적인 것을 보면 불확실성과 우연성의 구조라는 게 보인다는 이야기를 했잖아요? 바로 그와 같은 비의도적 결과라는 거죠. 이 지점이 경제와 사회 관계를 둘러싸고 베버의 사회적인 것의 접근 방식이 경제와의 관계에 대한 마르크스의 해명 방식, 그리고 뒤르켐의 해명 방식과는 다른 방향으로 나아가게 되는 단초가 되는 것이기도 해요.

사람은 누구나 자기가 살고 있는 세계를 이해하고 상상하며, 다른 사람과의 관계 속에서 특정한 사회적 행위를 하게 되죠. 이와 같은 사회적 행위들은 집합화되거나 시간이 흐른 뒤 비의도성이라고 하는 문제와 만나게 됩니다. 내가 의도를 가지고 사회적 행위를 하더라도 의도가 100퍼센트 관철된 결과로 효과가 나타나는 것은 아니잖아요? 그래서 베버에게서 사회적인 것의 구도라고 하는 것은 – 굳이 요약해서 말씀을 드리자면 – 첫 번째로 '이중의 기대 구조'라는 특성을 가진다고 한다면, 두 번째로는 합리성을 추구하지만 그 결과가 비합리적일 수도 있는 '비의도성의 구도'를 띤다고 할 수 있겠습니다. 조심스럽게 말하는 것이기는 하지만 아마도 이게 베버가 이해하는 '사회적인 것'이 아닐까 싶네요.

4.   베버의 지적 경향

앞에서는 베버가 사회적인 것을 어떻게 이해했는가 하는 논점을 풀어봤고, 지금부터는 베버의 지적 경향을 어떤 배경 속에서 이해할 수 있는지, 그리고 이를테면 베버의 현재성이라고 할까요, 베버가 구축한 사회적인 것에 관한 관점이 지금 어떠한 사회학적 함의를 가지는지 살펴보도록 하겠습니다. 아마도 이 논점을 풀어가는 과정에서 베버의 사회적인 것과 경제 사이의 관계가 드러날 수도 있을 것 같아요. 베버는 독특합니다. 그래서 추종자가 많은 마르크스와는 다르게, 그리고 사회개혁주의적인 지적 프레임 덕분에 비교적 친근하게 느껴지는 뒤르켐과는 다르게 베버의 이야기는 뭔가 좀 분산되어 있는 것 같기도 하죠. 베버가 가지고 있는 관점은 20세기 들어 어느 정도 표준화된 사회학의 체계와 다른 점 때문에 뭔가 한 마디로 정의하기가 어렵다고들 하죠. 단적으로 우리가 앞에서 살펴본 베버의 현대성에 관한 이해는 이후에 텔컷 파슨스 같은 사람이 제시했던 현대성에 대한 요소론적이고 계몽주의적인 이해 방식과는 전혀 다른 질적 차이를 보여주잖아요? 파슨스는 유형변수(pattern variables)라는 기준점을 두고 사실상 전근대적인 요소와 근대적인 요소를 구분한 바 있지요. 감정과 감정중립, 귀속과 성취, 특수와 보편 등으로요. 그리고 후대의 사람들은 여기에 입각해서 현대성에 대한 도식적인 사고방식을 통념으로 갖게 됐습니다. 그런데 베버는 현대성에 대한 이해를 그렇게 도식적인 방식으로 축소시킬 수 없는 논점을 제공해 줍니다.

베버의 논의에서 주된 표적은 아무래도 이 현대성인 것 같습니다. 개인적 견해일 수 있겠는데, 프랑스나 영국 쪽 사상가들과는 다르게 독일 쪽 사상가들이 현대성의 문제에 관해 좀 더 뚜렷한 성찰적 깊이를 보여주곤 하는 것 같아요. 어떤 민감성이 있다고 할까요. 후발 국가로서 가지게 되는 선진적인 국민국가 형태에 대한 묘한 문명적 콤플렉스일 수도 있을 것 같고요. 그렇지만 후발 주자다 보니까 상대적으로 장점을 가지는 측면들도 있겠죠. 우리가 보통 표준으로 삼는 산업혁명의 중심지로서의 영국이나 시민혁명의 중심지로서의 프랑스 같은 지역과는 다르게, 여타 지역에서의 사회 변동 과정은 지역적으로 고유한 함수 관계를 가지기 마련 아닐까요? 어떤 이론이든 현실 속의 대상을 참조할 수밖에 없다는 점을 고려해 본다면 현대성에 관한 문제도 마찬가지인 것 같아요. 이들이 경험하는 현대문명의 복잡성과 모순성은 선발 주자들을 모델로 삼으면서도 자기 현실을 동시에 고려해야 하는 더 민감한 사안이 될 수도 있겠다 싶거든요. 마치 한국에서 현대성을 이야기하게 되면 식민지 경험을 분리시킬 수 없는 것처럼 말이죠. 어쨌든 그런 연유에서인지 지멜도 그렇고 베버도 그렇고 현대성의 복합적이고 모순적 성격을 탐문하고 있고 또 그런 만큼 중요한 지적 성취를 보여줬던 것 같습니다. 현대성이라고 해서 무조건 좋은 것이냐, 선진적인 방향이면 더 나아가는 것이냐 등의 질문이 뒤따라 나올 수 있단 말이죠. 거기에는 가치 체계의 충돌이라든가, 문화 지체 현상이라든가, 이런 부분들이 걸려 있기 마련이니까요. 단순히 주술적 세계에서 탈주술화된 세계로, 비합리적인 세계에서 합리화된 세계로, 통일된 세계에서 분화된 세계로, 이런 식으로 마치 스위치를 눌러서 한 번에 모드 전환이 일어나는 사회 변동을 거치는 건 아니라는 거예요. 그러다 보니까 이들이 겪고 있는 현대화의 과정 혹은 이들이 추구해야 하는 현대화 과정을 이해하려면 제법 복잡한 사유가 필요하겠죠. 그래서 현대성을 지향하면서도 이 현대성이 가지고 있는 문제점을 동시에 서술해야 되는 상황이 오게 돼요.

다음으로 현대성의 귀결점을 봅시다. 현대성 비판이라는 출발점 위에서 베버가 궁극적으로 지향하는 점은 무엇이었을까요? 앞서도 언급했던 '문화인간'이라는 표현이 있죠? 이 표현은 외부의 구속으로부터 해방되어 확고한 주체성과 의지를 갖고 있는 자율적이고 미학적인 인간형을 가리킨다고 할 수 있을 텐데요. 어떻게 보면 계몽주의적 현대성에 가장 부합하는 이미지라고도 할 수 있을 거예요. 물론 현대성을 단순하게 이해하지 않는 만큼 그 도착점까지 가는 여정이 순탄치만은 않겠지만요. 일반적으로 생각해 보면 합리적 개인들에 의해 창출된 문명적 결과에 대해 규범적이고 도덕적인 질서를 부여함으로써 현실에서 벌어지고 있거나 근미래에 예상되는 문제를 방지할 수 있다고들 생각하기 쉬울 겁니다. 하지만 베버의 궤적에서는 이런 설정이 들어서기가 어렵게 느껴집니다. 합리적 개인들에 의해 창출된 문명적 결과는 비의도적으로 전개된 것이고 그런 만큼 제어할 수 있다고 보증하기가 어렵기 때문이죠. 그래서 베버의 궁극적인 지향점은 병리적 문제들로부터 사회적 신체를 치료한다든가 하는 방식으로는 도출될 수 없습니다. 오히려 사회적 행위가 시작점이었던 만큼, 그나마 내기를 걸 수 있다면 사회적 행위의 단위에서 뭔가 단초를 찾아야 하지 않을까요? 문화인간이라는 전망은 바로 이 지점에서 나오게 되는 것이죠. 일반적으로 베버는 니체로부터 영향을 받았다고들 합니다. 니체의 핵심적인 지향점 중에 하나가 바로 이런 데 있는 거잖아요, 자율성과 해방이라는 것. 바로 이 상태에 도달하는 것에 대해, 고귀함을 가지고 있는 주체의 형태를 일컬어 '문화인간'이라고 표현을 했고, 종국에는 이런 문화인간의 지향점을 가지게 될 새로운 문명을 만들어낼 수 있을 것이냐 하는 게 그의 주안점이라고 볼 수 있습니다. 가치의 개입을 배제하는 게 베버의 방법론적 원칙이라고는 하지만, 사상가로서 그의 사회학적 바탕에는 바로 이런 사명 같은 것이 잠재해 있다고 봐도 무방할 거예요.

사회적 행위에서 문명에 관한 이야기까지 나왔으니 이번에는 좀 더 미시적으로 개별에서 집합으로 가는 과정도 살펴보겠습니다. 특히나 뒤르켐에게는 이 구도가 매우 중요하잖아요? 그래야 개인주의 시대의 사회적 응집이라는 요청을 해명할 수 있으니까요. 그런데 베버에게는 이 구도가 그렇게 결정적인 것으로 나타나지는 않는 것 같습니다. 왜냐면 사회적인 것 자체가 개별적 단위에서 사실상 해명된 것이나 마찬가지기 때문이에요. 또한 집합화 과정의 불투명성, 즉 비의도적 결과라는 측면에 주목한 것도 그렇고, 베버에게 이 부분은 어느 정도 불가해한 느낌이 강합니다. 그럼에도 집합화 과정에 대한 해명이 가능하다면 오히려 베버 이후의 사회과학에서 그의 논점을 계승해서 설명을 시도했던 측면들을 참조해야 하지 않나 싶어요. 게임 이론이라든가 합리적 선택 이론 등이 등장했을 때 사회학의 일부가 교환이론 내지 공리주의 패러다임 아래에서 쉽게 접합됐던 이론적 전례가 있었죠? 이런 논점들이 개인의 행위가 비의도적으로 집합적 단위로 이어지는가를 보여주는 대표적 논증이 될 수 있겠다 싶기도 하고요. 행위자들은 자기 주변에 있는 다양한 이해관계들을 고려하면서, 타인들 및 타집단과의 이중의 기대 구조를 통해서, 주관적 동기와 의미 부여, 그리고 사회적 행위들을 산출하게 되죠.

1960~1970년대 한국 사회를 보면, 반공주의도 있고 발전주의도 있고 가부장주의를 비롯한 다양한 이데올로기 형태들이 있긴 했지만, 그중에서 대표적으로 민족주의를 들 수 있을 거예요. 몇 년 전 김원 선생이 그 당시 파독 간호사들을 인터뷰하고 생애사 분석을 해서 『박정희 시대의 유령들』(2011)이라는 책을 낸 적이 있습니다. 이 책에서 파독 간호사들 대부분이 가족 부양 문제 때문에 기꺼이 한국 생활을 접고 독일에 가서 살게 된 것이라고들 하는데, 가치와 규범의 차원에서 보자면 흥미롭게도 자신이 민족을 대표해서 산업역군으로서 독일에 가서 외화벌이를 한다고도 하거든요. 단순히 자신이 속해 있는 사적인 경제, 즉 가족이라는 단위의 동기만 가지고 독일로 가는 것이 아니라 우리 민족 경제를 위해서 독일로 간다는 논리들이 심심치

않게 결부되곤 하더라고요. 만약 이 사안에 대해 거시적으로 접근한다면 딱 여기까지만 이야기가 나오게 될 겁니다. 그렇게 되면 가족주의나 민족주의라는 집합의식 또는 이데올로기가 있고, 이를 통해 파독이라는 사회적 행위가 뒤따라 나오는 것으로 이해가 될 거예요. 그런데 사람들은 특정한 기대를 가지고, 그리고 타인이 나한테 가진 기대를 지향하면서 사회적 행위를 한다고 말씀을 드렸었잖아요? 그런 차원에서 본다면 표면에서 드러나는 것보다 복잡한 사정들이 돌출되기도 합니다. 인터뷰 내용 중에 이런 것도 있어요. 요즘 식으로 하면 'K-장녀' 이야기입니다. 가족들의 생계를 일정 부분 분담하거나 전담하게 되는 상황들에 관한 것이죠. 동생의 학업을 위해서 자기의 커리어를 포기하는 경우도 있곤 하잖아요. 많은 파독 간호사들이 그런 식의 생애사를 공유하고 있더군요. 그런 반면, 그 와중에 흥미로운 게 뭐냐면 한국 사회로부터 벗어나기 위해서 파독을 결심했다는 이야기도 있어요. 어떤 맥락인지 아시겠어요? 한국 사회가 지긋지긋해서 도망치고자 파독을 결심하기도 했다는 겁니다. 이런 상황에서 본다면 파독이라는 결단은 단순히 가족 공동체를 위한 희생이거나 민족 사회를 위한 성스러운 복무만은 아니게 되는 거죠. 오히려 자신에게 주어진 사회적 압력(K-장녀와 산업역군)과 자기 욕망(커리어 유지 및 가족과 민족으로부터의 자유) 사이에서 나오는 전략적 선택일 수도 있었던 거예요.

그러니까 행위자를 중심으로 본다면 사람들의 사회적 행위를 설명할 때 개인들이 직면하고 있는 이율배반적 상황, 그에 대한 다양한 이해관계 등 복잡성이라는 부분을 염두에 두지 않을 수가 없죠. 그런 차원에서 베버의 강조점은 집합표상 등으로 초점화되는 게 아니라 개인들이 경험하는 특정한 가치 연관의 차원에 놓이게 됩니다. 한 사람의 내면세계에도 여러 가지 가치관이 스며들어 있잖아요? 그렇다면 바로 이 가치 연관을 분석해야 되는 거죠. 즉, 주관적 이해에 따라 추상화된 이념들이 서로 연관되는 논리 구조라는 것을 봐야 하는 겁니다. 우리가 앞서서도 세계관과 세계상에 따라서 인간이

'구원'받고자 하는, 또는 받을 수 있는 지향성이 결정된다는 부분을 읽었잖아
요? 그리고 그것은 이념에 의해 창출된다고 했는데, 이 영역이 일대일 대응
을 이루거나 투명한 것만은 아니어서 세계상 같은 일정한 가치 연관의 논리
구조 위에서 나오게 된다는 점을 이해할 필요가 있을 겁니다.

그러면 이번에는 방법론적 측면을 보도록 하죠. 어쨌든 개인의 구원, 개인
의 해방이라고 하는 부분으로 돌아오게 된 셈인데, 이 지향점을 어떻게 볼
것인가에 대해 베버는 이렇게 이야기한 적이 있어요.

> 내가 이제 사회학자가 된 근본적인 이유는, …… 아직도 망령처럼 떠도는 집합 개
> 념에 마침내 종지부를 찍기 위해서입니다. 다른 말로 표현하자면, 사회학 역시 오
> 로지 단수의 개인 또는 다수의 개인들의 행위에서 출발해야만 합니다. 따라서 엄격
> 한 '개인주의적' 방법을 구사해야 합니다.[4]

이렇게 보면 참 일관적이다 싶죠. 학문적인 접근에서는 인간 인격의 완성
으로서 개인의 해방을 지향하고, 심지어 연구 방법적인 차원에서도 개인의
해방이라고 볼 만한 측면들이 들어가 있으니까요. 확실히 베버는 마르크스
나 뒤르켐과 달리 파멸로부터 사회적 삶을 회복하는 기획보다는, 그에 앞서
억압이나 왜소화에 맞서는 인간학적 해방에 더 많은 관심이 있었던 것 같아
요. 이런 부분이 다른 고전사회학자들과 상대화될 수 있는 지점들이 아닐까
싶은데, 베버 같은 사람이 보기에 현대 자본주의는 모종의 불가역적인 성격
을 가지고 있는 것으로 보입니다. 물론 비판적인 입장이 없을 수는 없지만

---

4 Wolfgang Mommsen, "Diskussion über 'Max Weber und die Machtpolitik' von Raymond
   Aron auf dem 15. deutschen Soziologentag," in: Otto Stammer, Deutsche Gesellschaft für
   Soziologie. *Max Weber und die Soziologie heute: Verhandlungen des 15. Deutschen
   Soziologentages vom 28. bis 30. April 1964 in Heidelberg* (Tübingen: J.C.B. Mohr, 1965),
   p.137. 김덕영, 『짐멜이냐 베버냐?』(파주: 한울, 2004), 110쪽에서 재인용.

그렇다고 해서 현대 자본주의가 가져온 다양한 강점을 버리면서까지 단순히 낭만적으로 '옛날이 좋았지' 하면서 회고에 젖거나 복고를 부르짖을 계제(階梯)는 아니라는 거죠. 베버가 보기에 문화인간으로 가는 길에는 가치합리적 행위보다는 목적합리적 행위라는 통로가 오히려 더 적합해 보이지 않았을까요? 주술에 빠진 인간보다는 쇠우리에 갇히더라도 탈주술화된 인간이 좀 더 나아 보이지 않았을까요? 즉, 기꺼이 또는 불가피하게, 베버는 자본주의 문명에 적합한 인격체, 그에 적합한 행위의 양식과 사회 질서를 추구하는 쪽으로 나아가는 것으로 보입니다. 그런 점에서 베버의 목적합리적 행위 개념은 단순히 개념적으로만 등장하는 수준에 그치지 않고 모든 분석과 판단의 (이상적 한계 개념으로서) 이념형적 출발점이 됩니다. 현실적으로도 목적합리성이 일종의 시대정신으로서 대세를 차지하고 있고, 방법론적으로 보더라도 그에 기반해서 현대문명을 이해할 때 더 많은 장점이 있을 테니까요.

이런 지적 배경을 공유하면 좋을 것 같습니다. 특히나 방법론적인 차원에서 개인주의는 이후에도 사회학에서 계속 논쟁되는 부분이기도 하니 잘 기억해 두시면 좋을 것 같습니다. 이 방법론적 개인주의는 엄밀하게 본다면 전형적인 사회학적 방법이라기보다는 오히려 경제학적 방법론에 더 가깝다는 이야기를 많이 합니다. 자율적 개인에 의해 행위가 결정되고 이것이 전체 체계로 구조화된다는 접근 방식은 고전경제학이 취하는 인간 개념과 시장사회의 이념형에 부합하는 것이기도 하니까요. 목적합리적 행위를 특화해서 현대문명을 조명하고 방법론적으로도 그 원리를 채택하는 순간, 베버의 사회학 방법론 체계는 경제학적 방법론과 어느 정도 통하는 측면이 생기게 됩니다. 이 또한 비의도적 결과였을지 모르겠네요. 그래서 베버에게서 경제와 사회의 구분은 단순히 사회가 경제의 바깥에 있는 것이 아니라 경제와 사회가 묘하게 겹쳐지고 보기에 따라서는 융합되는 측면들을 보이게 돼요. 목적합리적 행위에 대한 불가피한 이론적 특권화를 통해 사회적인 것과 경제학적 원리가 교묘한 방식으로 병합하게 된 거죠.

그렇게 되다 보니까 여기에는 마르크스처럼 생산 양식이라는 것, 나아가 주체화 양식이라든가 하는 구조화된 힘이나 메커니즘은 들어설 자리가 없게 됩니다. 이런 맥락 때문에 자본주의적인 요소들을 통해서 경제를 설명하기보다는 경제에 대한 이해 방식이 많은 부분 관념론적이거나 문화론적인 이해 방식을 취하게 된다고 볼 수도 있을 겁니다. 방법론적 개인주의를 취하는 게 개인들의 동기, 욕망, 이해 같은 부분을 중시하는 거잖아요. 베버가 활동하던 당시는 이른바 신칸트학파가 하나의 흐름을 형성하고 있기도 했는데, 이런 흐름들의 공통점 중에 하나가 바로 마르크스적 유물론을 비롯해 자연과학적 방법론과 별도의 학적 체계를, 별도의 지적 프레임을 추구한다는 것이었습니다. 베버도 채택했던 것으로서 '문화과학'이라는 용어역시 그 뿌리는 하인리히 리케르트(Heinrich Rickert)를 위시로 하는 신칸트주의에 있는 것이기도 했습니다. 즉, 자연 및 물질 영역과는 다른 인간 및정신 영역의 고유성을 방법론적 출발점으로 삼는다는 점, 그리고 그러한인간의 사회적 행위의 기반이 목적합리적 행위로 특징지어진다는 점 등이결합되면서 베버의 사회학 방법론은 경제학적 원리와 소통하는 극적인 계기를 가지게 됩니다.

5.   베버 효과

살펴본 것과 같이 베버의 사회적인 것은 목적합리성의 우위 속에서 사실상경제학적 원리와 – 인류학적 표현을 빌자면 – 모종의 얽힘(entanglement)을 이루고 있다고 볼 수 있겠습니다. 그렇다면 베버의 사회학은 경제학의 어떤 측면과 얽히는 것일까요? 여기서 우리는 경제와 사회의 관계를 보는 베버의독특성을 발견할 수 있는데요, 그는 사회학의 대상으로서 사회를 집합성이나 특정한 실체를 가지는 것으로 상정하지 않습니다. 현대 문명을 어떻게 볼 것인가 하는 질문에서도 베버는 삶의 일반적인 합리화 현상이 진행되는 것으로 보지요. 뒤르켐이라면 공리주의 패러다임에 따라 비도덕적인 요소들이 커지는 문제에 주목하겠지만 말이에요. 또한 마르크스라면 소외, 물신숭배, 착취 같은 언어들을 앞세울 테고요.

저는 이러한 시차 — 특히 마르크스와의 사이에서 발생하는 시차 — 가 발생하는 이유를 인간 모델에 대한 차이에서 찾을 수 있다고 봅니다. 무슨 말인가 하면, 포이어바흐를 비판한 시점부터 마르크스에게 추상적 인간 내지 유적 존재로서의 인간은 이론적으로나 역사적으로나 성립 불가능해지지만, 베버에게 (뒤르켐도 마찬가지고요) 인간 행위자는 아무리 개개인에 초점을 맞춘다 하더라도 여기서 대상인 인간은 말 그대로 추상적 인간 상태에 가깝습니다. 특정한 상상계의 구조로부터 실재를 식별해 내는 그의 이념형적 방법론이 시사하는 것처럼, 사유의 출발점으로서 주체는 언제나 질적 차이가 지워진 인간이거든요. 또 그런 맥락에서 마르크스적인 문제 영역이 생산양식이 되는 것에 비해 베버적인 문제 영역은 문명이 되는 것이기도 하겠구요. 범박하게 말하자면, 자본가 계급과 노동자 계급, 남성과 여성, 이성애자와 비이성애자, 국민과 외국인 등에서 구조화된 차이는 단지 현대인 아니면 전근대인 사이의 차이로 소급된다는 것이죠. 그렇지만 목적합리적 행위를 하는 인간이란, 따지고 보면 그와 같은 도구적 합리성 또는 경제적 합리주의를 자원으로 활용조차 할 수 없는 개인이나 집단들에는 제한적인 인간 모델일 수 있거든요.

물론 칸트주의적 측면에서 보면 이와 같은 추상적 인간 모델은 윤리와 민주주의를 위한 중요한 기초로서 보편적 주체로 연결되는 것이기는 합니다. 무조건 부정적으로 볼 사안은 아니라는 것이지요. 그러나 목적합리적 행위에 대한 이론적 특권화가 그와 같은 이성적 기초와 부합되는 것인지는 논쟁의 여지가 있다고 봅니다. 다른 한편, 베버에게서도 지위-계급-파벌로 구성된 사회계급론을 통해 불평등한 현실에 대한 함의를 얻을 수 있기는 합니다.

그렇지만 그런 구도에서도 인간 존재들은 목적합리성에 따라 한정된 자원을 두고 이해관계의 충돌을 빚어내는 균등화된 인간으로 전제됩니다. 현대문명의 폐해도 계급적 위치에 따라 불균등하게 배분되는 게 아니라 '수치심을 잊은 최후의 인간'이 될 위협으로서 모든 현대인을 대상으로 하지요.

이와 같은 추상적 인간 모델은 뒤르켐 역시 공유하고 있습니다. 그렇지만 뒤르켐과 베버 사이에 인간 모델의 차이가 없는 것은 아니겠지요. 뒤르켐에게 현대적 개인은 사회적 분업이 진행되는 산업사회에서 말 그대로 개인주의를 내면화한 존재이지만, 또한 동시에 타인과의 상호의존성을 인식하고 유기적 연대로 나아가는 인간'이어야' 합니다. 이것은 방금 강조한 바와 같이 모종의 규범주의적 인간 모델을 상정하고 있다는 뜻이기도 합니다. 심지어 뒤르켐은 집합적 흥분과 열광을 통한, 사회라는 성스러운 환상의 필요성에 대해 역설하기도 하죠? 마르크스주의적으로 말한다면 이데올로기적 호명의 불가피함을 역설한 것이기도 해요. 마치 '사회는 환상에 불과해. 하지만 이 환상 없이 우리가 살 수 있을까?'라는 질문은 던지는 것과도 같죠. 그에 반해 베버는 주술화에 비해 탈주술화를 강조하고, 그 이후에도 쇠우리에 갇힌 인간보다는 문화인간이기를 요청합니다. 보통 베버를 규범주의자로 분류하는 경우는 거의 없지만, 그에게서 일련의 문명적 해법을 시사 받을 수 있다는 사실은 분명해 보입니다. 그 해법이란 어떤 구속이나 환상으로부터도 자유로운 개인이라 할 수 있을 거예요. 물론 베버 역시도 세계관으로부터 사회적 행위가 정향된다고 하기는 했어요. 하지만 그때의 세계관은 말 그대로 한 개인이 외재적인 이념적 조건으로부터 추상해 내서 자기 것으로 만들어낸 결과물일 뿐이죠. 그가 굳이 이데올로기라는 표현보다 '세계상' 같은 언어를 선호했던 것도 다 맥락이 있어서가 아닐까요? 물론 그런 세계관과 이데올로기가 정말 구분될 수 있는 것인지에 대해서는 논쟁적 여지가 있기는 하겠지만 말입니다.

지금부터는 이와 같이 목적합리성을 주된 원리로 하는 인간 모델이 경제학적 원리와 연결되는 측면에 대해 조금 더 살펴보도록 합시다. 앞부분에서 신칸트학파 이야기를 했는데, 예전에는 베버의 지적 경향을 이야기할 때 신칸트학파로부터 받은 영향을 비중 있게 다룬 경우가 많았어요. 마르크스에 대한 일종의 지적이고 정치적인 대립 관계 아래서 신칸트학파의 영향을 받고, 주관성의 모델을 기반으로 해서 사회적 행위를 설명하며 그 사회적 행위로부터 사회 현상들을 설명하고자 하는 것으로서 베버의 지적 체계를 구축했던 거죠. 베버에게서 신칸트주의의 관념론적 경향을 발견하는 것이 어렵지는 않을 것입니다. '이성에는 선험성이 있다. 모든 인간에게는 선험적인 이성을 사용할 수 있는 역량이 있다. 그런데 이 능력에는 일정한 한계점이 있다. 그것은 물자체와 현실 사이에 존재하는 간극과도 같은 것이다.' 베버가 이런 논법에 입각해서 자연과학에 대응해 문화과학의 방법론을 추인하고 이념형이라는 장치를 활용하는 것은 신칸트학파와 일정한 교감 내지는 공통된 견해를 갖고 있었음을 보여줍니다. 그런데 이것만으로 베버를 신칸트주의 내지는 그 영향권하에 있었다고 단정 짓기는 어렵다고 보입니다. 물론 베버의 사상 전반에 걸쳐 중요한 전제가 공유되고 있기는 한데, 사회적인 것에 대한 (방법론이 아니라) 이론이라는 측면에서 보면 신칸트주의의 영향력을 바로 직결시키기에는 중간에 제법 많은 보충 설명이 뒤따라야 하거든요. 해석도 그냥 해석도 아닌 심층 해석으로 들어가야 하는 거죠. 그러니까 방법론적 원칙을 제외한다면 신칸트학파로부터 어떤 결정적인 영향을 집어내기에는 어려움이 있다는 겁니다.

이런 평가와 대조적으로 볼프강 몸젠(Wolfgang J. Mommsen) 등 몇몇 베버 연구자들을 중심으로, 베버가 신칸트학파의 영향을 받았다기보다는 사실 19세기 후반 한계효용이론과의 접점이 더 결정적이었다는 주장이 제기된 바 있습니다. 한계효용학파, 일명 오스트리아학파라고도 하죠. 이들의 영향이 좀 더 직접적이었다는 거예요. 한계효용이론은 마르크스도 말년쯤에 언급한 적이 있었는데, 물론 그는 속류 부르주아 경제이론이라고 비판을 했었어요. 한계효용이론은 경제를 행위자들의 주관적 감정, 즉 심리학적 방식으로 해명하고자 하는 시도였는데, 아무래도 경제의 객관적 성격과 그 진면목을 드러내고자 했던 마르크스에게는 탐탁지 않았을 겁니다. 경제 행위를 심리적 효용의 차원으로 대입해서, 생산관계를 교환관계로 대체하고 착취를 비가시화함으로써 자본주의 경제의 사회적 구조를 은폐하는 이데올로기적 효과만 가져온다는 것이 비판의 주된 골자였죠.

그런데 이러한 논점은 경제에 대한 베버의 이해 방식과 굉장한 근친성을 가지는 것이기도 합니다. 경제의 기초가 사회적인 것임을 밝히고자 했던 베버에게 이와 같은 심리학적 논점들은 과잉-합리주의적(over-rationalistic)이었던 당시의 독일 역사학파 경제학을 넘어설 수 있게 해주는 중요한 쟁점으로 이해가 됐습니다. 아시다시피 베버에게 합리성이 말 그대로 합리적이기만 한 것은 아니잖아요? 개별적 차원에서의 합리성은 집합적 차원에서는 필연적으로 비의도적 결과로 나타나게 됩니다. 만일 개별적 합리성이 집합적으로도 합리적이라면 그것이 오히려 예외적인 상황에 해당하는 것일 뿐이죠. 즉, 베버에게 요구되는 합리성이란 동시에 비합리적이기도 해야 합니다. 한계효용이론은 비용-편익도 아닌 쾌락과 고통이라는 심리학적 측면을 강조하는, 지극히 속류적인 공리주의적 인간 모델에 기초한 것으로 평가절하를 받기도 했었는데요, 베버는 여기서 오히려 경제사회학 또는 사회경제학의 단초를 찾아냅니다. 우리가 이중의 기대구조라 이야기하기도 했던 주관적 동기의 우선성 속에서 경제를 이해할 수 있는 길이 열리게 된 것이니까요.

바로 이 지점입니다. 베버에게서 사회적 행위는 경제적 행위와 완벽하게 구별되는 것이 아니라고 했었죠? 한계효용학파가 보여주는 경제적 행위에 대한 설명에는 사회학적인 측면이 다분히 발견되지 않습니까? 합리적 경제 행위가 실상 주관적 동기에서 비롯된다는 점은 경제 행위의 근간에 사회적 행위 유형이 자리 잡고 있다는 점을 의미하는 것이기도 합니다. 바로 이런 연결점 때문에 최근 들어 베버의 지적 배경으로 한계효용학파에 대한 설명이 빠지지 않고 등장하는 것이죠. 게다가 베버의 입장에서 보자면 이런 방식의 설명이 기존 경제학에 비해 탁월한 설명력을 제공하는 것으로까지 이해될 수도 있었을 거예요. 기존 경제학이 놓치고 넘어간 부분, 즉 심리적이고 주관적인 측면을 보여주고 있으니까요. 심지어 나중에는 이런 설명도 가능해지지 않겠어요? 사람들은 합리적 선택을 취하는데, 그 목적은 효용을 극대화하려는 데 있다는 것. 물론 그 효용이 늘 극대화되는 건 아니죠. 한계효용이 체감하는 문제도 있을 테고, 무엇보다도 합리적 선택 자체가 내포하는 아이러니라는 게 있으니까요. 이를테면 장 보러 갔을 때, 라면 구매로 획득하는 효용이 떨어지면 짜장라면을 추가 구매함으로써 효용 자체를 극대화할 수도 있을 거예요. 하지만 이건 엄밀히 말해 과잉 소비이므로 집에 돌아오고 난 다음에는 후회막심하게 되죠. 또한 사람들은 효용을 극대화하는 선택을 할 때 사실 그 가치에 대해서는 염두에 두지 않는 경우들이 많습니다. 라면의 생산과 소비를 둘러싼 일련의 사회적 과정에서 노동과 고용, 동물권과 환경 등 다양한 쟁점이 있을 수 있죠. 그런 점에서 효용을 극대화하고자 하는 선택들은 통제 불가능한 귀결점에 도달하고는 합니다. 이렇게 보니 목적합리성과 비의도성을 결합시켰을 때 나타나는 아이러니와도 비슷하지 않습니까? 요컨대 한계효용이론은 베버의 경제학 비판, 나아가 경제사회학의 가장 결정적인 단초가 될 수 있었던 겁니다.

이런 방식으로 경제와 사회적인 것 사이의 연결을 상상할 수 있게 됩니다. 그런데 이 지점은, 여러분들이 첫 시간에 강의를 들으셔서 아시겠지만, 마르크스가 경제와 사회의 관계에 대해 해명하고자 했던 방식하고는 묘하게 달라지는 것이기도 합니다. 마르크스와 베버 모두 기존의 경제학에 대해 비판적인 입장을 보여주고 있어요. 마르크스의 비판은 앞선 시간에 이야기가 됐으니 여기서는 베버의 논점에 집중하도록 하죠. 베버의 비판적 논점과 관련해 잘 알려진 것은 독일 역사학파 경제학에 대한 비판입니다. 프리드리히 리스트(Friedrich List)를 필두로 한 역사학파 경제학은 경험적 조사에 바탕을 뒀고, 후기에 들어서는 '국가의 기능'을 강조하는 '국민경제론'을 내세우면서 문화주의적 특성까지도 담았죠. 그러면서 후발주자 독일의 발전을 위해 (이후 제도주의에 영향을 줬던 만큼) 제도의 인위적 창출을 강조했습니다. 그런데 참 묘하죠. 역사학파는 (마르크스가 비판했던) 고전경제학에 대한 비판적 대응이었는데, 한계효용학파의 경제학은 바로 이 역사학파와 거의 상극에 가까울 정도로 정반대의 경향을 보였거든요. 앞에서 살짝 엿봤던 것처럼 한계효용학파는 철저한 방법론적 개인주의, 제도에 대한 발생론적 이해 등을 특징으로 합니다.

19세기 후반 오스트리아 한계효용학파와 독일 역사학파 사이에서의 '방법 논쟁', 그리고 사실상 한계효용학파 쪽에 손을 들어준 베버와 후기 역사학파의 구스타프 폰 슈몰러(Gustav von Schmoller) 사이의 '가치판단 논쟁' 등이 있었던 것도 이와 같은 맥락 때문이었죠. 베버는 1890년대까지만 하더라도 역사학파의 영향하에서 경제사회학적 조사연구를 수행한 것으로 알려져 있는데, 문화인간과 문화과학의 이상이 이들의 공존을 가능하게 했던 것으로 이해됩니다. 그런 토대 위에서 경제행위자들의 심리적 상태에 대한 초기의 현장 중심적 연구가 가능했죠. 그러다 1900년대부터는 서서히 역사학파에 대해 비판적 입장을 드러내기 시작했습니다. 국민경제론을 내세웠던 만큼 역사학파는 가치판단의 영역 역시 경제학의 대상이 될 수 있다고 봤던 데 반해, 가치중립을 사회과학의 미덕으로 삼는 베버에게 이런 경향은 용납하기 어려웠을 거예요. 도덕과 규범을 배제하고자 하는 입장은 당연히 오스트리아학파, 한계효용학파와 깊은 친화성을 보여주는 것이기도 합니다. 실제로 1990년대부터 흩어져 있던 베버의 강의 원고나 편지가 공개되면서 한계효용학파와의 관련성은 거의 역사적 사실로 굳어지게 됐습니다. 그리고 아시다시피 오스트리아 한계효용학파가 바로 신고전파 경제학의 지성사적 기원이기도 하잖아요? 그런 점에서 본다면 베버와 한계효용학파 사이의 긴밀한 통로는 이후 신고전파와의 관계에도 모종의 시사점을 주는 것일 수 있어요.

어떻게 본다면 우리는 베버를 통해서 마르크스나 뒤르켐과는 또 다른 경제학 비판의 가능성 또는 불가능성을 제시받고 있는지 모릅니다. 요약적으로 말한다면 사회적인 것을 통한 베버의 경제학 비판에서 사회적인 것이란 기실 경제적인 것과 구분하기 어려운 것이기도 합니다. 베버의 지적 배경을 통해 우리가 발견하는 것은 사회학과 경제학의 경계가 허물어진다는 것인데요, 베버는 경제학 비판 뒤의 남은 자리에 (뒤르켐처럼 도덕적 밀도를 제시하는 것이 아니라) 다시금 경제학적 인간을 불러들이는 셈입니다. 그런데 저는 개인적으로 이 두 가지 계기(경제학 비판, 경제학적 이해)를 구분하는 것이 중요하다고 생각합니다. 사회학적 입장에 서게 되면 앞의 것도 경제학이고 뒤의 것도 경제학이니, '경제학을 비판해 놓고서는 결국에는 경제학을 다시 갖다 놓고 있지 않느냐'는 형식논리적 비판에 경도되기 쉽거든요. 그렇지만 베버가 비판하는 대상으로서의 경제학(①)과 소환해 내는 어떤 매개로서의 경제학(②)이 동일한 것은 아니지요. 살펴본 것처럼 역사학파 경제학과 한계효용학파 경제학은 엄연히 구분되는 지적 사조니까요.

어쩌면 현대적인 합리화 과정을 수용하면서도 거부해야 하지만, 그렇다고 무작정 거부할 수도 수용할 수도 없어 하는 베버의 묘한 위치 설정 역시 이런 사정과 무관하지 않을 것입니다. 가만 보면 이론적 입지는 한계효용학파의 것을 공유하지만 문화주의적 지향점은 그보다 오히려 역사학파와 공명하기까지 하잖아요? 목적합리적 행위를 통해 탈주술화가 진척되는데, 바로 그 사실 때문에 현대인들은 다시금 쇠우리에 갇혀요. 그런데 이 상황을 인식하고 돌파하기 위해서는 목적합리적 유형의 행위 외에는 별다른 방도가 없죠. 그렇지만 여기서도 탈주술화하는 목적합리적 행위(①)와 쇠우리로부터 탈출할 (아직 실현되지 않은) 목적합리적 행위(②)가 동일한 유형은 아닐 수 있다는 거예요. 이를테면 베버가 합법적 지배(①)와 카리스마적 지배를 구별하면서도, 카리스마의 일상화를 통해 일종의 카리스마적 지배를 피드백해 낸 합법적 지배(②)의 가능성을 시사하기도 했잖아요? 그런 것처럼 두 번째의 목적합리적 행위(②)는 첫 번째(①)와 동일할 수 없고 심지어 일종의 버전업된 목적합리적 행위일 수 있다는 거죠. 마찬가지로 역사학파 경제학과 한계효용학파 경제학의 엄밀한 구분이 필요하고, 나아가 후자의 경제학 원리는 전자와 달리 베버 식의 사회적인 것과 더 깊이 공명하고 있다는 사실은 감안할 필요가 있다는 것입니다.

어쩌면 여러분들 중의 누군가는 '경제학을 비판하고 (베버 식의) 사회적인 것과 연결되는 다른 경제학적 원리로 대체하는 것이 어째서 문제라는 말인가'라고 되물을 수도 있을 겁니다. 충분히 가능한 의문이라고 봅니다. 사실 제가 그런 질문을 암암리에 유도한 것일지도 몰라요. 베버의 경제학 비판의 논리를 단순히 형식논리적으로 재비판하기에는 애매한 지점이 있다고도 했으니까요. 그렇지만 우리에게는 좀 더 실질적인 논평이 필요하지 않을까요? 이번에도 제 개인적인 생각임을 전제로 논의를 해볼까 합니다. 베버의 논점에서 사회적 행위와 경제적 행위가 얽히는 ─ 경제적 행위가 사회적 행위의 일부이기도 하고 사회적 행위들 중에서도 목적합리적 행위가 특화되는 ─ 관계가 이후에 사회학과 경제학에서 하나의 이론적 얽힘을 내포했던 게 아닐까 싶습니다. 무슨 말이냐면, 경제학의 경우는 우리가 흔히 아는 일반경제학 이후에 게임 이론 등을 위시로 일군의 미시경제이론이 정교화된 바 있었죠. 그런데 이 구도가 사회과학 전체적으로 보면 베버의 얽힘과 비슷한 양상을 띠기도 합니다. 경제 행위자의 복잡한 내면세계, 구체적 행동, 심지어 상호작용 등의 측면이 중요하다는 것이잖아요? 그리고 새로운 조류의 미시경제이론이 나올수록 경제 행위자가 합리성에 기반해서 행위를 결정하는 것이 아니라 제한된 합리성에 근거하거나 많은 부분 감정적인 논리를 중심으로 비합리적인 결정을 한다는 측면 또한 부각됩니다. 그러니까 오랫동안 가정됐던 것처럼 사람들이 합리성에 의해서 지배받는 게 아니라 오히려 종종 비합리적인 선택을 하기도 한다는 거예요. 실제로 오늘날에는 단순한 심리적 동기 이전의 감각적이고 정동적인 측면에서 마케팅이라든가 각종 소비 캠페인이 이뤄지기도 하죠. 이런 상황들을 보면 오늘날의 경제는 사회적인 것과 얽혀 있는 것뿐 아니라 심지어 정동적인 것과도 얽혀 있는 놀라운 이론적 진보를 성취한 것처럼 보이기까지 합니다. 일각에서 감정경제, 정동자본주의라고까지 할 정도로 말이죠.

한편 사회학 분과를 보면 이곳에도 다양한 지적 패러다임이 있음을 보곤 합니다. 물론 역사적 특수성 때문에 비판적 사회학이 비교적 큰 비중을 차지하기는 하지만, 뒤르켐이 그토록 배격하고자 했던 공리주의 패러다임 또한 사회학 내에서 일정한 지분을 갖고 있는 것은 사실입니다. 특히나 이 사조는 나중에 합리적 선택 이론으로까지 구체화된 바가 있었죠. 개리 베커(Gary Becker)나 제임스 콜먼(James Coleman) 같은 사람들도 있을 것이고요. 요컨대 (게임 이론이 집약하고 있는 것처럼) 사회적 실재가 합리적 개인들에 의해 집합적으로 구축되는 것이기도 하면서 개인의 효용 추구 성향과 이율배반을 일으킬 수 있음을 논증하고자 했었지요. 심지어 이런 흐름은 마르크스주의와 접합되기도 해서 분석적 마르크스주의 같은 형태를 취하기도 했어요. 주지하다시피 이 지점에서 경제학과 사회학은 베버 이래로 오랜만에 다시 해후하게 됐습니다. 교육은 인적 자본에 관한 것이 됐고 결혼은 배우자 간의 합리적 분업을 뜻하는 것이 됐죠. 어디 그뿐일까요? 그런 맥락에서 사제 관계는 교육서비스 제공자와 구매자의 관계가 되고, 자녀 양육은 노후 보장 대책으로, 부모 봉양은 성장 과정에서의 채무를 상환하는 과정으로 해석되는 것이 가능해집니다. 삶의 일반적 합리화 경향은 그 끝을 알 수 없을 정도로 확장되고 또 심화되는 것 같습니다.

여러분은 이런 상황을 감당할 수 있으신가요? 마르크스주의적으로는 인격적 관계가 상품적 관계로 나타나는 물신숭배 상황이라 진단하고 세태를 비판할 수도 있을 겁니다. 그렇지만 베버주의적 관점에서 이런 현상은 상호작용 참여자들에게 일정한 탈권위주의적 효능감을 제공해 주는 것이기에, 경우에 따라서는 스승의 그림자조차 밟지 못하는 것보다 교육서비스 소비자로서 다양한 권리를 요구하고, 나아가 강의 평가나 '에브리타임' 같은 대학교 커뮤니티에 내걸리는 평판을 통해 교육노동자를 통제하는 것이 훨씬 더 선호될 수 있습니다. 삶의 일반적 합리화 현상은 현대적 개인들이 경험하는 상호작용의 순간을 잠정적으로나마 '평등한 개인들의 상호이익의 질서'로 변모시켜 주기 때문이죠. 강호의 도리가 땅에 떨어진 것 같지만, '강호의 도리'라는 주술로부터 깨어나는 것이 우선이라는 게 베버주의적인 교훈이 아닐까요? 그럼에도 누군가는 여전히 이와 같은 상황, 그리고 이와 같은 상황 인식이 불편부당하다는 느낌이 가시지 않을 겁니다. 그런데 도덕적으로 옳고 그름이라는 것은 베버 사회학에서는 주안점이 되기 힘들죠. 그런 가치판단은 신념윤리나 책임윤리같이 『직업으로서의 정치』에서 다루는 정치의 영역임을 못 박아둔 바 있으니까요.

물론 이런 추세에 대해 우리가 합의할 수 있는 최소한의 이론적 판단이 아예 없는 것은 아닐 겁니다. 적어도 사회학이라는 분과에서 ─ 그리고 어쩌면 경제학 분과에서도 ─ 이와 같은 해석의 길을 제시하고 또 그런 해석의 효과로 현실을 구성하는 데 대해 베버의 지분이 상당하다는 사실만큼은 분명하니까요. 조금 전에 '삶의 일반적 합리화 경향이 끝을 알 수 없을 정도로 확장되고 심화되는 것 같다'고 했었는데요. 그 확장과 심화를 동기화한 사람 중에 하나가 바로 베버 아니겠어요? 베버가 개방시켜 놓은 사회적인 것과 경제적인 것의 통로를 통해, 경제학은 나름대로 비경제적인 것을 끌어들이고 사회학은 또 나름대로 비사회적인 것을 끌어들이는 것이 가능해진 것은 아닐까요? 곰곰이 생각해 보면 좀 그래요. '평등한 개인들의 상호이익의 질서'라는 것도 사실은 사회학의 이상 중 하나지만 또한 오랫동안 시장사회를 꿈꾸던 경제학의 이상 중 하나이기도 하잖아요.

어쩌면 이런 효과가 베버의 이해사회학이 의도하지 않았던 결과라고 또한 번 베버 식으로 이해해 볼 수도 있을 것 같네요. 또 어쩌면 이런 효과는 사회학이 여타 사회과학의 원리들을 피드백하면서 확장된 결과를 보여주는 것이라고 자위할 수도 있을 겁니다. 그렇지만 여전히 겸연쩍지 않습니까? 왜냐하면 우리는 이게 사회학 외의 사회과학적인 현상들에 대해 사회학적으로 설명하는 것인지 아니면 사회학적 현상을 경제학적으로 설명하는 것인지 구분하기 어려운 상황이기 때문입니다. 경제학적 원리와 사회학적 원리의 관계를 보면, 영국의 경제학자 벤 파인(Ben Fine)은 이런 얽힘의 상황을 두고 '경제학 제국주의'라고 언급한 적이 있었어요. 얽힘이라고 하면 경제학과 여타 사회과학이 대칭적인 관계를 이루는 것처럼 상상되지만, 경제학 제국주의는 경제학이 이론적으로 확장하는 과정에서 경제학 이외의 다른 사회과학 분야로 침투하고 복속시키는 현상을 가리킵니다. 참 신기하죠? 경제학과 사회학의 해후에 관한 해석은 둘 중 하나거든요. 첫 번째는 이 관계가 평등하다는 해석입니다. 사회학은 경제학을 활용하고 경제학은 사회학을 활용하고 있을 뿐이라는 덤덤한 해석이죠. 그리고 두 번째는 사회학이 경제학적 언어에 침탈당한다는 해석입니다. 결과적으로 사회학적 가치가 위협받거나 학문적으로 경제학에 종속될 위험이 있다는 걱정이 나오는 것이죠. 신기한 건 이 해후에 대해 그 누구도 '사회학 제국주의' 같은 상상은 절대 하지 않는다는 거예요. 자, 그러면 이제 '경제학을 비판하고 결국 경제학으로 돌아오게 되는 것'에 관한 실질적 논평은 어느 정도 답이 나온 것 같죠?

이번 절에서 넌지시 '베버 효과'라고 이야기를 하긴 했지만, 이것이 사회학이 확장되는 것인지 아니면 사회학이 경제학에 의해서 식민화되는 것인지 불분명한 구석이 있다는 점에 대해서는 한번 깊이 생각해 보셨으면 합니다. 우리가 사회 비평을 할 경우 사회적인 것을 어떻게 간주할 것인가, 특히 경제학과의 관계에서 사회적인 것을 어떻게 상상할 것인가 하는 문제는 모두 이 질문과 관계되기 때문입니다. 오늘날 사회 비평의 요구가 커지고 있음에도 불구하고 다양한 이유 때문에 사회비평에 곤란이 생기고 있는 것 아닌가 싶습니다. 그 이유 중 하나가 베버가 상정했던 사회적인 것의 논리와 그 아 이러니한 곤혹스러움과 관계있지 않을까, 오늘 강의가 이런 생각을 해보는 시간이었으면 좋겠습니다.

질의응답

1. 베버는 『사회학의 기초개념』에서 국가나 집단은 개인의 행위의 개연성으로밖에는 존재하지 않는다고 했는데, 반대로 어떻게 해서 국가를 하나의 독립적인 행위자로서 다루는 연구의 기원으로 꼽히게 되는지도 궁금합니다.

국가나 집단이 어떤 고유한 실체를 가지고 있는 부르주아 집행위원회 같은 것으로 간주되지는 않겠죠. 사실 마르크스가 말한 부르주아 집행위원회라는 것도 국가 '형태'에 대한 표현이 맞는지는 생각해 볼 만한 여지가 있습니다. 국가에 대한 토론이 국가 형태와 국가 기능에 관한 것이라고 할 때, 마르크스의 표현은 국가의 '기능'에 관한 표현에 더 가까운 것 같거든요. 마찬가지로 베버가 국가를 '정당한 물리적 폭력 행사의 독점'으로 봤던 것도 국가의 기능에 관한 논설에 가깝다고 봐야겠고요. 그런데 질문하신 부분은 국가 형태에 관한 것이겠죠? '마르크스주의적으로 국가 형태에 관한 논점이 국가장치가 되는 것처럼, 베버에서는 국가 형태와 관련해 어떤 논점이 있는가'라는 질문으로 이해해 보겠습니다. 집단, 개인, 행위자, 이런 말씀을 하신 것도 그런 취지로 이해하겠습니다. 국가 형태에 대한 베버의 관점은 관계

론적인 측면이 강한 것 같습니다. 질문하신 맥락으로는 그렇게 상호작용을 통해 창출된 국가가 하나의 독립적인 행위자 속성을 가지기도 한다는 것인데, 집합 단위에 대한 실체론적 입장을 거부하는 이론적 취지가 여기서 모순을 일으키는 것은 아닌가 하는 질문이기도 한 것 같고요.

실체가 아닌데 어떻게 행위자적 가능성을 가지는 것인가. 여기에는 두 가지 정도의 관점이 있을 것 같습니다. 첫째, 아주 이론적으로 들어가면, 베버가 분석 단위로서의 행위자를 이야기할 때 이 행위자가 개인이라고 얘기하면서, 또 복수의 개인들이라는 이야기도 하거든요. 단수의 개인이면서 복수의 개인들이 존재하는 것이죠. 그런 논리에 비춰보자면 국가는 복수의 개인들이 섞여 있는 어떤 집합적인 결과이기도 하니까, 복수의 개인들이라는 층위에서 행위자적인 지위를 가지게 됐다는 설명이 가능할 것 같아요. 이해를 돕기 위해 조금 더 보충하자면, 최근의 이론적 유행 중에 객체 지향 존재론이라는 것이 있죠? 거기선 주체를 아예 소거하고 거의 모든 것을 객체로 간주하는데, 이렇게 되면 객체들의 회집(assemble)을 통해 또 다른 객체가 형성되기도 하고, 이렇게 새로운 객체를 창출하는 과정에서 비대칭적인 공생(symbiosis)

관계가 맺어지기도 합니다. 가령 정치인들이라는 (복수의) 객체와 국가라는 객체가 비대칭적으로 결합하면서 하나의 공생체가 형성된다는 식이죠. 저는 이러한 신물질론에 기반한 사회이론이 베버와 일정 정도 공명하는 측면이 있다고 보는데, 이런 식으로 보면 관계를 통한 행위자적 가능성이 어느 정도 타진될 수 있지 않나 싶어요. 둘째, 그래도 베버의 논점 자체에 충실해 본다면 이런 인식이 가능할 것 같습니다. 베버가 관료제의 합리성을 강조하고 이것이 후대의 국가이론에 영향을 줬다는 사실은 널리 알려져 있죠. 이때 국가에 대한 계급환원론을 넘어서는 게 관건입니다. 사실 이후에 다양한 이론적 접합과 발전을 통해 국가론이 정교화되기는 하지만, 일정 기간 동안 마르크스주의자들 사이에 계급환원론적 경향이 없었던 건 아니었을 테니까요. 베버의 사상이 행위자로서의 정치인에 초점을 맞추고 있다는 사실에 주목해 볼 만할 것 같습니다. 먼저 정치인이라는 개인에 대해 이해할 필요가 있겠고, 이 정치인이 관료제와 어떤 관계에 있는지에 대한 통찰도 필요하겠죠? 그런 점에서 베버적 관점에서 국가 형태가 어느 정도 얼개가 그려지지 않나 싶어요. 순수한 개인, 정치인이라는 직업적 개인, 정치인들이라는 복수적 개인, 파벌에 따른 정치인(들)의 이해관계, 관료제와 만나 조정되는 정치인(들)의 이해관계, 그리고 이들 정치인들의 영향으로 또한 조정될 수 있는 관료제 등 이런 다양한 층위들이 존재하는 것 같아요. 이렇게 보면 조직의 행위자적 속성은 물론 조직 내 개인의 역량에 대한 접근도 가능한 측면이 있지 않을까요?

2. 근대 이후를 탈주술화된 사회라고 여기는데, 한편으로 현대 사회 곳곳에서 주술적 세계관(선악의 이항대립적 인식체계, 믿음이 사실을 압도하는 것 등)이 작동하는 것은 어떤 의미라고 보시나요?

당연히 제기될 수 있는 질문이죠. 그런데 탈주술화나 쇠우리 같은 현상들 역시도 이념형적 접근을 통해 이해하는 게 좋을 것 같아요. 또는 하나의 문화적 추세로 봐도 무방할 것 같고요. 현대화 추세가 전개된다고 해서 세계의 모든 것이 현대화됨을 의미하는 것은 아니잖아요? 어떤 지점에서는 빠르게 문화 변동이 전개되겠지만 또 어떤 지점에서는 문화 지체가 일어나기도 하죠. 또 때로는 아예 반동적 추세도 제기될 수도 있을 거구요. 심지어 베버가 비평하는 것처럼 현대화로 인해 역설적인 재주술화로서 쇠우리 현상이 나타나기도 하죠. 조금 전에 주술적 세계관으로 '선악의 이항대립적 인식 체계'라고 언급을 하시기도 했는데, 어떻게 보면 현대는 탈주술화이고 전근대는 주술화라는, 주술적인 이항대립의 인식 체계로 탈주술화 테제를 이해하고 있는 것은 아닐까요?

예전에 일레인 킴 선생과 최정무 선생이

펴낸 『위험한 여성』이란 책이 있는데요, 거기서는 아예 '주술적 현대성'이라는 표현을 쓰기까지 했어요. 가령 김영삼 정부 당시에 '역사 바로 세우기' 캠페인을 추진하면서 경복궁 근정전 앞의 조선총독부 건물을 해체하고 전국 명산에 박혀 있던 쇠말뚝을 제거하기도 하고 그랬거든요. 이런 현상들은 삶의 '일반적인' 합리화 추세에도 불구하고 그것이 순수하고 전일적인 탈주술화만을 의미하는 것은 아니라는 사실을 가리킵니다. 그런 점에서 현대성에 대한 이중적 이해가 중요하다고 봅니다. 한편으로는 파슨스류의 발전사회학에서 체계화했던 것처럼, 계몽주의적이고 요소론적인 관점에 입각해 이항대립적인 맥락에서 현대성을 발전적 속성에 따라 이해하는 것이 있겠지요. 다른 한편으로는 현대성을 위와 같은 이질적인 측면들이 뒤섞여 불확실성이 증대해가는 경향으로 이해하는 것이죠. 가령 발터 벤야민(Walter Benjamin)이 가리켰던 것처럼 우리는 현대화와 더불어 세속적 가치관이 지배하는 시대를 살지만, 동시에 아케이드의 판타스마고리아(phantasmagoria)에 매혹되어 재주술화되기도 하는 그런 시대를 살기도 하는 거죠. 그렇다면 베버의 탈주술화 테제는 틀린 것이냐? 절대 그렇지 않습니다. 애초에 베버가 가리켰던 것은 탈주술화 자체이기도 하지만, 탈주술화가 야기하는 역설적 풍경들이기도 하잖아요? 강의 초반부에 말씀드리기도 했는데, 현대성에 관해서 독일 쪽

사상가들인 지멜, 베버, 벤야민 등이 접근하는 방식을 보면, 탈주술화라는 표현을 쓰더라도 이것은 과거에 있었던 주술로부터 완전히 벗어난 세계를 묘사한 것이라고 축소해서 이해하기는 어려워요. 우리 모든 인간이 다 합리적인 인간이 된다는 것을 뜻하는 것도 아닐 테고요. 단지 목적합리적 행위라는 이념형적 유형이 증대되는 세계일 뿐이고, 그런 가운데 우리 자신이 새로운 주술에 걸린다 하더라도 그게 이론적으로 모순이 되는 것은 결코 아니라는 겁니다. 애초에 그들의 사상 자체가 그 같은 모순적 상황을 묘사하는 데 목적이 있었던 것으로 볼 수 있으니까요. 그런 맥락에서 이 강의에서도 아이러니의 형식이라는 지점을 몇 차례 강조하기도 했었죠.

3. 베버가 말하는 개인의 해방이 마르크스주의에서 바라보는 계급의 해방이나 소수자 집단이 억압에서 벗어나는 것과 연결될 수 있는 지점이 있을까요?

개인의 해방이라는 표현보다는 '인간학적 해방'이라는 표현을 쓰기도 했었는데요. 베버의 개인으로서의 인간 모델이 함의하는 추상성 때문에 그랬던 것도 같아요. 어쨌든 베버의 지향점이 다른 종류의 해방의 정치학들과 연관되는 측면이 없지는 않을 것 같네요. 물론 세세한 쟁점들이 뒤따를 수는 있겠지만요. 가령 인간학적 해방 없는 생산양식의 변혁이라는 게 가능할까

요? 노동 해방도 있어야 하겠지만, 역사적 사회주의의 교훈에서도 알 수 있듯이 인간으로서 자기 신체와 의식의 해방이라는 게 동반되지 않는다면 생산양식의 변혁은 또 다른 문제를 일으킬 뿐이잖아요? 또한 계급 해방이 이뤄지더라도 그것은 노동과 자본의 대립을 지양한 상태를 의미할 뿐, 그 자체로 다른 사회적 선분들의 지양을 모두 포괄할 수는 없다고 봅니다. 일군의 포스트마르크스주의자들이 마이너리티에 대해 이야기하고 나아가 인간 및 인간성에 대해 고심했던 것도 그런 문제의식의 소산이라 할 수 있겠죠.

베버가 가리키는 개인의 해방을 어떻게 접합하느냐에 따라서 마르크스주의에 연결되는 게 불가능하지만은 않겠죠. 예컨대 몇몇 사상가들이 제시했던 것처럼 니체주의와 마르크스주의를 접합하고자 하는 시도로 나타날 수도 있을 것이고, 마르크스주의의 어떤 한계를 돌파하는 시도로서 나타나는 방식일 수도 있을 거예요. 베버 역시도 니체주의의 영향권에 있었음은 널리 알려진 사실이기도 하니까 해방과 변혁의 정치를 구상할 때 중요한 고려사항이 될 수 있겠죠. 실제로 영국 문화 연구나 독일 비판이론 등을 살펴보면, 마르크스주의로부터 출발을 했다가도 어느 시점에서부터는 베버를 참조하고 있는 이론적 여정을 엿볼 수도 있거든요. 우리가 경험하게 되는 곡절을 생산양식의 문제로만 보기에는 현대성이라는 문명적 차원의 문제를 배제할 수

가 없었다는 방증이겠지요. 물론 우리는 문명적 문제만을 사고하면서 정작 생산양식의 문제를 배제해서는 안 되겠지만요. 다만 그렇다고 해서 베버 본인이 이런저런 의도를 가지고 개인의 해방을 이야기했다고 단정하기는 어려울 겁니다. 그러나 그가 시사하는 미학적 인간, 문화인간이라고 하는 설정은 우리가 살고 있는 현대문명을 어떤 방향으로 정립해 나갈 것이냐는 관점과 맞물려 있음이 분명해요. 또한 현대 세계의 정치적 상상력에 일정한 자원을 공급해 주는 것 또한 사실이고요. 계급론이나 소수자 정치론 등은 각자 고유의 이론적 공간을 가지고 있지만 그럼에도 불구하고 개인의 잠재성과 역량이라는 부분은 그 어떤 공간에서도 제기될 수 있는 문제라고 봅니다.

4. 과거와는 비교할 수 없을 정도로 빠른 속도로 기술이 눈부시게 발전해 가고 사회 여러 방면에서 양극화되는 현대 사회에서, '사회적인 것'의 합의 가능성이 있을까요? 새로운 매체의 등장에 따라 행위규범이 부재하는 상황이 벌어지는 것을 보며 궁금증이 생겼습니다.

새로운 규범을 확립하는 일이 어려운 것 같기는 합니다. 그럼에도 불구하고 요즘에는 네트워크가 됐든 플랫폼이 됐든 블록체인이 됐든 일련의 기술적 하부 구조에 의해서 어떤 연결망의 형태로 사회를 상상하

고 설계하는 시도들이 탐지되지 않나 싶어요. 근데 참 곤란한 세상이죠. 이렇게 탈중심화된 상황이 되면 공론장과 집단지성이 활성화될 줄 알았는데, 정작 뚜껑을 열어보니 확증편향과 인지정교화를 통해 집단 극화(polarization)가 더욱 촉진되니 말입니다. 예전만 하더라도 사회 설계를 어떻게 할 것인가가 문제가 되면 집합표상을 먼저 떠올렸죠. 가령 '민족과 국가가 있어야지', 이런 식으로요. 사실 민족주의만큼 사람들을 실정적으로 응집시켜 줄 뭔가를 찾아내는 것은 참 어려운 일이잖아요? 그렇지만 우리는 아시다시피 집합표상, 현대적 토템이 가지고 있던 상징의 독단적 성격 그리고 피에르 부르디외(Pierre Bourdieu)가 '상징권력'이라 일컬었던 관행이 일찌감치 다 노출되는 상황에 다다르게 됐어요. 그렇다면 과거처럼 집합표상을 중심으로 하는 사회 설계가 가능할 것이냐? 많은 사람들은 그게 불가능하다고 보는 것 같아요. 혹은 바람직하지 않다고 보는 것 같고요. 그런 상황에서, 그럼에도 불구하고 우리는 연결되지 않으면 곤란한 사회적 동물이니까 어떻게든 사회적인 것을 복원해야 한다는 요청 또한 높아지는 것이겠지요.

강의 서두에서 원시 종교의 세 가지 형식을 말씀드렸잖아요? 뒤르켐이 현대적 토테미즘을 추구했었던 사람이라고 한다면, 지금의 우리들은 현대적 애니미즘 같은 차원들을 구축해 나가고 있는 상황이 아닌가 싶어요. 다양한 신기술이 등장을

하고 있는데, 여기서 묘한 것은 질문에 언급하신 것처럼 행위규범이 잘 탐색되지 않는다는 것이죠. 집합표상이 지배하는 시대에는 때로 누군가를 대상화하고, 또 누군가를 배제하고, 때로는 누군가를 희생시키면서도, 규범이라는 선긋기가 있었잖아요? 성스러운 것과 세속적인 것을 구분하는 선긋기 말입니다. 그것이 행위규범이 되는 것일 거고요. 그런데 지금 상황에서는 그 선긋기가 불가능한 것처럼 보입니다. 누군가 선을 긋자마자 다른 사람이 딱 달라붙어서 "야, 그거는 폭력이야"라고 지적하는 그런 상황이죠. 그런 점에서는 행위규범이 아예 없는 것 같지도 않아요. 뭔가 규정하는 시도 자체를 부정하는 것이 우리 시대에 작동하는 모종의 행위규범 중 하나는 아닐지, 이런 생각도 드네요.

그래서 사람들이 지금 시점에서 사회적인 것에 대해서 합의를 한다고 하면, 그것은 정말 최소 수준에서, 네트워크의 형태라고 하는 최소한의 합의 수준 정도에서 이뤄지는 것 같기는 합니다. 취향이나 성향 그리고 친밀성과 이해관계 등을 중심으로 이질적인 존재들이 조직하는 일종의 '신공동체'와 같은 상황이랄까요. 규범을 중심으로 하는 것도 아니고 동질성에 기반하는 것도 아니니 새로운 공동체의 양상이라 할 수 있겠죠. 이런 구도에서는 게젤샤프트로서의 사회가 불가능한 것처럼 보이기만 합니다. 그에 반해 수많은 부족(tribe)들로 이뤄진 새로운 게마인샤프트로서의 공동체만

가능한 시대에서 사회적인 것이란 대체 무엇일까요? 심지어 그런 네트워크 형식들도 트위터처럼 모였다가 흩어지기를 반복하는 (실선이 아닌) 점선으로 이뤄진 연결 형식으로 보이기도 하죠. 사회적 자본 이론 같은 것이 나오는 것도 이런 맥락에서 이해될 수 있지 않을까 싶습니다. 연결, 신뢰, 협동 등 형태론적인 사회적인 것을 제외한다면, 그 밖의 사회적인 것에 대한 전망은 불투명해 보이니까요. 그런 의미에서 저 개인적으로는 '지금 추세로 사회를 설계하는 것이 과연 가능한 기획일까' 하는 생각도 들어요. 왜냐면 사람들이 연결되어 있다는 상상 혹은 자기기만, 즉 성스러운 환상을 제공해 주는 것 같기는 한데, 이것이 실제적으로 타자들을 포용하고 나아가 사회적 권리를 보장할 수 있게 해주는 것이냐고 묻는다면 고개가 갸웃거려지거든요. 오히려 포스트아포칼립스 상황을 다루는 드라마 〈워킹 데드〉에서 가리키는 것처럼, 부족 공동체들끼리 전쟁을 벌이는 상태에 빠지지 않기만 해도 다행이라는 생각도 들고요. 한마디로 '자연상태도 아니고 그렇다고 사회상태도 아닌 묘한 영역'이 나타난 게 아닌가 싶기도 합니다.

읽을거리

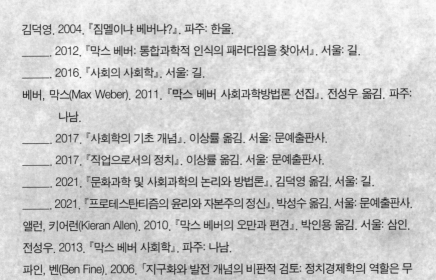

김덕영. 2004. 『짐멜이냐 베버냐?』. 파주: 한울.

_____. 2012. 『막스 베버: 통합과학적 인식의 패러다임을 찾아서』. 서울: 길.

_____. 2016. 『사회의 사회학』. 서울: 길.

베버, 막스(Max Weber). 2011. 『막스 베버 사회과학방법론 선집』. 전성우 옮김. 파주: 나남.

_____. 2017. 『사회학의 기초 개념』. 이상률 옮김. 서울: 문예출판사.

_____. 2017. 『직업으로서의 정치』. 이상률 옮김. 서울: 문예출판사.

_____. 2021. 『문화과학 및 사회과학의 논리와 방법론』. 김덕영 옮김. 서울: 길.

_____. 2021. 『프로테스탄티즘의 윤리와 자본주의 정신』. 박성수 옮김. 서울: 문예출판사.

앨런, 키어런(Kieran Allen). 2010. 『막스 베버의 오만과 편견』. 박인용 옮김. 서울: 삼인.

전성우. 2013. 『막스 베버 사회학』. 파주: 나남.

파인, 벤(Ben Fine). 2006. 「지구화와 발전 개념의 비판적 검토: 정치경제학의 역할은 무엇인가?」. 김공회 옮김. ≪사회경제평론≫, 26호, 391~427쪽.

Mommsen, Wolfgang J. 2000.10. "Max Weber's 'Grand Sociology': The Origins and Composition of Wirtschaft und Gesellschaft: Soziologie." *History and Theory*, Vol.39, No.3, pp.364~383.

Weber, Max. 1975.6. "Marginal Utility Theory and 'The Fundamental Law of Psychophysics'." Louis Schneider(trans.), *Social Science Quarterly*, Vol.56, No.1, pp.21~36.

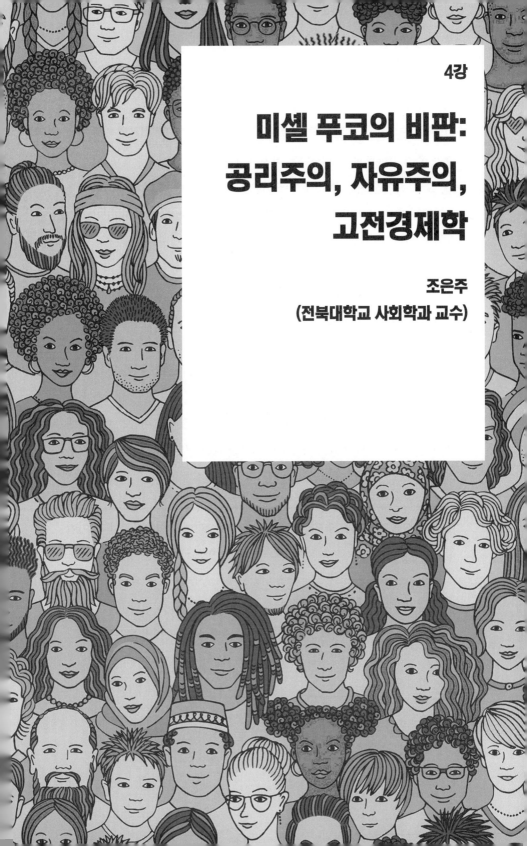

미셸 푸코의 비판: 공리주의, 자유주의, 고전경제학

조은주
(전북대학교 사회학과 교수)

1.

강의 소개

안녕하세요, 반갑습니다. 오늘은 비판사회이론 강좌 네 번째 시간입니다. 오늘 우리가 다루게 될 이론가는 아시다시피 미셸 푸코(Michel Foucault)입니다. 오늘 주어진 시간 동안 푸코의 이론을 전부 다루는 것은 당연하게도 불가능합니다. 이번 비판사회이론 강좌 시리즈의 부제가 '경제학 비판'이므로, 오늘 강의는 우리에게 주어진 '경제학 비판'이라는 주제에 초점을 두고 진행하도록 하겠습니다.

푸코는 자유주의에 관한 가장 중요한 비판가 중 한 사람이고, 자유주의와 더불어 공리주의와 고전경제학을 비판하는 중요한 역사적·이론적 작업을 수행한 사상가죠. 그래서 강의의 부제를 미셸 푸코의 작업 중에서도 그의 주된 비판의 주제였던 '공리주의, 자유주의, 고전경제학'으로 잡았습니다. 물론 그중 자유주의 비판이 가장 큰 범주라고 할 수 있겠습니다. 하지만 우리 강의 전체의 대주제인 '경제학 비판'에 맞춰서 고전경제학 비판을 마지막에 배치하고, 공리주의 비판과 자유주의 비판을 살펴보면서 고전경제학 비판으로 나아가는 과정을 다뤄보려고 합니다.

푸코는 1926년에 태어나서 1984년에 사망했습니다. 아시다시피 푸코는 아주 많은 분야에 지울 수 없는 영향을 남긴 사상가이자 이론가입니다. 이번 강좌에서 이른바 고전사회학자라고 얘기하는 마르크스, 뒤르켐, 베버를 다루고 이어서 이제 푸코에 도달하게 되었는데요. 저는 이론을 대하는 태도에 대해 먼저 이야기하면서 시작하고 싶습니다. 사실 이론을 대할 때, 특히 고전적인 이론의 경우 ─ 물론 무엇을 고전으로 보는가 역시 굉장히 복잡하고 논쟁적인 얘기입니다만 ─ 그것을 진리를 담고 있는 '정전(canon)'으로 대하는 경향이 굉장히 강하게 존재합니다. 그러나 당연한 얘기입니다만, 이론을 정전으로 대하는 것이 아니라 일종의 지도로 바라보는 것이 필요합니다. 비판사회이론 강좌 역시 여러분이 이 사회를 비판적으로 해석하고 접근하기 위해 유용한 일종의 지도를 찾는 과정이라고 볼 수 있겠습니다. 그런 점에서 보자면, 지도로서의 이론이라는 차원을 가장 잘 드러내주는 이론가 중 하나가 푸코라고 할 수 있습니다. 또한 오늘의 강연 역시도 이 푸코에 대한 하나의 지도 혹은 하나의 해석을 제공하는 것이라고 볼 수 있겠지요.

사실 푸코는 어떤 면에서 보자면 한편으로는 굉장히 신화화되기도 하고 다른 한편으로는 굉장히 깊은 오해의 대상이 되기도 하는 사상가라고 할 수 있습니다. 신화화의 차원에 대해서 먼저 얘기해 볼까요? 여러분도 아시겠지만, 이론가로서의 푸코가 일종의 숭배나 경외의 대상이 되는 경우를 이따금 보게 됩니다. 숭배나 경외라는 말이 지나치다면, 푸코의 생애나 푸코의 지적 영향력에 대해서 지나치게 신화화하는 반응들이 있는 것만큼은 사실이라고 할 수 있겠습니다. 그런데 다른 한편으로는 푸코에 대한 대단히 심각한 오해가 널리 퍼져 있는 것 역시 사실입니다. 대표적으로 푸코의 이론을 포스트모더니즘이라고 보는 것이 있겠죠. 이런 오해는 내로라하는 이론가들 사이에서도 팽배해 있습니다. 또는 보다 광범위한 오해가 있습니다. 많은 사람들이 스스로 푸코의 작업에 대해서 자신이 잘 알고 있다고 착각하고 있기도 합니다. 실은 푸코에 대해 거의 아는 바가 없거나 완전히 잘못 알고 있는데도 말이죠.

그러므로 푸코에 대해 이야기하기 위해서는 상당히 광범위한 신화화와 몰이해, 양자와 모두로부터 거리를 두자는 말로 시작하는 게 필요하겠습니다. 그리고 분명하게, 푸코를 포함해 어떤 이론에 매료된다는 것은 그 이론가를 숭배하거나 신화화하는 것과는 매우 다른 것이라는 점을 강조하고 싶습니다. 저는 모든 훌륭한 이론은 다 일종의 우상 파괴 작업의 산물이라고 생각합니다. 특히 푸코는 그런 우상 파괴의 면모를 가장 잘 드러내 보여준 사상가죠. 그런 점에서 푸코는 아주 탁월했습니다.

오늘 강의의 순서는 이렇습니다. 앞서 말씀드렸고 강의 제목에도 제시되어 있듯이 푸코의 비판적 작업을 '공리주의 비판'과 '자유주의 비판', 그리고

'고전경제학 비판'으로 나누어 살펴보려고 합니다. 그리고 이에 앞서, 푸코의 이론을 다루기 위해서는 권력에 대한 푸코의 논의를 출발점으로 삼지 않을 수가 없습니다. 오늘 이 자리에 참석하신 분들의 구성이 굉장히 다양하다고 제가 알고 있고, 그래서 푸코의 권력이론에 대해서 이미 굉장히 익숙한 분들도 계시리라고 생각합니다만, 저는 오늘 강의를 푸코에 대한 아주 새로운 해석이나 대단히 깊이 있는 내용으로 준비하지는 않았습니다. 학부 고학년 혹은 석사과정에서 이론에 관심을 가지고 있는 분들에게 푸코에 대한 이해의 깊이를 조금 더해드리는 정도, 푸코의 이론을 이해하는 하나의 실마리를 더해드리는 정도로 생각하고 있습니다. 그러므로 푸코의 권력이론을 앞에서 먼저 짧게 다루면서 시작하는 것을 양해해 주시기 바랍니다. 그러나 푸코의 권력이론에 대해서 잘 알고 있다고 생각하는 사람들조차 실은 푸코의 권력 개념을 제대로 받아들이고 있지 않다는 점만큼은 언급해 두고 싶습니다.

2.   푸코의 권력이론

먼저 푸코의 이론적 작업이 어떻게 진행되어 왔는지 푸코의 저작을 중심으로 대략적으로 여러분에게 소개드리는 것으로 시작하겠습니다. 저는 오늘 푸코의 생애에 대해서는 언급하지 않겠습니다. 다만 지적 작업을 이렇게 간단하게 소개하면서 시작해 보죠.

1) 푸코의 저작들

푸코의 이름을 널리 알린 첫 저작은 1961년에 발표된 『광기의 역사』였습니다. 푸코의 박사학위 논문이 책으로 출판된 것이었죠. 『광기의 역사』는 첫 출간 후 10여 년이 지난 1972년에 재판본이 나오기도 했습니다. 이 재판본이

표 4-1
푸코의 주요 저작 및 꼴레주드프랑스 강연 목록

출판 저서

연대	연도	저서
1960년대	1961년	『광기의 역사』
	1963년	『임상의학의 탄생』
	1966년	『말과 사물』
	1969년	『지식의 고고학』
1970년대	1975년	『감시와 처벌』
	1976년	『성의 역사 1: 지식의 의지』
1980년대	1984년	『성의 역사 2: 쾌락의 활용』
	1985년	『성의 역사 3: 자기 배려』

콜레주드프랑스 강연록(왼쪽 줄의 연도는 강의연도, 오른쪽 줄의 연도는 프랑스어 출판연도임)

1970년	『담론의 질서』(취임 강연)
1970~1971년	『지식의 의지에 관한 강의』(2011)
1971~1972년	『형벌이론과 기관』(2015)
1972~1973년	『처벌사회』(2013)
1973~1974년	『정신의학의 권력』(2003)
1974~1975년	『비정상인들』(1999)
1975~1976년	『사회를 보호해야 한다』(1997)
1976~1977년	안식년
1977~1978년	『안전, 영토, 인구』(2004)
1978~1979년	『생명관리정치의 탄생』(2004)
1979~1980년	『현 정부에 관하여』(2012)
1980~1981년	『진리와 주체성』(2014)
1981~1982년	『주체의 해석학』(2001)
1982~1983년	『자체와 타인의 정부』(2008)
1983~1984년	『자체와 타인의 정부: 진리의 용기』(2009)

한국어로도 완역·출간되어 있지요.[1] 『광기의 역사』가 푸코의 '등장'을 알린 저작이었다면, 뒤이어 1960년대에 연속적으로 출간된 『임상의학의 탄생』(1963년), 『말과 사물』(1966년), 『지식의 고고학』(1969년)을 통해서 푸코는 대단한 명성을 얻게 됩니다.

1960년대 출판된 이 저작들로 푸코는 중요한 지적 영향력을 가진 인물이 되었고, 1970년에 유명한 콜레주드프랑스(Collège de France) 교수로 취임하게 됩니다. 1970년 12월에 있었던 푸코의 콜레주드프랑스 교수 취임 강연은 이후에 책으로 출판되었는데, 그게 바로 잘 알려진 『담론의 질서』입니다. 콜레주드프랑스는 아주 독특한, 다른 나라에서 유례를 찾기 어려운 그런 종류의 기관이죠. 콜레주드프랑스의 교수는 1년에 26시간 정도의 강의 혹은 세미나만 하고 나머지는 모두 자기 연구에 몰두할 수 있게 되어 있습니다. 그리고 이 강의는 일반인들을 향해서 완전히 그냥 열려 있는 것이죠. 콜레주드프랑스의 강의는 수강 신청을 할 필요도 없고, 학위를 수여하지도 않습니다. 일반인이든 지식인이든 누구든지 와서 듣는 강의입니다. 푸코는 1970년부터 1984년 사망할 때까지, 한 차례의 안식년을 제외하고 콜레주드프랑스 강의를 매년 지속했습니다. 강의명이 '사유 체계의 역사'였지요. 총 13개의 시리즈로 이어지는 이 강연 내용이 바로 1990년대 후반부터 출판되기 시작해서 2000년대 이후 본격적으로 굉장한 주목을 받게 된 푸코의 강연록에 실려 있습니다.

푸코가 콜레주드프랑스 교수로 취임한 후, 그러니까 1960년대 마지막 저작인 1969년의 『지식의 고고학』을 출판하고 난 이후 실제로 자신의 저작으로 직접 저술해서 출판한 책은, 1975년에 발표한 『감시와 처벌』, 그리고 바로 이듬해에 출판한 『성의 역사 1: 지식의 의지』였습니다. 『성의 역사』는

---

1   미셸 푸코, 『광기의 역사』, 이규현 옮김(서울: 나남출판, 2003).

원래 전체 6권을 출간하는 것으로 계획되어 있었지만, 푸코가 1984년에 58세라는 젊은 나이로 사망하게 됩니다. 사망하기 직전까지 푸코는 나머지 책의 교정에 몰두했습니다만, 그의 사망과 함께 결국『성의 역사』는 3권으로 끝나게 되지요. 2018년에 푸코의 생전 원고를 정리한『성의 역사 4: 육체의 고백』이 출간된 바 있고 2019년에 한국어로도 번역되어 출간되었지만, 푸코가 자신의 저작으로 마무리한 것은 3권까지였습니다. 여기서 제가 말씀드리고 싶은 것은 잘 알려진『감시와 처벌』이나『성의 역사 1』같은 저작들이 출간된 것은 1970년대 중반이었고, 그 후 약 8년이 흐르고 나서야 푸코의 사망과 거의 동시에『성의 역사 2: 쾌락의 활용』과『성의 역사 3: 자기 배려』가 출간되었다는 점, 콜레주드프랑스 강연록은 푸코의 사망 후 다시 20년쯤이 지난 후에야 비로소 출판되었다는 사실입니다.

콜레주드프랑스에서의 푸코의 강연 내용은 프랑스에서 1997년부터 책으로 출간되기 시작했습니다. 그러므로 푸코가 콜레주드프랑스에서 했던 강연 내용은 사실 그전까지 잘 알려져 있지 않았습니다. 이 강연을 실제로 직접 들었던 사람들이 아니고서는 ― 강연록이 프랑스어로 처음 출판되기 시작한 것이 1997년이었고 완간된 것은 2010년대였기 때문에 ― 그 내용을 아무도 제대로 알수 없었죠. 더욱이 몇몇 강연록이 앞서 출간되기는 했지만『안전, 영토, 인구』라든지『생명관리정치의 탄생』같은 강연록은 2000년대 초중반에야 영미권에서 번역되었기 때문에, 그 후에야 비로소 푸코의 전체적인 사상의 궤적을 알 수 있게 되었다는 점을 각별히 강조하고 싶습니다. 물론 그중 아주일부는 ― 특히 '통치성(governmentality)'에 관한 강연들은 ― 강연록 출간 이전에 아주 짤막하게 저널에 실리거나『푸코 효과』라는 제목의 편저에 실리면서 관심을 끌기도 했습니다. 그러나 그 내용이 전체적인 강연의 맥락을 통해서, 전체적인 사유의 궤적 속에서 드러나게 된 것은 2000년대 이후의 얘기라는 것이죠.

이제 이 얘기를 해보겠습니다. 푸코의 작업은 저 1960년대『광기의 역사』

나 『임상의학의 탄생』, 『말과 사물』, 『지식의 고고학』으로 이어지는 시기와 1970년대 이후 이른바 '권력의 계보학'으로 칭해지는 시기로 크게 구분됩니다. 여기에 다른 시기 구분을 더 추가할 수도 있겠습니다만, 크게 보자면 1960년대와 1970년대 이후의 시기로 나눠서 볼 수 있죠. 1960년대의 작업과 1970년대 이후의 작업을 각각 '고고학'과 '계보학'으로 구분해서 얘기하기도 합니다. 이와 관련해서 푸코 스스로가, 자신의 1960년대 작업에 대해서 직접 자기비판하는 얘기를 많이 남기기도 했습니다. 가령 1973~1974년의 콜레주드프랑스 강연록이죠. 『정신의학의 권력』에 실린 1973년 11월 7일의 강의에서 푸코는 자신의 1960년대 작업을 스스로 비판하면서 — 사실 저 1960년대의 푸코의 작업이라는 게 당대의 지식장을 뒤흔들었던 굉장히 영향력 있는 저작이었음에도 불구하고 — 이렇게 말합니다. "저는 표상의 분석에 머물러 있었습니다"라고 말입니다. 그리고 "그것과는 완전히 다른 분석"을 하겠다고 말하죠. 푸코가 말하는, 자신의 이전 작업과 완전히 다른 분석이란 "권력장치를 분석의 출발점으로" 삼는 것입니다. 자신은 "담론적 실천을 야기하는 심급으로서의 권력장치"를 연구하려고 한다, 이게 1973년 11월 7일에 콜레주드프랑스 강연에서 했던 푸코가 했던 이야기입니다.[2] 실제 그런 작업의 결과가 1975년 『감시와 처벌』, 그리고 1976년 『성의 역사 1』을 통해서 발표되는 것이죠.

이렇게 대략적으로 1960년대 이후 1970년대에 들어서면서 푸코가 권력에 대한 이론화를 시도하면서 어떤 주요 저작들을 발표하게 되는지, 그리고 강연록의 출판과 더불어 푸코의 사유의 전체적인 지형이 어떻게 뒤늦게 드러나게 되는지, 이런 맥락에 대해 먼저 간단히 말씀드렸습니다. 이제 앞서도 말씀드렸던 것처럼 푸코의 권력 이론에 대해 살펴보겠습니다. 잘 알려진 푸

---

2   미셸 푸코, 『정신의학의 권력』, 오르트망·심세광·전혜리 옮김(서울: 난장, 2014), 33~35쪽.

코의 권력 이론에서부터 출발할 수밖에 없다는 것을 양해해 주시기 바라고, 푸코의 권력 이론이 잘 알려져 있다는 것과 그것이 온전히 이해되고 있다는 것은 완전히 다른 이야기라는 점도 다시 강조하면서 시작하겠습니다.

2) 권력의 삼각형: 죽이는 권력과 살리는 권력

푸코의 권력 이론은 권력에 대한 고전적 관점을 비판하면서 시작됩니다. 유명한 얘기죠. 권력에 대한 고전적 관점을 푸코는 여러 차례 '권력에 대한 리바이어던 모델'이라고 일컫습니다. 아시다시피 리바이어던은 국가에 대한 홉스의 비유적 표현입니다. '권력에 대한 리바이어던 모델'이란 절대주의 시대의 정치사상가 홉스의 이론에 등장하는, 국가의 절대적 권력을 모델로 삼는 접근이죠. 푸코는 바로 이러한 권력 모델을 비판하는데, 비판하는 이유는 아주 분명합니다. **그것으로는 현실을 설명할 수가 없기 때문이죠.**

왜 현실을 설명할 수 없느냐? 근대에 이르러 권력의 양상이 변화했기 때문입니다. 이걸 조금 더 우리에게 조금 친숙한 개념으로 보겠습니다. 여러분이 이미 막스 베버를 다루셨습니다만, 베버가 권력 개념을 아주 명료하게 정의했죠. '상대방의 의사에 반해서 자신의 의지를 관철시킬 수 있는 가능성'이라고 말입니다. 권력에 대한 고전적 관점이란, 리바이어던을 상정할 때든 우리가 일상적으로 사용할 때의 권력 개념이든, 누군가가 소유하는 것이죠. 그리고 권력을 가진 자, 권력을 소유한 자가 권력을 소유하지 못한 상대방을 대상으로 행사하는 것입니다. 그리고 권력을 가진 자와 권력이 없는 자 사이에는 상반되는 이해관계가 있고(반드시 그런 것은 아니지만 그렇게 가정해 볼 수 있고), 그 권력을 통해서 어떤 제한이나 박탈 등이 수반되는, 이것이 권력에 대한 고전적 관점이라고 볼 수 있겠습니다.

그런데 푸코는 바로 권력에 대한 이런 관점을 비판합니다. 근대에 이르러 나타나는 권력의 복합적인 양상에 대해 분석하기 위해 푸코는 주권권력

그림 4-1
권력의 삼각형

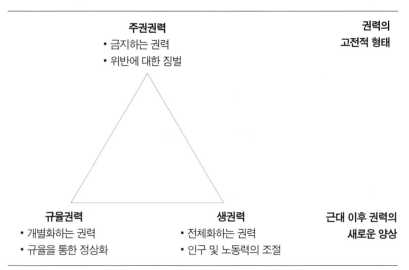

자료: 조은주, 『가족과 통치: 인구는 어떻게 정치의 문제가 되었나』(파주: 창비, 2018), 22쪽.

(sovereign power)과 규율권력(disciplinary power), 생권력(biopower) — 생체통제권력, 생명권력, 생명관리권력 등으로 번역됩니다만, 저는 바이오(bio)라는 접두어의 함축적인 특징을 담기 위해 대체로 생권력으로 번역하는 것을 선호합니다 — 이라는 개념을 제시했습니다. 바로 '권력의 삼각형'이죠. '주권권력'이 고전적 권력 개념, 앞서 언급한 권력의 리바이어던 모델을 얘기하는 것이라면, 권력의 고전적 형태는 죽게 만드는 권력입니다. 베버적인 의미로 보자면 살고 싶어 하는 자를 죽게 만들 수 있는 것이 권력이죠. 그 죽임을 통해서 강력하게 현현하는 것이 바로 군주의 권력입니다.

반면 근대적 형태의 권력의 속성은 특정한 방식으로 '살게' 만드는 데 있습니다. 유명한 표현입니다만, '죽게 하는 권력'과 '살게 하는 권력'이라는 대비를 통해 고전적 권력과 근대적 권력의 차이를 얘기해 볼 수도 있겠지요. 기존의 고전적인 권력 개념으로는 포착할 수 없는 근대 권력의 새로운 양상을 다루기 위해 푸코는 '규율권력'과 '생권력'이라는 완전히 새로운 개념을 제시하게 됩니다. 규율권력 개념은 『감시와 처벌』에서 본격적으로 제기되기 시작했고, 생권력 개념은 『성의 역사』 후반부에서 다루어졌는데, 후에 이 생권력 개념이 콜레주드프랑스 강연록 출간 이후 통치성(governmentality) 개념과 더불어 엄청난 주목을 받게 되었죠. 통치성 개념에 대해서는 자유주의를 다루면서 이야기하기로 하고, 여기서는 세 가지 상이한 권력 개념에 우선 초점을 맞춰보기로 하겠습니다.

『감시와 처벌』은 1975년에 푸코가 발표한 저작이죠. 1960년대 푸코의 저작들은 난해한 것으로 유명했습니다. 그런데 『감시와 처벌』은, 여러분도 읽어보셨겠지만 굉장히 재미있고 대단히 명료하게 쓰인 책입니다. 이 책이 시작할 때 등장하는 장면이 1757년 ─ 18세기의 정확히 중반이죠 ─ 프랑스에서 국왕 살해를 기도했던 다미앵(Robert-François Damiens)이라는 죄수의 처형 장면입니다. 그 과정이 『감시와 처벌』에 아주 상세히 기술되어 있는데, 간단히 말하자면 사지를 찢어버리는 방식으로, 무시무시하게, 그리고 아주 스펙터클하게 죄수를 죽입니다. 이 처형 장면은 당시 유럽의 여러 언론에 소개되고 전해졌습니다. 또 여러 사람들에 의해 그림으로 그려져, 당시의 상황을 묘사하는 여러 기록이 남아 있습니다.

그리고 19세기 초반 「파리소년범수용소 규칙」이 바로 이어집니다. 이 「파리소년범수용소 규칙」과 유사한 형태의 규칙은 계속해서 여러 곳에서 등장하게 되죠. 푸코가 주목한 것은 이 둘의 차이 ─ 사지에 각기 말을 여러 마리 묶어서 온몸을 갈기갈기 찢어발기는 방식으로 이루어졌던 18세기 중반의 처벌과, 수용소에서 정해진 시간에 기상하고 기도하고 노동하고 식사하고 학업을 하게 했던 19세기 초의 처벌의 차이 ─ 였습니다. 범죄자를 처벌하는 이 두 가지 양식의 차이는 그 사이에 ─ 즉, 18세기 후반에서 19세기 초 사이에 ─ 일어난 어떤 거대한 변화를 드러내주고 있는가? 왜 그런 변화가 일어났는가? 이게 푸코가 던지는 질문인 거죠. 19세기에 들어서면서 과거와 같은 방식의, 범죄자의 신체에 여러 가지

표 4-2

「파리소년범수용소 규칙」

제18조(기상)	큰북의 첫소리가 울리면 소년범은 조용히 일어나서 옷을 입어야 하며, 그 사이에 간수는 독방의 문을 열어야 한다. 큰북의 두 번째 소리가 울리면 소년범은 침상에서 내려와 침구를 정돈해야 한다. 큰북의 세 번째 소리가 울리면 아침기도를 울리는 교회에 가기 위해 정렬해야 한다. 북소리가 울리는 시간의 간격은 5분씩으로 한다.
제20조(노동)	여름에는 5시 45분, 겨울에는 6시 45분에 소년범은 안뜰에 나가서 손과 얼굴을 씻고 제1회의 빵을 배분받아야 한다. 이어서 바로 작업장에 따라 정렬해 노동을 시작해야 한다.
제21조(식사)	10시에 소년범은 노동을 마치고 식당에 가도록 한다. 안뜰에서 손을 씻고 반에 따라 정렬해야 한다. 식사 후 10시 40분까지를 휴식시간으로 한다.
제22조(학업)	10시 40분, 큰북 소리가 나면 정렬해 각 반의 교실에 들어가도록 한다. 수업 시간은 2시간으로 하고 수업 내용은 읽기, 쓰기, 그리기, 셈하기의 순서로 한다.

자료: 미셸 푸코, 『감시와 처벌』, 27~28쪽에서 발췌하여 재구성.

형벌을 가하는 신체형은 급격하게 소멸했습니다. 그러면 왜 신체형이 그렇게 소멸했는가? 그리고 신체형이 소멸하면서 감옥이 탄생하는 것, 감옥에 수감시켜서 이 범죄자들을 특정한 방식으로 관리하게 되는 것, 통제하게 되는 것은 과연 무엇을 의미하는가? 이런 질문입니다.

이것이 바로 푸코가 규율권력이라는 완전히 새로운 권력 개념을 보여준 방식이었습니다. 생권력에 대해서도 잠시 후 함께 논하겠습니다만, 여기서는 근대적 권력의 새로운 속성이 어떻게 '죽게 만드는 권력'이 아닌 '살게 만드는 권력'의 양상으로 나타나게 되는지 일단 주목하시기 바랍니다. 군주가 백성을 상대로 절대적인 권력을 가지는 것, 군주가 가진 권력을 백성에 대해서 초월적인 위치에서 행사하는 것, 이것이 바로 권력의 리바이어던 모델인 주권권력입니다. 백성에게 세금을 징수하고 노동이나 병역을 강제하는 것, 다시 말해 원하지 않는 것을 강제할 수 있는 권력이죠. 만약 그에 대해 저항한다면, 군주는 그 백성의 생명을 없앨 수 있습니다. 그런데 근대 사회에서는 그러한 권력의 작용은 근원적으로 변화하게 됩니다. 새롭게 등장하는 권력의 양상은 저지하고 복종하게 만들고 파괴하고 금지시키거나 억압하거나 강제하는 것이 아니라, 힘을 발생시키는 것이라고 푸코는 얘기하고 있습니다. 권력에 대한 구체적 분석은 이 새로운 권력의 양상에 주목해야 된다고 얘기하면서, 유명한 구절이죠, "왕의 목은 아직 잘리지 않았다"라고 얘기를 합니다. 루이 16세를 단두대에서 처형하면서 왕의 목을 문자 그대로 잘라버리기는 했습니다만, **우리의 사유에서, 우리의 정치적 분석에서, 왕의 목은 아직 잘리지 않았다는 것이죠.** 지금도 권력을 사유할 때 언제나 왕 혹은 리바이어던과 같은 그런 존재를 우리는 여전히 항상 전제하고 있다는 것입니다.

1975년의 『감시와 처벌』에 이어 바로 이듬해인 1976년에 『성의 역사 1』을 출간하면서 푸코는 그 유명한 '억압가설(repressive hypothesis)'에 대해서 얘기합니다. 억압가설을 간단히 언급하고 넘어가 보지요. 빅토리아 시대 이전까지는 성에 대한 담론이 어느 정도 솔직함을 보였지만, '빅토리아 시대 ─ 빅토리아 시대는 영국의 자본주의가 산업혁명과 함께 전성기를 구가하던 대영제국의 시대였습니다 ─ 에 이르러 성에 대한 이른바 근대적 억압이 시작되었다', 이것이 많은 사람들이 통상적으로 가지고 있었던 시각입니다. 이를 두고 푸코는 '억압가설'이라고 명명하죠. 여기서 푸코는 성(性), 섹슈얼리티를 얘기하고 있지만 푸코가 제기하는 문제는 물론 섹슈얼리티에 국한되는 것이 아닙니다. 빅토리아 시대에 성이 억압되었다고 보는 시각, 즉 권력이 억압하는 힘으로 작동한다는 그 '억압가설'이 왜 그토록 잘 견지되는가를 푸코는 묻고 있습니다. 이 질문에 대한 푸코의 답은 간단합니다. 그걸 지지하는 것이 **쉽기 때문**이죠.

푸코는 억압가설에 대해 다음과 같은 질문을 던집니다. "역사적으로 정말 섹슈얼리티는 억압되었는가?" 이것이 역사에 관한, 역사적인 질문입니다. 그리고 이것이 파생시키는, 이와 연결되어 있으며 결합되어 있는 이론적인 질문이 이어집니다. "권력이 작동하는 주요 메커니즘을 과연 억압이라고 볼 수 있는가?" 마지막으로 이러한 역사적·이론적 질문은 바로 정치적 질문을 낳게 되는데요, "우리는 억압을 비판하는 담론이라고 얘기하지만, 억압을 비판한다고 하는 그 담론들은 과연 실제로 권력의 메커니즘에 도전하고 있는가?"라는 것이죠. 푸코는 결국 섹슈얼리티가 억압되었다는 것은 역사적으로 잘못된 가설에 지나지 않으며, 채택하거나 견지하기 **쉬운** 이론적·정치적 입장이라고 비판하고 있는 것입니다. 『성의 역사 1』에서 푸코는 성에 관한 언표(言表) 차원의 단속이나 통제에도 불구하고 실은 끊임없이 집요하게 성에 관한 담론들이 확산되었음을 보여주고 있습니다. 가톨릭의 고해성사에서 보듯이 성에 관한 모든 것을, 성과 관련된 규범의 위반뿐만 아니라, 내가 가졌던, 아무도 모르는 나의 욕망까지도 다 포함시켜서 고백하고 이야기하게 만들었다는 것입니다. 담론이 실행되는 발원지가 분산되고 형태가 다양화되는 그 과정을 푸코는 이 저작에서 세세하게 드러내서 보여주고 있습니다.

정리해 보자면, 권력에 대한 기존의 분석은 '누군가가 권력을 가진다' 혹은 '권력에는 본질적인 원천이나 기원이 존재한다'라는 전제에서 출발합니다. 그리고 권력을 마치 사물처럼 소유할 수 있는 것으로, 그리고 권력은 무언가를 금지하거나 억압하는, 어떤 종류의 힘을 누르는 그런 속성을 가진다는 것으로 사유하죠. 그리고 그 권력을 누가 가지는 것이 옳은가 하는, 권력의 합법성에 대한 질문을 제기합니다. 이것이 권력을 분석하는 통상적인 방식입니다. 그러나 과연 이런 종류의 권력 개념이 실제로 권력이 작동하는 메커니즘인가? 그리고 이런 식의 권력 분석, 이런 식의 권력 비판이 권력의 메커니즘에 실제로 도전하고 있는 것인가? 푸코는 그렇지 않다고 보는 것이죠. 근대 권력은 더 이상 주권권력으로 완전히 환원될 수 없기 때문에, 주권권력의 분석 모델을 통해서는 지금 우리 시대에 권력이 작동하는 양상을 제대로 분석할 수 없다는 것입니다.

3) 규율권력과 생권력: 개별화하는 권력과 전체화하는 권력

그렇다면 '살게 만드는 권력'으로서 근대 권력의 두 형상이라 할 수 있을 규율권력과 생권력을 비교해서 살펴보겠습니다. 앞의 〈그림 4-1〉에서 볼 수 있듯이, 무엇보다도 규율권력은 **개별화하는 권력**입니다. 감옥과 군대, 학교와 공장 같은 근대적 기구를 통해 작동하는 규율권력은 마치 집합적 양상을 띠고 있는 것처럼 보임에도 불구하고 실질적으로는 언제나 개인을 향하고 있습니다. 그리고 바로 이 규율권력의 등장과 함께 역사적으로 대단히 중요한 변화가 일어나게 됩니다. 『감시와 처벌』 첫 부분에서 등장하는 죄수 다미앵의 처형 장면과 바로 이어지는 파리소년범수용소 규칙 사이의 차이에서 봤던 것처럼, 권력은 더 이상 신체 그 자체를 향하는 것이 아니라, 신체를 향하는 것처럼 보일 때조차 궁극적으로 **정신**이라는 과녁을 향하게 됩니다. 행동거지와 옷차림, 시간의 엄수나 복장 규칙 등 신체에 대한 규율과 통제를 통해 규율권력이 작동하는 것처럼 보임에도 불구하고 그 궁극적인 과녁은 정신이라는 것이죠. 이것이 의미하는 바를 앞으로 공리주의와 자유주의를 다루면서 '정상화(normalization)'라는 개념을 통해 보다 상세하게 살펴보도록 하겠습니다. 여기서는 우선 규율권력이란 개별화하는 권력이며, 신체가 아닌 정신을 향하는 권력이라는 점을 기억하기로 하죠.

생권력은 규율권력과 달리 전혀 개인을 향하지 않습니다. 개인을 향하는 것은 규율권력이죠. 생권력은 **전체화하는 권력**입니다. 생권력은 언제나 전체를 향합니다. 여기서 전체란 바로 그 유명한, 우리가 뒤에서 살펴보게 될 '인구'라는 개념입니다. 혹은 인구 개념을 통해서 당도하게 되는 이른바 '사회'일 수 있겠습니다. 인구 또는 사회와 같이 전체를 향하는 권력이 바로 생권력입니다. 『성의 역사 1』에서 푸코는 정치적 실천과 경제적 관측의 장에 출산율이나 수명, 공중보건, 주거, 이주 등의 문제가 새롭게 출현하면서 생권력의 시대가 열리게 되었다고 기술하고 있습니다. 위생이나 보건, 출산율이나 경제활동 참가율, 인구 구성비 같은 것들이 권력의 작동 과정에서 문제로 떠오르게 되었다는 사실이 의미하는 바는 무엇일까요? 푸코는 생권력이란 의심할 바 없이 자본주의 발전에 없어서는 안 될 요소였다고 강조합니다.

여기서 잠시 유의할 점이 있습니다. 규율권력과 생권력, 혹은 주권권력-규율권력-생권력을 권력의 순차적인 전개 양식 혹은 변천으로 종종 오해하는 경우가 있습니다. 그러나 전혀 그렇지 않습니다. 그렇게 서술하는 대목들이 때로 푸코에게서 나타나지 않는 것은 아닌데, 종합해서 보자면 결코 순차적인 관계라고 볼 수 없습니다. 우선 규율권력과 생권력이 현실에서 서로 맞물리면서 서로를 보완하는 방식으로 작동한다는 점에 유의해야 합니다. 이에 대해서는 앞으로 차차 살펴보겠습니다. 또한 규율권력이나 생권력이 등장하면서 주권권력이 사라지거나 약화되는 것이 결코 아닙니다. 주권권력은 지금 이 시대에도 여전히 아주 생생하게 살아 있죠.

그럼에도 불구하고 우리가 권력을 비판한다고 했을 때, 그 권력에 대한 비판이 일상적으로 그리고 아주 지속적으로, 권력의 본질적 원천을 향하게 된다는 점이 어떤 문제를 낳게 되는가에 대해 질문해야만 합니다. 권력 비판이 향하는 본질적 원천은 대체로 국가죠. 권력에 대한 비판은 늘 국가, 즉 일종의 리바이어던을 향하게 되는 경향이 있습니다. 이것을 넘어서기란 사실 굉장히 어렵습니다. 권력의 본질적 원천을 가정하고 비판하는 것이 우리에게 훨씬 익숙합니다. 그리고 그것이 더 쉽습니다. 푸코의 관심은 권력의 본질적 원천을 비판하는 것이 아니라 권력이 만들어내는 효과를 분석하는 데 있었죠. 그럼으로써 그 권력이 야기하는 결과들에 대해서 비판하는 것이 푸코의 관심이었습니다. '오늘날의 권력 비판에서 관건은 우리를 특정한 방식으로 살게 만드는 권력에 있다', 이것이 푸코의 주장입니다.

이제 본격적으로 공리주의와 자유주의, 고전경제학에 대한 푸코의 비판을 차례로 살펴보기 위해 푸코의 권력이론을 대략적으로 종합해 보고 넘어가겠습니다. 주권권력이 작동하는 근거는 그것의 정당성에 있습니다. 살고자 하는 자를 죽일 수 있는 권력이란 근대 이전 사회에서는 왕에게 부여된 신성한 권리였죠. 그러나 근대 사회 이후로 주권권력은 인민주권에 의해 정당성을 부여받아야 합니다. 따라서 주권권력은 인민의 주권을 위해, 권리를 보존하고 사회질서를 유지하기 위해 작동해야 하죠. 그런 점에서 푸코는 주권권력을 특징짓는 개념이 법률적인 개념에 있다고 말합니다. 그러나 규율권력이나 생권력은 이런 법률적인 개념의 차원을 넘어서 행사됩니다. **무엇이 정당한지 부당한지, 정당성의 차원을 넘어서서 작동한다는 것이죠.** 이 새로운 형태의 권력은 18세기 중후반에 서구에서 처음 등장하기 시작했고, 그렇기 때문에 아주 독특한 역사적 구성물이라고 할 수 있습니다. 『성의 역사 1』에 등장하는 구절을 잠깐 인용해 보겠습니다.

> 법은 무장하지 않을 수 없으며, 그 무기는 전형적으로 죽음이다. 법을 위반하는 자에 대해 법은 적어도 최후의 수단으로 그 절대적 위협을 사용한다. 법은 언제나 칼을 나타낸다. 그러나 삶을 책임지는 것을 과업으로 삼는 권력은 지속적인 조절과 교정의 메커니즘을 필요로 한다. 그것은 더 이상 주권의 장에 죽음을 도입하는 문제가 아니며, 살아 있는 사람을 가치와 효용(utility)의 영역에 배분하는 문제다. 이 권력은 죽임의 광채 속에서 자신을 드러내기보다는 자격을 부여하고 측정하고 평가하고 위계를 생산해 내야 한다. 주권자의 적과 유순한 백성을 구분할 필요가 없이 표준(norm)의 주위에 분포를 산출해 내는 것이다.[3]

'법의 무기는 전형적으로 죽음이다', 여기서 말하는 '법'이란 바로 주권권력을 표상합니다. 근대 사법 체계에서도 적어도 최후의 수단으로, 법을 위반하는 자에 대해서는 죽임이라는 절대적인 위협을 사용합니다. 항상 그런 것

---

3 미셸 푸코, 『성의 역사 I』, 이규현 옮김(서울: 나남, 1990), 154~155쪽. 영역본인 Michel Foucault, *The History of Sexuality*, Vol. I, p.144를 참고해 번역 일부 수정함.

은 아니지만 적어도 최후의 수단으로서 죽일 수가 있다는 것이죠. 그렇기 때문에 법은 언제나 일종의 칼의 원리, 위반자를 죽일 수 있는 주권권력의 초상이라고 할 수 있습니다. 반면 규율권력과 생권력, 즉 사람들을 특정한 방식으로 살게 만드는 권력은 지속적인 조절과 교정 메커니즘을 필요로 합니다. 사람들을 죽이는 칼의 원리가 아니라, 살아 있는 사람을 가치와 효용(utility)의 영역에 배분하는 원리죠. 여기서 이 '효용'이라는 대목에 주목하시기 바랍니다. 이 권력은 사람을 죽임으로써 자신을 드러내지 않습니다. '저자는 주권자의 적이다', '이들은 유순한 백성이다'라고 양분하지도 않습니다. 끊임없이 표준(norm), ─ 이 단어에도 역시 주목하시기 바랍니다 ─ 이 표준의 주위를 둘러싸는 분포를 산출해 내는 것이죠. 이 얘기는 나중에 더 자세하게 다루도록 하겠습니다.

앞에서 말했듯, 규율권력이나 생권력이 출현했다고 해서 법이나 칼로 상징되는 주권권력이 완전히 사라지지는 않습니다. 그럼에도 불구하고 "죽임의 광채 속에서" 작동하는 법은 약화됩니다. 즉, 사라지지는 않지만 법으로 표상되는 권력이 훨씬 더 규범의 영역으로 포섭된다는 것입니다. 아시다시피 법은 지금도 건재하고 아주 잘 작동하고 있습니다. 권력의 새로운 양상이 출현했다고 사법제도가 사라지지는 않습니다. 그러나 법은 점점 더 규범으로 작동하게 됩니다. 법이 가지는 의미는, 법을 위반했을 때 나에게 주어지는 죽음의 위협이라는 차원에서는 약화되는 반면에 법을 통해서 내가 특정한 종류의 규범을 내면화하게 되는 차원이 한층 더 강화된다는 것입니다. 내가 어떤 존재가 되어야 할 것인가, 그런 규범의 영역에서 작동하는 측면이 훨씬 더 강해진다는 것이죠.

3.   푸코의 공리주의 비판

이제 푸코의 공리주의 비판을 다루도록 하겠습니다. 공리주의는 아시다시피 벤담에 의해서 제기된 아주 중요한 사상이죠. 우리 시대의 도덕적 지평은 사실 저 공리주의에 대부분 포섭되어 있다고 할 수 있습니다.

1) 공리주의

공리주의의 번역에 대해서 먼저 얘기해 보겠습니다. 사실 공리주의라는 번역은 아주, 대단히 유감스러운 번역입니다. 저는 강의에서 공리주의를 다룰 때 항상 이 번역에 관한 얘기로 시작합니다. utilitarianism이라는 이 단어는 효용주의 혹은 효용지상주의로 번역되어야 자연스럽죠. utility, 그러니까 '효용'을 개인과 사회 차원에서 포괄적인 도덕적 기준으로 삼는 사상이 바로 효용주의, 즉 utilitarianism입니다. 그런데 이 단어가 일본을 경유하면서 공리주의라는 번역어로 자리 잡게 되었습니다. '효용주의'라고 번역한다면 우리가 훨씬 더 그 개념을 직관적으로 이해하기 쉽겠습니다만, 공리주의라는 번역어로 워낙 광범위하게 쓰여 왔기 때문에 어쩔 수 없이 그렇게 쓰기로 하겠습니다.

공리주의는 '사상의 기초를 실제로부터 시작하자'라고 얘기합니다. '인간은 어떤 존재인가?'라는 질문에 답하는 방식을 볼까요. 공리주의는 도덕적 기초에 관한 논의를 '인간이 실제로 어떠한가?'라는 질문으로부터 출발합니다. 이를테면 사회계약론에서 논하는 것처럼 실제로는 현실에서 존재하지도 않았던 '자연 상태'라는 개념이라든지, 역사적으로 존재한 적이 없는 '사회계약'이라든지, 이런 상상된 개념에서 출발하는 것은 문제가 있다는 것이죠. 그러므로 출발점은 '실제의 인간은 어떤 존재인가?'에서 출발해야 한다고 보는 것입니다. 인간은 실제로 어떤 존재입니까? 공리주의는 '인간이란 고통과 행복에 지배되는 존재'라고 봅니다. 행복에서 고통을 제한 것이 효용이고, 인간은 모두 그 효용을 극대화하는 방식으로 행위하고자 한다는 것이죠. 그리고 이것은 개인뿐만이 아니라 공동체의 경우도 마찬가지입니다. 왜냐하면 공동체는 결국 개인의 합이기 때문이다, 이것이 공리주의의 주장입니다. 공리주의에 따르면 입법자에게도 적용되어야 하는 원칙이 바로 이 '효용의 극대화'라는 원칙입니다. 잘 알려진 바와 같이, '공공선'의 기준이란 '최대 다수의 최대 행복'에 있다는 것이죠. 공공의 이익이란 개인의 이익의 합과 동일합니다. 이것이 공리주의의 시각이죠.

공리주의 사상의 기초를 세운 인물인 제러미 벤담은 1748년에 태어나 1832년에 사망했습니다. 저 18세기 후반과 19세기 초 서구 사회에서, 당시 벤담의 공리주의는 매우 급진적인 사상이었습니다. 단적으로 공리주의에서 왕의 행복과 거지의 행복은 동등하게 다루어지지요. 공리주의 사상은 자유주의에 굉장히 중요한 전환점이었을 뿐 아니라 자유민주주의의 도덕적 기초를 제공하기도 했습니다. 이런 공리주의의 특징을 여러분이 잘 아시는 판옵티콘과 연결시켜 살펴봅시다. 판옵티콘과 유사한 종류의 감옥 모델은 당시에 동시다발적으로 등장했습니다만, 가장 유명한 것이 바로 벤담이 설계한 판옵티콘이었습니다. 벤담은 사법제도를 개혁하기 위한 일환으로서 판옵티콘을 구상했습니다. 아주 특수한 건축 모형이자 관리감독 기술로서 판옵티콘의 특징은 아시다시피 시선의 일방성, 시선의 비가시성에 있습니다. 감시탑 안에 있는 사람은 대체될 수 있고, 아주 약한 사람일 수도 있습니다. 심지어 감시자가 없어도 됩니다. 이것이 핵심입니다.

벤담이 제안한 판옵티콘을 당대의 많은 역사적인 자료들을 검토하면서 집요하게 파헤친 인물이 바로 푸코였습니다. 푸코의 작업을 통해서 판옵티콘은 아주 각별한 역사적 의미를 획득하게 됩니다. 벤담이 판옵티콘을 설계하고 제안했던 시대는 인구가 급증하고 있었고 감옥 생활은 아주 열악한 상황이었습니다. 공리주의를 정초(定礎)한 사상가로서 벤담은 판옵티콘 모델에서 공리주의의 사상적 핵심을 전면화하고 있죠. 최소의 비용으로 효용을 극대화하는 감옥 모델입니다. 앞서 말한 것처럼 판옵티콘에는 아주 최소한의 감시자만 필요할 뿐만 아니라 심지어는 그 감시자가 없어도 되죠. 왜? 저 감시탑에 누가 있는지 죄수들은 알 수 없기 때문입니다. 아주 최소의 비용으로 효용을 극대화하면서, 아주 제한된 예산으로, 그리고 수감자의 고통을 최소화하면서 그 수감자를 성실하고 근면한 존재로 회복시켜서 다시 사회로 복귀시키기 위한 모델이 바로 판옵티콘이었습니다. 아주 인간적인, 상당히 인도주의적인 목적을 가지고 있다고도 볼 수 있죠. 감옥의 모델이자 건축의 새로운 원칙에 관한 착상으로 판옵티콘을 제시하면서, 벤담은 이것을 감옥뿐만 아니라 학교, 작업장 등에서 개인의 행동을 '감시하는' 절차로 고안하고 있습니다.

여기서 제가 '감시하는'이라고 작은따옴표를 쳐서 강조하고 있습니다만, 왜일까요? 이때 '감시하는' 건, 누가 감시하는 건가요? 이것이 판옵티콘을 이해하기 위한 가장 중요한 포인트라고 할 수 있습니다. 누가 감시하나요? 궁극적으로는 내가 나를 감시하는 것입니다. 결코 저 감시자가 나를, 죄수를 감시하는 게 아닙니다. '저 감시탑 안에 누가 있을지 모르는데, 그가 나를 보고 있을지 모른다, 그러므로 내가 나 스스로를 규율해야 한다'는, 그런 절차로 고안된 것이 판옵티콘입니다. 그리고 이것이 이후에 통치 전체의 정식(定式)으로 제안되는 것이죠. 그렇기 때문에 판옵티콘은 자유주의적 통치의 정식 그 자체라고 할 수 있습니다. 벤담이 판옵티콘이라는 건축학적 모델을 제시하기는 했지만, 굳이 이와 같은 형태의 구체적인 건축물이 아니어도 되죠. 이와 같은 원리가 작동하기만 하면 됩니다. 판옵티콘은 일종의 건축학적 은유입니다.

2) 판옵티콘과 정상화

여기서 핵심은 **감시 그 자체에 있는 것이 아니라 그 결과로서 만들어지는 개인의 정상화에 있습니다.** 이게 푸코가 아주 각별하게 주목하는 대목입니다. 판옵티콘은 아주 잘 알려져 있고 많은 사람들이 이미 판옵티콘에 대해서 잘 알고 있습니다만, 판옵티콘을 얘기할 때 대체로 감시와 통제에 대해서만 얘기하는 경우가 대부분입니다. 이를테면 '판옵티콘' 하면 'CCTV', 이렇게 나오는 거죠. 그러나 판옵티콘을 통해서 푸코가 얘기하고자 했던 것은 감시 그 자체가 아닙니다. 푸코는 판옵티콘이라는 모델을 통해 벤담이 보여주고자 한 이상이 인간의 도덕적 개조라는 점에 주목했습니다. 죄수들을 도덕적으로 개조하고 교화시켜서, 그럼으로써 공익을 실현하고자 하는 것이 벤담의 이상이었습니다. 재소자를 성실하고 근면한 존재로, 도덕적인 존재로 개조시켜서 사회로 복귀하게 만드는 것이 판옵티콘의 의미, 규율권력의 목적입니다. 그것이 바로 **정상화**지요.

벤담이 판옵티콘이라는 모델을 통해서 궁극적으로 추구한 것은 **감시가 필요 없는 사회**라는 점에 주목해야 합니다. 감시탑 안에 감시자가 없어도 된다고 했었죠. 그리고 실은 감시자는 없는 게 더욱 좋습니다. 비용을 최소화하기 때문이죠. 감시자 없이도 감시를 내면화하는 것, 즉 내가 나 스스로를 규율할 수 있게 함으로써 정상화의 메커니즘이 작동하는 것입니다. 판옵티콘이 감옥뿐만 아니라 학교, 혹은 군대, 작업장, 공장, 회사에 모두 다 적용되는 모델인 것은 그 때문이죠. 규율권력을 얘기할 때, 가령 학교의 예를 들자면, 많은 경우 두발 단속이나 복장 단속을 두고 학교의 규율권력에 대해 얘기하는 것을 봅니다. 그러나 명찰을 달았느냐, 교복을 제대로 입었느냐, 이런 것들이 규율권력의 핵심은 아닙니다. 가시적인 통제나 가시적인 권력의 행사 없이도 스스로 학생의 규범적 태도를 내면화하게 만드는 것이 규율권력이죠. 물론 **규율이 작동하는 방식 자체는 신체를 향하는 것처럼 보이지만,**

궁극적인 과녁은 정신입니다. '학생이라면 어떤 방식으로 존재해야 하는가'를 자기 규율하는 규범화 혹은 정상화야말로 규율권력의 효과라고 할 수 있겠습니다. 푸코는 『정신의학의 권력』에서 병원은 판옵티콘적 기계이기 때문에, 판옵티콘적 기구로서 '치유를 가져다주어야만 한다'라고 얘기합니다. **병원에서 작동하는 규율권력은 궁극적으로 환자 하나하나를 감시하고 통제하는 것이 아니라 감시와 통제가 불필요한 치유의 상태를 향한다는 것이죠.** 이 역시 정상화입니다. 이것이 판옵티콘과 규율권력을 통해서 저 푸코가 얘기하고자 한 바다, 이 점을 강조해 보겠습니다.

판옵티콘은 공리주의의 원칙과 떼려야 뗄 수 없는 관계입니다. 판옵티콘 자체가 공리주의 모델로 구성된 것이죠. 공리주의는 앞서 말씀드렸던 것처럼 도덕적 원리가 아니라 실제의 현실과 인간의 본성에서 출발합니다. 공리주의자에게 도덕적 판단이란 행위의 결과로부터 내려지는 것입니다. 행위가 야기하는 결과를 바탕으로 도덕적 판단을 하죠. 이게 그 유명한, 한국에서 기이하게 많이 팔린 마이클 샌델의 『정의란 무엇인가』 초반부에서 계속 다뤄지는 공리주의의 원칙입니다. 어떤 행위가 도덕적 원리에 기초해서 봤을 때 옳으냐 그르냐, 혹은 선하냐 악하냐를 판단하는 것이 아니라, 이 행위를 했을 때 그 결과가 어떠한가에 기초해서 도덕적 판단을 내린다는 것이죠.

그렇다면 공리주의의 입장에서 봤을 때 범죄란 무엇입니까? 범죄란 인간의 규범, 윤리, 도덕에 위배되는 행위가 아닙니다. '개인으로 하여금 형벌에 처해질 수 있는 위험을 야기하는 행동', 이것이 범죄입니다. 공리주의의 시각에서 범죄가 이런 방식으로 완전히 새롭게 개념화되면서 일어나는 변화는 다음과 같습니다. 범죄자는 어떤 행위를 합니다. 그 행위의 결과로부터 주어지는 이득을 기대하는 것이죠. 동시에 그 행위가 초래할 위험 혹은 비용을 감수합니다. 이렇게 보자면 범죄자는 결코 어떤 악한 자가 아닙니다. 다른 모든 사람들과 똑같은 방식으로 행위하는 자죠. 우리가 물건을 산다든지, 비판사회학회에서 무슨 강좌를 수강하겠다고 등록을 한다든지, 아니면 등록을 했지만 수강은 하지 않는다든지, 이와 같은 인간의 모든 행위를 보편적으로 지배하는 행위의 원리가, 그 행위의 결과로 얻어질 이득을 기대하면서 그 행위가 초래할 비용을 감수하는 데 있다면, 범죄자들 역시 마찬가지입니다. 어떤 이익을 기대하면서 감수한 위험, 감수한 비용에 따라 형벌에 처해지기도 하는 행위자가 범죄자인 것입니다.

법경제학이 법을 완전히 다른 방식으로 사유하게 만들었다는 점을 상기해 보시기 바랍니다. 예전에 범죄라는 것은, 법을 위반한다는 것은, 아주 악하거나 위험한 존재의 행위였습니다. 그러나 이제는 누구나 어떤 방식으로든 법을 위반할 수 있습니다. 다만 법을 위반했을 때의 위험과 비용이 커지면 커질수록 그것을 감내하지 않으려고 하는 존재죠. 그러므로 법경제학에서 주목하는 바는 '어떤 종류의 범죄에 대해 어느 정도의 형량을 부과하는 것이 가장 효과적이고 가장 효율적인가'라는 것이죠. 법이 어떤 종류의, 어느 정도의 효용을 산출해 내는가에 관한 논의는 엄청나게 확산됩니다. 법은 이제 효용의 차원과 효용의 지평 안으로 포함됩니다. 그러므로 공리주의의 등장과 함께 법률 체계 혹은 형벌 체계가 담당하게 되는 것은 더 이상 정상적인 사람과 범죄자로 **이분화된 현실이 아닙니다**. 이제 우리가 대면하게 되는 것은 동일하고 보편적인 행위 규칙에 따라서 행위하는 사람들이죠. 이 얘기는 나중에 좀 더 다루도록 하겠지만, 매우 중요한 부분이므로 반드시 기억하고 계시기 바랍니다.

3) 투명성이라는 이상

이제 판옵티콘에서 드러나는 규율권력의 작동과 공리주의의 원칙을 조금 더 확장시켜서 통치의 원리와 연결시켜 논하고 넘어가도록 하겠습니다. 판옵티콘이라는 모델은 사실 투명성의 이상을 담지하고 있습니다. 왜? 개개인의 행위를 볼 수 있잖아요. 물론 원하면 보지 않을 수도 있습니다. 또한 재차 강조하건대, 그 감시탑에 감시자가 없을 수도 있습니다. 그렇지만 원하면 볼 수 있는 거죠. 원한다면 모든 행위를 다 볼 수 있습니다. 개개인의 행위가 투명하게 드러나는 사회의 이상이지요. 이 판옵티콘의 모델은 인간의 특정한 행위를 유도해 내는 권력의 작동을 보여줍니다. 앞서 얘기했던 것처럼 이는 정상화의 메커니즘입니다. 정상적인 인간, 정상적인 학생, 정상적인 노동자. 이런 종류의 행동을 유도해 내는 정상화의 기제라고 할 수 있습니다. 푸코가 판옵티콘을 통해 규율권력이라는 완전히 새로운 권력 개념을 정초한 대목이지요. 벤담은 판옵티콘의 모델을 관통하는 투명성의 이상에 기초해서 저 주권권력을 향해서도 투명성의 원리를 도입해야 한다고 주장했습니다. 앞서 벤담이 당대에 매우 급진적인 사상가였다는 점을 언급했죠? 또 벤담의 공리주의는 왕의 행복과 거지의 행복, 왕의 고통과 거지의 고통을 동일한 것으로 간주한다고 얘기했습니다. 그러면서 자유민주주의의 여러 원리를 도입하기 시작하는 것이죠.

그런 점에서 푸코는 이렇게 말합니다. "벤담은 루소의 보완물이었다"라고 말입니다. 아주 절묘하죠. 제가 아주 좋아하는 구절이기도 한데요, 루소에게서 나타난 인민주권의 이상을 실질적으로 보완한 것은 사실 벤담이었다고 푸코는 말하고 있는 것이죠. 주권권력에 대한 비판적이고 급진적인 논의들이 추구할 수 있는 궁극이 인민주권의 이상이었으나, 실제로 그 인민주권의 이상을 보완한 것은 공리주의였다는 겁니다. 여기서 벤담이 『판옵티콘』에 썼던 구절을 한번 인용해 보겠습니다.

만일 다수의 사람에게 일어나는 일을 모두 파악할 수 있는, 그리고 우리가 원하는 방식으로 이끌 수 있도록 그들을 에워쌀 수 있는, 그들의 행동과 [인적] 관계, 생활 환경 전체를 확인하고 그 어느 것도 우리의 감시에서 벗어나거나 의도에 어긋나지 않도록 할 수 있는 그런 수단이 있다면, 이것은 국가가 여러 주요 목적에 사용할 수 있는 정말 유용하고 효력 있는 도구임에 틀림없다.[4]

앞서 제가 공리주의에서 '투명성의 원리가 중요하다', '판옵티콘의 모델에서 굉장히 중요한 정치적 모델로 제시된 것이다'라고 말씀드렸습니다. 오늘날 아주 상식적인 얘기가 되었습니다만, 가령 부동산 정책을 봅시다. 부동산 정책을 수립하기 위해서 혹은 제대로 시행하기 위해서 뭐가 필요하겠어요? 주택 소유 관계에 대한 여러 가지 정보를 투명하게 알 수 있어야 합니다. 또한 임대차 관계라든지 혹은 임대차 소득에 관한 정보들도 아주 투명하게 들여다볼 수 있어야 합니다. 저출산 정책도 마찬가지죠. 사람들이 누구와 사는지, 그리고 자녀를 얼마나 낳았는지, 어떤 종류의 파트너십을 가지는지, 어떤 조건의 사람들이 어느 정도의 자녀를 가지는지. 이런 여러 가지 정보들을 취합하고 직접 해내는 것, 그럼으로써 사회를 투명하게 들여다볼 수 있도록 하는 것이 우리가 오늘날 생각하는 가장 중요한 통치 원칙이라고 할 수 있습니다. 여기서 통계적 앎이 가지는 의미에 대해서 상기해 볼 필요가 있습니다.

그걸 특히 단적으로 보여주는 게 센서스(census)죠. 다른 여러 종류의 통계 중에서도 '알고 싶다는 것 이외에 아무런 다른 목적을 가지지 않은(가지지 않아야 하는) 통계'가 센서스입니다. '아는 것 자체만을 목적으로 하는 통계'인 것이죠. 가령 일정 영토 안에 존재하고 있는 사람들을 전부 다 세는 것이 센서스입니다. 주민등록이 되어 있든 아니든, 그 나라의 국적을 가졌든 아니든, 오직 알기 위해서 전부 다 세는 것이 센서스입니다. 그리고 그 앎을 기초로 해서 각종 정책을 수립해 가는 것이죠. 마치 판옵티콘의 감시탑 안에서 감시자가 모든 죄수들을 투명하게 바라볼 수 있는 것처럼, 역으로 주권자 혹은 국가에 대해서도 이런 투명성이 요구된다, 이것이 공리주의의 원칙이었습니다.

---

4   제러미 벤담, 『파놉티콘』, 신건수 옮김(서울: 책세상, 2007), 19쪽.

다시 판옵티콘으로 돌아가서 얘기해 볼까요. 사지를 찢어서 죽일 수 있는 군주의 권력이 소멸했다는 사실, 즉 신체형의 소멸은 과연 어떤 역사적인 의미를 가질까요? 많은 사람들은 신체형의 소멸을 인도주의가 가져온 성취로 보고 인간의 권리를 증진시킨 것으로 보지만, 푸코는 전혀 다른 각도에서 해석하고 있습니다. 신체형의 소멸이 권력의 약화인가? 권력으로부터의 해방을 가져다주는 것인가? 그게 아니라 더욱 더 심원한 종속을 가져온다는 것이죠. 이것이 바로 '예속화' 혹은 푸코가 개념화한 이른바 '주체화(subjectivation, subjectification)' — 주체의 자율성이 어떻게 권력에 의한 예속의 결과인지를 분석해 주기 위한 개념이죠 — 라는 개념과 이어지게 된다고 볼 수 있겠습니다. 이렇게 보자면 판옵티콘은 규율권력을 나타내는 건축학적 은유이면서, 동시에 투명성이라는 이상에 함축된 통치의 모델로서 확장되어 논의될 수 있는 주제가 됩니다.

4.   푸코의 자유주의 비판

이제 푸코의 자유주의 비판에 대해 살펴보도록 하겠습니다. 2020년 초 코로나19(COVID-19)의 유행이 시작됐습니다만, 이 팬데믹의 초기부터 저는 푸코의 논의를 떠올리지 않을 수 없었습니다. 푸코가 1977~1978년 콜레주드프랑스 강연 — 『안전, 영토, 인구』라는 제목으로 출판되었죠 — 초반에 제시한 예가 바로 전염병이었죠. 자유주의 통치성을 설명하기 위해 제시했던 이 예로부터 시작해 보도록 합시다.

1) 전염병에 대한 대응과 '사회'의 출현

전염병에 대한 대응에는 역사적으로 세 가지 형태가 있었다고 푸코는 얘기합니다. 지금은 한센병이라고 부릅니다만, 중세 시대에 '나병'이 있었습니다. 이 '나병'에 대한 대응은 병에 걸린 사람과 걸리지 않은 사람을 엄격하게 분리하고, 병에 걸린 사람을 도시에서 완전히 추방시키는 것이었습니다. 이것이 '나병'에 대한 대응이었다는 것이죠. 우리도 그런 역사를 가지고 있습니다. 그런데 16세기에서 17세기를 거치면서 전염병에 대응에서 아주 새로운 양식이 등장하기 시작합니다. 그게 바로 질병에 대한 두 번째 역사적 대응, 저 유명한 흑사병에 대한 대응이었습니다. 지역과 도시를 '격자화'하는 것이죠.

사실 이 '격자(grid)'라는 개념이 굉장히 중요한 개념입니다. 격자는 그 대상을 읽기 위한 것이죠. 제임스 스콧이 쓴 『국가처럼 보기』에서, 국가가 사회를 읽기 위해서 계속해서 격자를 만들어내는 과정을 잘 그려내고 있습니다. 물론 푸코는 국가가 사회를 읽는다고는 절대 이야기하지 않습니다. 오히려 그러한 '읽어내려는' 실천들이 계속 등장하면서 그 효과로 국가라는 것이 사유된다고 얘기하죠. 아무튼, 지역과 도시를 격자화해서 흑사병이 창궐하는 지역을 격리시킵니다. 2020년에 전 세계적으로 일어났던 이른바 '셧다운(shutdown)'이라든지 혹은 '락다운(lockdown)'이라든지 이런 대응입니다. 그 격자, 그 구역 내에 사람들을 격리시키고 드나들 수 없게 합니다. 그리고 실제로 이 사람이 걸렸는지 안 걸렸는지를 계속해서 확인합니다. 그리고 사람들이 집 밖에 나갈 수 있는지, 언제 나갈 수 있는지, 이런 규칙들을 계속 만들어내고 그 규칙을 강제합니다. 규율을 강제하는 것이죠.

그런데 18세기 이후가 되면 그것과는 전혀 다른 종류의 대응이 나타납니다. 천연두에 대한 대응인데, 바로 접종이죠. '접종'이란 무엇입니까? 접종이란 **걸리게 하는** 겁니다. 천연두라는 질병에 사람들이 **절대로 걸리지 않도록**, 이를테면 감염된 사람은 완전 추방한다든지 아니면 질병이 창궐하는 지역을 통제한다든지 하는 게 아니라, 그냥 걸리게 하는 겁니다. 그게 바로 접종이죠. 병에 걸리게 만들어서 역설적이지만 그것을 통해서 신체가 저항력을 가지게 만드는 것이죠. 여기서 중요한 것은, '이 신체가 무엇이냐' 하는 것입니다. 이 신체란 개개인의 개별 신체일 수도 있지만 더욱 중요하게는 사회적 신체, 즉 인구라는 것이죠. 전체 인구가, 인구라는 사회적 신체가 그 질병에 걸리게 하는 겁니다. 그럼으로써 인구라는 집단적 신체가 전염병에 대해서 저항력을 가지게 만드는 것, 이게 18세기 이후 등장한 아주 새로운 방식의, 전혀 새로운 방식의 전염병에 대한 대응입니다.

여기서 말하는 사회적 신체로서의 인구, 그게 바로 '사회'입니다. 푸코가 보는 사회는 바로 그것입니다. 코로나19 백신 접종과 관련해서 볼까요? 지금 코로나19 혹은 백신 접종의 문제가 매우 정치화되어 있습니다만, 그런 차원을 떠나서 푸코적인 시선으로 보자면, 코로나19 백신 접종을 얘기할 때 이 백신이 유발할 부작용이나 위험성에 대해서 얘기가 나올 때마다 질병관리청이나 관계 당국 또는 전문가들이 "백신이 가져올 위험보다는 백신 접종의 이익이 더 크다"라고 얘기합니다. 그런데 신기하잖아요. 위험보다 이익이 더 크다고 했을 때, 그 위험이란 개개인의 차원에서는 극단적으로는 그의 생명일 수도 있는 것이죠. 그렇지만 사회 전체로 봤을 때는 그것은 감수할 수 있는 위험이 되는 겁니다. 이게 바로 '사회의 출현'이지요. 푸코가 보기에 사회의 출현을 포착하는 아주 대단히 중요한 개념이 바로 인구인 것입니다. 이 얘기는 나중에 좀 더 하도록 하겠습니다.

2) 식량난의 예: 중상주의와 중농주의

전염병에 대한 세 가지 역사적 대응을 통해서 푸코는 과거와는 완전히 이질적인 종류의, 새로운 형태의 권력의 출현을 얘기합니다. 비슷한 예를 몇 가지 더 들기도 하지요. 식량난의 예를 볼까요. 절대주의 시대, 식량난에 대한 중상주의의 시각은 무엇이었냐면, '절대 발생하지 않도록 해야 한다'는 것이었습니다. 일어나지 않도록 하는 것, 그게 바로 식량난에 대한 중상주의의 대응이었죠. 완벽한 통제입니다. 군주가, 혹은 절대 군주로 의인화되는 권력의 본질적인 원천이, 있어서는 안 될 사건이자 현상인 식량난이 일어나지 않도록 완전히 통제하는 것, 이것이 **식량난에 대한 중상주의의 사유**였습니다. 그런데 18세기에 들어서면서 완전히 다른 종류의 주장이 제기됩니다. 바로 중농주의의 등장이었죠. 중상주의에서 중농주의로의 전환은 푸코의 논의에서 굉장히 중요합니다. 절대주의가 무너지면서 고전경제학이 출현하게 되는 전조였던 것이죠.

중농주의에서는 식량난을 어떻게 보냐면, '식량난이란 환상이다', 이렇게 봅니다. 식량난이 환상이라는 것은 바꿔 말해 절대로 일어나지 않는다는 것이죠. 정말로 식량난이 생겨서 모든 사람들이 굶어 죽게 되는 그런 일은 일어나지 않는다는 거예요. 환상이자 허구라는 겁니다. 중농주의자들은 어떻게 얘기하느냐면, '내버려 두면 된다', 이것이 식량난에 대한 대응입니다. 내버려 둔다는 건 무슨 뜻일까요. 식량이 부족해서 어떤 사람들은 죽을 수도 있습니다. 어떤 사람들, 즉 일부는 식량난으로 굶어서 죽기도 하겠지만, 모두가 죽지는 않는 거죠. 모두가 굶주려 죽는 그런 식량난은 일어나지 않는다는 거예요. 무슨 얘기냐면, 그냥 내버려 둬라, 내버려 두면 식량 부족으로 사망하는 사람들이 생길지언정 전체 사회를 휩쓰는 식량난은 일어나지 않는다, 이게 중농주의의 시각입니다. 앞서 전염병을 통해 얘기했던 '사회'와 같은 것이죠. 식량난으로 인해서 이 '사회'가 완전히 절멸된다거나 하는 일은 일어나지 않는다는 겁니다. 그러므로 그 사회를 그냥 내버려 두면 된다는 것이죠.

전염병이나 식량난의 예를 통해 푸코가 설명하고자 했던 것은 18세기를 거치면서 어마어마한 역사적 변화가 일어났다는 사실이죠. 우리가 앞서 『감시와 처벌』도 얘기했고 『성의 역사』도 얘기했습니다만, 권력의 속성에서 대대적인 변화가 18세기를 거쳐 19세기에 전면화되는 양상으로 나타나게 됩니다. 바로 자유주의, 그리고 자유주의를 관통하는 '생정치(biopolitics)'의 전

개입니다. 생정치는 18세기 이래 인구 현상을 통해 통치를 합리화한 방식입니다. '인구 현상을 통해서 통치를 합리화했다', 여기서 인구 현상이라는 대목이 굉장히 중요합니다. **건강, 위생, 출생률, 수명, 인종 등의 인구 현상이 겨냥하는 것은 물론 개인이지만, 인구를 통해 문제 삼는 것, 그 지평은 전체 사회죠.** 어떤 사람이 '나는 아이를 낳지 않겠다'라고 하는 것은 그 자체로 문제가 되지 않습니다. 뭐가 문제입니까? 저출산이 문제죠. 저출산이란 반드시 전체로서의 인구, 앞서 얘기했던 사회적 신체로서의 인구, 즉 '사회'를 문제 삼을 때만 문제화되는 것입니다.

이렇게 인구 현상 ─ 사회의 작용, 건강이든 위생이든, 물론 당연하게도 경제 혹은 시장으로 연결됩니다만 ─ 을 통해서 통치를 합리화한 방식이 바로 생정치라고 할 수 있습니다. 생(生), 즉 삶이라는 차원이 정치의 핵심에 도입되기 시작했다는 것이죠. 이러한 생정치의 차원은 19세기 이후로는 그 중요성이 훨씬 더 증대되었고, 오늘날에 이르러서는 정치의 관건이자 경제의 관건이 되고 있습니다. 자유주의는 이 생정치 내부에서 출현하고 첨예화된 정치적 합리성이죠. 법권리의 주체와 개인의 자유를 중심으로 하는 이 체계에서 인구현상은 어떻게 고려되고 있을까요. 우리들 개개인, 여러분 그리고 나, 우리 각각은 모두 법적 권리를 가진 주체죠. 그리고 우리는 법적 권리의 차원에서 개인의 자유를 가지고 있습니다. 이 체계 내에서 인구 현상, 즉 '사회'가 어떻게 고려되는가. 이것이 자유주의의 중요한 문제라는 겁니다.

3) 역사적 실천으로서의 자유주의

푸코가 자유주의를 분석하는 방식은 워낙 유명하고 잘 알려져 있습니다만, 푸코는 자유주의를 비판할 때 ─ 앞서 공리주의 비판의 경우도 마찬가지입니다 ─ 자유주의 사상을 사상적으로 비판하지는 않습니다. 자유주의 이론, 혹은 자유주의 이데올로기 ─ 푸코는 절대 이데올로기라는 말을 쓰지 않습니다만 ─ 에 대한 비판을 하지 않죠. 즉, '자유주의는 이러이러한 주장을 하는데 그 주장은 이러이러하기 때문에 문제다'라는 방식으로는 전혀 비판하지 않습니다. 푸코가 자유주의를 문제화하는 방식은 자유주의를 하나의 '실천'으로 보는 것이죠. 어떤 사상, 이론, 이데올로기가 아니라 아주 특유한, 역사적으로 등장한 특정한 실천이었다고 보는 겁니다. 그 실천이라는 것이 어떻게 형성되었는지 그 역사성을 계속 보여주는 거죠. 마르크스가 자본주의를 비판할 때 어떻게 비판합니까? 자본주의적인 생산 양식이라는 것이 결코 보편적인 원리라고 할 수 없습니다. 결코 절대화되거나 보편화될 수 없죠. 왜? 역사적으로 아주 특유한 조건에서 등장한 것이고, 당연하게도 언젠가는 소멸할 것이기 때문입니다.

자유주의를 다룰 때 푸코도 어떤 면에서 마찬가지라고 할 수 있겠습니다. 역사화하는 것이죠. 그것이 어떤 특정한 시대에 특정한 실천들과, 어떤 특정한 정치적 효과의 합으로 산출된, 어떤 특이한 실천이었는가를 보여주는 것입니다. 그리고 그것이 발휘한 효과가 무엇이었는지를 얘기하는 겁니다. 그것이 발휘한 효과, 그것이 개인에게 어떤 결과를 가져다주는지, 그리고 우리 모두에게 어떤 결과를 가져다주었는지를 밝힘으로써 이 모두가 권력의 작용이자 산물이라는 것을 드러내주는 것입니다. 그런 방식으로 푸코는 자유주의를 분석합니다. 푸코가 보는 자유주의는 – 다시 강조합니다만 – 하나의 실천입니다. 어떤 실천입니까? 자유주의는 행동의 방식으로서의 실천이고, 또한 통치가 어떻게 행사될 것인가를 합리화하는 독특한 원리이자 방법으로서의 실천입니다. 통치를 어떻게 합리화할 것인가, 통치의 행사를 어떻게 합리화할 것인가, 이것이 자유주의의 문제 설정이고, 이에 대한 자유주의의 답, 자유주의를 관통하는 원리는 **최대한의 절약**이라고 할 수 있습니다. 무엇을 위한 절약입니까? 자연 혹은 자연성을 해치지 않기 위한 절약입니다. 이 자연(성)의 문제는 뒤에서 자세히 다루겠습니다만, 대단히 중요한 주제입니다.

자유주의 분석은 필연적으로 경제학에 대한 비판과 결합됩니다. 자유주의를 관통하는 원리로서 최대한의 절약이란 무엇을 의미합니까? 앞서 우리가 살펴봤던 공리주의와 연결됩니다. 자유주의는 통치의 작동을 어떤 식으로 합리화하고자 하는가? 비용을 최소화하고자 하는 것이죠. 이때의 비용은 정치적 비용이기도 하고 경제적 비용이기도 합니다. 그리고 그 효과를 최대화하는 것, 이것이 자유주의가 통치의 행사를 합리화하는 방식이라고 볼 수 있겠습니다. 이걸 보여주기 위해서 푸코는『안전, 영토, 인구』나『생명관리정치의 탄생』에서 두 시기를 계속해서 비교합니다. 바로 중상주의의 시대와 중농주의의 시대죠. 정치사상의 차원에서 보자면, 16~17세기 절대주의 시대에 '국가이성(國家理性)'에 대해 논하는 어마어마한 역사적 문헌들을 집요하게 살펴보면서, 이것을 18세기 이후 중농주의와 고전경제학이 등장한 후의 자유주의적인 통치 합리성과 대비시키면서 그 역사적 특이성을 파헤치고 있습니다.

푸코는 자유주의가 등장하기 이전 국가이성에 대한 논의들이 통치의 합리성에 대해 어떻게 사유했는지를 먼저 보여줍니다. 16세기 말 이래로 절대주의 시대에 국가는 왜 존재하는가, 그 국가는 어떻게 강화될 것인가에 관한 논의가 엄청나게 증대됩니다. 이를 통해 통치의 실천을 합리화하고 정당화하는 것이죠. 군주의 권력이 계속해서 증대되고 군주의 통치 실천이 증대되는데, 그것을 어떻게 정당화하냐면 바로 '국가의 강화 그 자체'를 통해 정당화하는 겁니다. 국가에서 출발해서 국가를 위한, 그리고 국가라는 목적에 도달하기 위한 수단을 통치로부터 이끌어내는 것이 바로 국가이성에 관한 이론가들이 통치의 합리성을 논했던 방식이었다고 할 수 있겠습니다. [독일에서는 이런 관심이 상대적으로 굉장히 뒤늦게 등장합니다. 그래서 18세기에나 되어서야 독일의 내치학(內治學)이 국가의 과소 통치를 비판하게 되죠.] 통치가 너무 부족하다, 더 많은 통치가 우리에게 필요하다, 이것이 국가이성에 관한 논의들이 통치에 대해 사유했던 방식입니다. '무엇이 합리적인 통치냐, 그것은 더 많은 통치다' 라는 것이죠.

자유주의의 등장과 함께 통치의 합리성은 전혀 다른 방식으로 사유되기 시작합니다. 자유주의적 합리화의 출발점은 바로 앞서 얘기한 '국가이성'과의 단절입니다 **'언제나 너무 많이 지나치게 통치하고 있다'라는 것이 자유주의의 시각이죠. 혹은 '언제나 지나치게 통치하고 있을지도 모른다는 것을 우리는 의심해야 한다'라는 것이 자유주의의 원리입니다.** 그렇다고 해서 통치는 항상 최소한이어야 한다는 자유주의의 주장을 단순한 자유방임으로 오해해서는 곤란합니다. 앞서도 아주 잠시 언급했습니다만, 최소한의 통치는 무엇을 위한 것일까요? 자연 혹은 자연성을 해치지 않기 위한 것입니다. 무엇이 자연이며 그 자연(성)이 어떻게 추구되어야 하는지를 둘러싼 다층적인 실천과 앎의 추구, 지식의 생산과 지식-권력의 결합, 각종 기구와 장치의 작동이 전 방위적으로 확산되는 가운데, 자연(성)에 대한 사유가 통치의 합리성의 핵심에 자리하게 됩니다.

4) 자유주의의 출발점: '사회'라는 관념

그렇다면 자유주의는 무엇을 출발점으로 삼는가? 국가와 관련해 외부적으로나 내부적으로나 매우 복합적인 관계를 맺고 있는 '사회'로부터 출발하는 것이죠. 우리는 앞에서 이 '사회'에 대해 이야기했습니다. 사회는, 푸코가 보기에 이것은 완전히 자유주의의 개념입니다. 여러분이 이전 강의에서 마르크스와 뒤르켐, 베버를 통해서 사회 혹은 '사회적인 것'이 어떻게 사유되었는가를 다루셨겠습니다만, 뒤르켐 혹은 베버의 사유와 마르크스의 사유는 굉장히 다르죠. 굳이 그 셋 중에서 비교해 보자면, 푸코가 생각했던 사회는 마르크스의 사유에 더 가깝다고 할 수 있습니다. 푸코에게 '사회'란 뒤르켐이 생각했던 것처럼 저 시장의 바깥에 존재하는 규범적 실체도 아니고, 베버가 생각했던 것처럼 시장질서의 근저에서 작동하는 행위의 원리도 아닙니다. 시장 그 자체죠. 푸코는 '사회'라는 게 사실은 개념적인 구성물이라고 봅니다. 가공된 것이죠. 어떻게? 자유주의를 통해서. 자유주의는 반드시 '사회'로 부터 출발해, 통치를 정당화하기 위한 목적에 대해서 묻습니다. '왜 통치하는가?' 이것이 자유주의가 던지는 질문이죠. 자유주의는 언제나 통치에 대한 비판으로 작동합니다. '왜 통치하는가?'는 사회의 이름으로 던져지는 질문이죠. 그리고 '왜 이 사회를 이토록 지나치게 통치하고자 하는가?' 이것이 자유주의가 던지는 질문이자 자유주의가 끊임없이 제기하는 비판입니다.

『생명관리정치의 탄생』에서 푸코는 이 자유주의를 현대의 두 가지 사례와 함께 다룹니다. 18~19세기에 등장했던 고전적인 자유주의 통치성은 당연하게도 여러 가지 방식으로 위기에 직면하게 됩니다. 전쟁, 나치의 국가사회주의, 대공황, 혹은 그 후 등장하게 되는 케인스주의라든지, ─ 물론 케인스주의 역시 자유주의적인 통치의 작동이라고 할 수 있습니다만 ─ 이렇게 자유주의 통치성이 역사적으로 위기에 직면하게 되면서, 통치의 과잉이 가져오는 비합리성에 대한 비판이 **새로운 양식으로** 등장하게 됩니다. 그중 20세기 자유주의의 갱신을 가져온 두 가지 사례가 독일의 질서자유주의와 미국의 신자유주의입니다. 독일의 질서자유주의는 자유시장이 이론상의 이상처럼 작동할 수 있도록 하기 위해서는 역설적이게도 국가가 적극적으로 개입해야만 한다는 점을 강조합니다. 질서자유주의의 또 다른 중요한 주장은 시장의 본질이 교환에 있는 게 아니라 경쟁에 있다는 것입니다. 그렇다면 사회 전 영역에 걸쳐서 이 경쟁의 메커니즘을 어떻게 구축해서 질서를 유지할 수 있도록 할 것인가? 독일의 질서자유주의는 이것이야말로 통치의 핵심이자 관건이라고 봅니다. 결국 질서자유주의를 통한 자유주의의 갱신은 시장 경제 원리가 정치권력이 어떻게 행사되는가의 문제와 밀접하게 연동됨으로써 이루어지게 되는 것이죠.

그리고 그 유명한 시카고학파의 미국 신자유주의가 있습니다. 신자유주의에 대한 비판적 논의들이 푸코를 그 비판의 전거로 삼는 경우가 많습니다만, 오늘 강의에서는 이 신자유주의에 관한 논의를 간단하게만 다루겠습니다. 미국의 신자유주의는 경제적 자유주의로서 경제적 개입주의, 행정의 과잉, 관료주의 일반을 비판합니다. 로널드 레이건의 유명한 대통령 취임 연설처럼, "정부는 문제에 대한 해결책이 아니라, 문제 자체다(Government is not the solution to our problem, government is the problem)"라는 것이죠. 이른바 '작은 정부'의 주장입니다. 이 신자유주의는 시장의 '합리성', 아주 독특한 형태의 '합리성'을 경제 이외의 영역으로 확장시킵니다. 여기서 등장하는 게 '호모 에코노미쿠스(homo economicus)'입니다. 호모 에코노미쿠스는 개인의 행동에 관한 분석에 부여되는 — 즉, 개인을 어떻게 사유할 것인가, 개인의 행동을 어떤 식으로 유도할 것인가를 분석하는 데 필요한 — 인지 가능성의 격자를 뜻합니다. 개인에 대한 통치가 가능해지는 것은 그 개인이 호모 에코노미쿠스인 경우에 한해서만 가능합니다. 신자유주의 통치의 작동이 이루어지려면, 어떤 개인이 통치 가능한 존재가 되려면, 그리고 그 개인에게 영향력이 행사될 수 있으려면 그 개인이 호모 에코노미쿠스로서의 존재가 되어야 합니다.

이제 다시 '사회'로 돌아와 볼까요. 푸코의 '사회'는 무엇인가, 혹은 사회에 관한 푸코의 논의를 더 적절하게 포착하려면 '사회라는 관념'이란 무엇인가라고 얘기해도 좋겠습니다. 이 사회라는 것은 푸코가 봤을 때 자유주의자들의 개념입니다. 푸코는 '국가 대 사회' 혹은 '국가 대 시민사회' 같은 자유주의의 구별 속에서 어떤 종류의 특수한 통치 테크놀로지의 도식화가 일어나고 있는지 파악함으로써 그 도식화의 고유한 형식을 이끌어내야 한다고 얘기합니다. 푸코의 이러한 주장으로부터 지적 영향을 받은 학자들이 여러 이론적·경험적 연구들을 통해 국가와 사회의 구별이 어떤 과정, 어떤 형태의 권력의 작동을 통해 계속해서 만들어지는지를 분석해 왔습니다. 제가 아주 좋아하는 미국의 정치학자 티모시 미첼(Timothy Mitchell) 같은 학자들의 작업입니다.

푸코에게 사회란, 국가에 관한 국가의 담론을 배척하면서 나타난 새로운 주체 혹은 새로운 주제라고 볼 수 있습니다. 앞서 언급했던 국가이성에 관한 논의, 혹은 아주 주권적인 의미에서의 리바이어던적인 국가일 수도 있겠죠. 이것을 배척하려고 했을 때 나타나게 되는 새로운 주체이자 주제가 바로 '사회'라는 것이죠. 이때 사회라는 게 무엇입니까. 여러 다종다양한 개인들로 구성되어 있으면서 동시에 전체로 이해되는 바로 그 사회입니다. 이 사회는 특유의 습관(habit), 관행을 가질 수도 있고, 특수한 관습을 가질 수도 있죠. 이게 바로 자유주의자들이 구성해 낸 개념입니다. 푸코가 보기에 이 '사회'는 항상 통치에 대한 비판의 출발점이죠. '통치는 왜 필요한 것인가?', 이 질문은 동시에 어떤 질문을 내재하고 있습니까? '어떤 통치가 불필요한 것인가?'라는 질문을 내재합니다. 왜, 무엇에 대해서 통치가 필요하고 불필요한가? 무엇에 관한 통치가 무익하거나 혹은 유해한가? 이런 질문은 전부 다 '사회'의 이름으로 제기되는 물음이라는 겁니다.

이 물음들 모두가 '사회'라는, 자유주의를 통해서 탄생한 이 새로운 문제계와 분리 불가능합니다. 사회는 결국 국가의 과도한 통치로부터 보호되어야 하는 실체입니다. 이렇게 보면 사회는 결국 경제가 아니겠습니까? 조금 다른 개념이지만 시장일 수도 있죠. 그리고 또 다른 차원에서 아주 효과적인 개념이 바로 인구입니다. 이들이 공통적으로 사회를 가리키고 있는 것이죠.

5) 인종주의와 정상성

푸코의 콜레주드프랑스 강의 중 한국에서도 상대적으로 일찍 번역된 강연록이 『사회를 보호해야 한다』입니다. 이따금 이 책의 제목을 푸코의 주장으로 오해하는 경우를 봅니다만, 실제 이 강연록 제목에는 큰따옴표가 붙어 있습니다. "사회를 보호해야 한다"라는 저 주장에 대해 역사적으로 분석한 것이죠. 사회를 보호해야 한다는 주장은 우리가 살펴본 것처럼 자유주의의 가장 근원적인 주장이겠죠. 자유주의의 원칙이고 원리이겠습니다.

『사회를 보호해야 한다』는 꼴레주드프랑스 강의 중 비교적 초기의 강연입니다만, 여기서 푸코는 전쟁 그리고 인종주의의 문제를 매우 폭넓게 다루고 있습니다. 짧게 요약하자면 정치사상에서 전쟁은 완전히 문제의 외부, 문제의 바깥으로 내몰리게 된다는 것이고, 새로운 종류의 인종주의가 등장하게 된다는 겁니다. 여기서 푸코가 살펴보는 인종주의는 우리가 얘기하는 통상적인 의미의 인종주의가 아닙니다. 이를테면 유럽 사회의 아주 오랜, 유태인과 관련된 인종주의, 이런 문제를 얘기하는 게 아닙니다. 통상적으로 인종주의는 하나의 사회 집단이 다른 사회 집단에 맞서는 일종의 투쟁의 도구이고, 서로 이질적인 두 집단 사이에서 이질적인 집단 혹은 이질적인 인종을 향하는 것이 인종주의입니다. 그런데 이와는 다른 아주 새로운 종류의 인종주의가 등장했다고 푸코는 얘기합니다.

이 새로운 인종주의는 외부의 이질적인 다른 인종과 대결하는 것이 아니라 내부를 향하게 됩니다. 외부가 아닌 내부, 일종의 우연적인 일정한 요소들에 의해서 계속 이 사회가 위협받을 가능성이 있다고 여기게 되었다는 겁니다. 그렇기 때문에 저 외부, 이 사회의 외부에 존재하는 다른 인종과의 대결이 아니라 우리 사회 내부에서 등장할 수 있는 우연적인 위협적 요소, 그것으로부터 사회를 보호해야 한다는 관념이 출현하게 되었다는 것이죠. 이것이 바로 우리가 이어서 보게 될 정상성의 개념과 결합하게 되는 건데요. 기억할 것은 '사회를 보호해야 한다'는 주장이 끊임없이 외부가 아니라 내부를 향하는 어떤 관념과 연계된다는 얘기입니다.

앞서 제가 규율권력과 생권력을 순차적인 단계로 이해하면 안 된다, 규율권력과 생권력은 현실에서 서로 맞물리면서 서로를 보완하는 방식으로 작동한다는 얘기를 했습니다. 규율권력은 아주 중요한 이중적인 특성을 가지고 있습니다. 제가 규율권력에 대해 얘기하면서 부디 '판옵티콘-규율권력-일망감시 체제-CCTV-감시사회', 이런 식으로 생각하지 마시라고 말씀드렸잖아요? 그게 아주 푸코를 납작하게 만드는 해석의 방식이죠. 해석이라기보다는 푸코를 수용하는 아주 납작한 방식입니다. 다시 규율권력에 대해 얘기해 보겠습니다. 규율권력은 감시 그 자체를 목적으로 하지 않으며 규율권력이 발휘하는 효과는 정상화에 있습니다. 제가 앞서 norm에 대해 언급했습니다만, 푸코는 이 norm에 함축된 '정상'의 의미와 '규범'의 의미를 의식적으로 분리시켜 구별하기 위해 규범화(normation)라는 신조어까지 만들어 정상화(normalization)와 개념적으로 구분해서 논하기도 합니다.[5] 정상화는 필연적으로 정상과 비정상 사이의 분할을 산출해 내지만, 규율권력에서 더욱 중요한 것은 정상화가 아니라 규범화라고 푸코는 강조합니다. 즉, 우리가 규율권력을 통해 어떤 종류의 정상성에 부합하는 인간을 생산해 낸다고 할 때, 그 정상성이란 어떤 종류의 규범에 기초하는 것이죠.

저는 여기서 규범화와 정상화를 엄밀하게 구분하지는 않겠습니다. 왜냐하면 그 둘은 사실상 분리시키기 어려운 동시적 과정이기 때문입니다. 정상화가 특정한 종류의 정상성에 부합하는 인간형을 만들어낸다면, 그 인간형이야말로 바로 그 사회에서 만들어내는 규범에 기초한 것이 아니겠습니까. 푸코가 '규범화'라는 거친 조어를 용서해 달라고까지 말하면서 정상화와 규범화를 구분해서 설명했던 이유는 정상화를 정상과 비정상 사이의 이분화, 그 분할의 효과를 산출하는 것으로 해석하는 것을 경계하기 때문입니다. 정상화는 단지 정상과 비정상을 분할하고 비정상을 배제하려는 메커니즘이 아닙니다. 정상화 혹은 규범화는 정상 혹은 규범에 포섭되지 않는 무질서의 영역을 동시에 만들어냅니다. 규율권력이 작동하면 작동할수록 여기에 포섭되지 않는 무질서화의 효과가 동시에 산출된다는 것이죠.

학교의 예를 들어보겠습니다. 학교라는 규율권력 체계가 작동하면 작동할수록 학교를 떠나는 학생들이 생겨나죠. 제대로 출석하지 않는다든지 혹은 '학습 부진'을 겪는 학생들이 나타난다든지, 정상화/규범화의 산물로서의

---

5   안전, 영토, 인구 3강, 1978년 1월 25일 강의.

무질서, 잔여 혹은 잉여라고 부를 수 있는 존재들이 생겨납니다. 그럼 이들을 다시 정상화/규범화시키기 위해서 각종 상담 프로그램과 대안적인 체계들이 고안되고 가동됩니다. 군대의 예를 들어볼까요. 푸코는 규율화된 군대가 등장하기 이전에는 탈영병이 존재하지 않았다고 얘기합니다. 그런데 규율화된 군대가 존재하게 되면서 이 체계를 벗어나는 자로서의 탈영병이 등장하게 되는 겁니다. 제가 앞서 범죄에 대해서도 얘기를 했습니다. 규율권력의 등장과 함께 법률 체계나 형벌 체계가 담당하게 되는 것은 범죄자와 범죄자 아닌 자로 이분화된 현실이 아닙니다. 오히려 법률 체계는 이제 동일한 일련의 행위를 담당하게 됩니다. 모두가 범죄의 가능성을 가지고 있고, 범죄를 저지른 자는 언제든 정상화/규범화를 거쳐 다시 정상적인 사회의 구성원으로 복귀할 수 있는 것이죠. 정상화, 즉 규범화의 과정은 일종의 무질서를 생산해 냅니다. 그리고 그 무질서를 다시 포섭 체계로 들여오기 위한 규칙을 다시 수립시키는 정상화/규범화가 계속해서 작동하게 됩니다.

이걸 보여주는 게 바로 사회학 전공생이라면 반드시 사회통계학 수업에서 배우게 되는 가우스 분포(Gaussian distribution)입니다. 저 종 모양의 그래프를 보면 무엇이 떠오르시나요? 가우스 분포보다도 훨씬 더 익숙한 이름이 있습니다. 19세기 말에 가우스 분포에 붙여진 이름입니다. 바로 정규분포(normal distribution)죠. 한국어로는 '정규'로 번역됐습니다만, 여기서 normal의 의미가 무엇입니까? 바로 '정상', '정상적'이라는 것이죠. 과학철학자인 이언 해킹 (Ian Hacking)은 정상성이라는 개념 자체가 통계학의 발전과 함께 나타난 통계학적 메타개념이라는 점에 주목하기도 했지요. 저 정규분포에서 종 모양 그래프의 중심으로 갈수록 정상이며 그것이 규범입니다. 그런데 이 규범화의 과정은 그래프의 꼬리에 해당하는 부분들을 산출해 내는 과정이기도 합니다. 동시에 이 꼬리 부분을 다시 정상성의 범주로 끌어들여야만 하죠. 그것이 규율권력 체계입니다. 규율권력은 정상과 비정상으로 양분된 세계, 정상과 비정상 사이의 분할을 만들어내는 것이 아니라 (혹은 그런 분할을 만들어

그림 4-2

종 모양 곡선(bell curve)

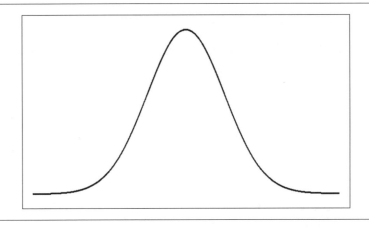

낸다고 하더라도 그보다 더욱 중요하고 근원적인 것은) 정규분포 곡선과 같은 세계
를 만들어내는 것이죠.

이렇게 해서 만들어진 것이 바로 '사회'입니다. 앞서 제가 푸코의 『사회를
보호해야 한다』에서 인종주의는 '우리'의 외부에 있는 적 혹은 이질적인 인
종을 향하는 것이 아니라 내부를 향한다는 얘기를 했었잖아요. 왜냐하면 사
회 ─ 하나의 신체처럼 사유되는 사회적 신체 ─ 란 바로 저 그래프에서 보이는 것
처럼 정상성과 규범성을 작동시키는 이 체계 안의 사람들과 여기로부터 이
탈하는, 규범화되지 않은, 포섭되지 않은, 저 요소들을 다 포괄하기 때문이
죠. 새로운 형태의 인종주의가 **사회 내부**를 향하게 되었다, 그 내부의 위험
성으로부터 '사회를 보호해야 한다'라고 얘기했던 것을 바로 이 그래프를 통
해서 확인할 수 있습니다. 저 곡선의 꼬리에 해당하는 것들, 규율권력 체계
에 포섭되지 않는 무질서, 잔여, 이른바 잉여, 이런 것들을 다 포함하는 것이
사회입니다. 그렇다면 이런 잔여, 규범으로 포섭되지 않는 잔여의 문제를 어
떻게 해결할 수 있을까요? 여기서부터 '어떻게 우리가 사회를 보호할 것인

가?'라는 문제가 제기되기 시작하는 것이죠.

우리가 지금 비판사회이론을 다루고 있습니다만, 그때의 '비판'이 아니라 전혀 다른 의미에서, 자유주의는 언제나 항상 **비판의 도구**였다고 푸코는 인식하고 있습니다. 무엇에 대한 비판? 통치에 대한 비판이지요. 통치에 대한 비판의 도구로서 자유주의는 여러 가지 다른 형태로 통치의 실천을 조정해왔습니다. 18세기 말에서 19세기 전반을 거치면서 앞서 우리가 살펴봤던 공리주의의 도덕적 원칙은 통치의 실천에서 지배적인 위상을 가지게 되죠. 우리가 오늘날 공리주의로부터 벗어나서 통치의 원칙이나 통치의 실천에 대해 어떤 정당성의 요구를 할 수 있겠습니까. 가령 어디에 공항을 짓는다고 합시다. 공항 건설을 찬성하든 반대하든, 그것이 정당한지 혹은 정당하지 않은지를 논하기 위해서 공항 건설이 야기할 비용과 편익을 비교하게 됩니다. 결국 통치의 실천에서 정당성을 논하게 될 때, 그것이 옳은가 그른가에 대한 도덕적 판단을 그것의 효용을 근거로 해서 논한다는 것이죠. 공리주의는 이렇게 해서 자유주의의 도덕적 기반을 마련합니다. 자유주의가 통치에 대한 비판의 도구라면, 공리주의는 통치의 실천이 정당한가를 판단하게 해주는 도덕적 기초죠.

비판의 도구로서 자유주의가 향하는 곳이 결국 어디인가? 진부할 수도 있겠습니다만 결국 근대 자본주의 시장경제죠. 혹은 경제학이라는 지식 체계, 경제학이라는 이론 체계는 결국은 **최소의 통치**를 향하게 됩니다. 이것이 18세기 프랑스의 중농주의와 그 이후에 등장한 고전경제학이 중상주의의 세계와 결별하게 되는 지점이었습니다. 그리고 자유주의가 비판의 도구로서, 통치에 대한 비판의 도구로서, 통치성의 과잉의 효과를 포착하고 측정하는 특권적 실험의 장소가 바로 시장이죠. 그리고 경제 과정의 최적의 전개와 통치의 최대화라는 것이 원리상 양립할 수 없는 것을 보여주는 것이 바로 경제학입니다. 자유주의의 현실은 시장이고 자유주의의 이론은 정치경제학이었다는 것이죠. 이를 통해서 중상주의와 결별하면서 자유주의로 나아가게 되었다는 것입니다.

5.   푸코의 고전경제학 비판

이제 푸코의 고전경제학 비판에 대해서 다루도록 하겠습니다. 먼저 통치성 개념을 다루면서 시작하겠습니다. 앞서 통치성이라는 용어를 제가 언급하기는 했습니다만, 이 '통치성'은 1970년대 후반의 강연에서 푸코가 제시한 개념이었죠. 1970년대 『감시와 처벌』, 『성의 역사』 등 권력에 관한 푸코의 연구는 큰 파장을 불러일으켰지만, 그중에서도 푸코의 논의에 제기된 수많은 비평이나 비판 중에서 아주 빈번히 등장하던 것이 바로 국가에 대한 설명을 결여하고 있다는 것이었습니다. 현실에서는 왕의 목이 잘렸지만 정치적 사유에서는 왕의 목이 아직 잘리지 않았다라고 푸코가 여러 차례 얘기했으나, 푸코의 작업에 국가에 대한 논의가 결여되어 있다는 비판은 매우 광범위하게 존재했죠. 그러나 푸코의 1970년대 후반 콜레주드프랑스 강연 내용이 2000년대에 강연록으로 출간되면서 그 내용이 일약 효과적이고 급진적인 국가분석의 이론으로 부상하게 됩니다. 그리하여 그 이후 국가에 관한 많은 논의들이 푸코를 경유하지 않을 수 없게 만든 것이 바로 이 통치성 개념이었습니다.

1) 통치성

통치성은 오늘 계속 언급한 주제 ― 18세기 서구에서 일어난 정치적 합리성의 전환이라는 문제 ― 를 다루는 동시에 이 새로운 정치적 합리성의 맥락에서 20세기 자유주의의 문제를 탐구하기 위해 고안된 개념입니다. 푸코 자신의 표현을 빌리자면 "국가와 인구의 문제를 다루기 위해서" 고안된 개념이죠. 통치성의 개념을 여러 가지로 설명해 볼 수 있겠습니다만, 오늘 제가 푸코의 권력 논의를 다루면서 강연을 시작했었죠. 규율권력은 개별화하는 권력으로서, 규율을 통해 개인의 정상화(규범화)를 추구합니다. 반면 생권력은 개인을 상대하지 않죠. 전체화하는 권력으로서 생권력은 인구 및 노동력을 어떻게 조절할 것인가의 문제와 연관됩니다. **통치성은 우리를 개별화하면서 동시에 전체화하는 근대 권력의 성격을 국가 수준에서 포착하는 개념**입니다.

푸코는 아주 놀라울 정도로 국가라는 단어를 아주 제한되게 씁니다. 그리고 국가를 주어로 하는 문장은 거의 쓰지 않습니다. 대신에 이것을 통치성의 작동으로 접근해서 얘기하죠. 우리가 앞서서 계속 다뤘습니다만 자유주의 통치 체제가 등장하면서 통치 기술이 확장되고 전개된 것이 18세기 이후입니다. 푸코는 govern이라는 단어 ― 프랑스어로는 gouverner입니다만 ― 의 용법이 16세기 이전까지 완전히 달랐다는 점에 주목합니다. '이끌다', '전진하다', '영양을 공급하다', '생계를 유지하다', '말을 나누다' 같은 다양한 용례를 가지고 있었다고 하지요. 우리가 오늘날 아는 것과 같은 '통치하다'라는 의미로 쓰이기 시작한 것이 16세기부터였습니다. 왜 16세기일까요. 앞서 다룬 것처럼 이 시기가 절대주의 시대였고, 우리가 알고 있는 근대 국가의 어떤 원형이라고 할까요. 중상주의 시대 국가에 관한 지식의 축적, 국가학(통계학)과 통치 기술이 활발하게 전개되기 시작하는 무렵에 govern이라는 단어의 용법이 새롭게 등장하게 된 것이죠. 그러나 이것은 절대주의 시대 군주의 지배를 위한 수단이었을 뿐 그 내부의 합목적성을 가진 통치 그 자체는 아니었습니다.

그런데 이와 같은 상황이 완전히 새로운 변화를 겪게 되는 것이 바로 18세기부터지요. 18세기 서구에서 등장한 정치적 합리성을 푸코는 통치성이라는 개념으로 분석합니다. 자유주의의 부상과 함께 나타난 통치성의 전개 과정을 분석할 때, 푸코는 '서구에서' 등장한 정치적 합리성이라고 설명하면서 서구에서 나타난 역사적 현상임을 강조하고 있습니다. 통치성의 유럽적 기원을 밝히기 위해 사목권력에 대한 논의를 하기도 하죠. 푸코는 서구에서 나타난 자유주의 통치성 형성의 역사적 경로를 밝히는 데 관심을 기울였습니다. 그리고 유럽의 특수한 역사적·지역적 맥락에서 등장했던 이 독특한 정치적 합리성, 즉 통치성은 이후 유럽 이외의 여러 지역에서 다양한 역사적 조건과 결합하고 여러 가지 형태로 변주하면서 확산되어 나가게 되죠.

그러면 이 통치성이라는 개념을 통해서 푸코는 지금 무엇을 얘기하고자 한 것일까요? 왜 국가가 아니라 통치성이라는 개념을 통해서 분석하고자 했을까요? 통치성 개념을 통해 푸코는 국가라는 실체에 대한 선험적 가정에서 벗어나는 분석의 계기를 마련합니다. 정치적 실천과 지적인 실천을 포함해 매우 다층적인 실천과 그 결합을 통해서 통치성이 전개되고, 그럼으로써 그 효과로서 우리가 느끼게 되는 것이 바로 국가라는 겁니다. 국가에 관한 분석은 국가 그 자체를 출발점으로 삼는 것이 아니라 리바이어던의 모델을 버리고 구체적인 통치의 실천을 통해 그 실천의 성격과 효과를 분석해야 한다는 것이죠.

통치성이란 결국 18세기 서구라는 아주 특정한 시간적·공간적 맥락을 넘어 '통치'라고 지칭될 수 있는 권력의 새로운 유형과 그 속성을 지칭하는 개념입니다. 푸코는 통치성을 "인구를 주된 목표로, 정치경제학을 주된 지식의 형태로 삼으며, 안전장치를 주된 기술적 도구로 이용하는 제도, 절차, 분석, 고찰, 계측, 전술의 앙상블"이라고 설명합니다. 여기서 통치성이 "인구를 주된 목표로" 한다는 것은 무엇을 뜻합니까? 통치의 목표지요. 통치의 목표는 시민도 아니고 백성도 아니고 바로 인구입니다. "정치경제학을 주된 지식의 형태로" 삼는다는 것은 무엇을 뜻합니까? 통치에 필요한 지식은 곧 경제학이라는 것이죠. 마지막으로 통치성이 "안전장치를 주된 기술적 도구로 이용하는 제도, 절차, 분석, 고찰, 계측, 전술의 앙상블"이라는 것은 무엇을 뜻할까요? 저는 여기 이 **앙상블**이라는 표현을 매우 좋아하는데요, 마르크스 역시 "인간의 본질은 …… '사회적 관계들의 앙상블'이다"라고 이야기했죠.

다층적인 여러 실천들이 특정한 형태로 결합해 발휘되는 종합적인 효과로서 통치성에 접근해야 한다는 것이죠. 그러한 푸코의 입장을 이 앙상블이라는 단어가 함축하고 있다고 하겠습니다.

2) 인구

통치성이 인구를 주된 목표로 한다는 설명을 좀 더 들여다봅시다. 통치성의 목표가 왜 인구일까요? 인구는 부의 원천이기도 하고 노동력이기도 하고 성장 및 자원과도 밀접한 연관을 가집니다. 그런데 '인구'는 18세기 초까지는 존재하지 않는 단어였습니다. 인구라는 단어 자체가 18세기 중반에 처음으로 등장하게 되지요. population이라는 단어가 처음 등장했을 때 이 단어의 의미는 depopulation의 반대 의미로, 일종의 동사적인 의미를 함축하는 개념이었습니다. 전염병이 휩쓸고 가거나 혹은 전쟁이나 기근 같은 것이 휩쓸고 지나가서 사람들이 많이 죽어 얼마 남지 않게 된 후 다시 사람들이 많아지는 것, 사람들이 다시 채워지는 과정을 지칭하는 개념이었죠. 바로 중상주의 시대 사유의 흔적입니다. 중상주의 시대에 인구 개념은 존재하지 않았습니다. 다만 '사람이 많고 풍부하다는 것(populousness)'을 뜻하는 단어가 존재했을 뿐이죠. 사람이 많고 풍부하다는 것, 이것이 중상주의 시대에 인구를 사유하는 방식이었습니다. 사람이 많아야, 즉 백성이 많아야 국력과 국부의 근간이 마련되는 것입니다. 사람이 많아지고 백성이 많아지는 것을 지칭하면서 등장한 인구 개념은 이후 정치경제학의 주요한 관심으로 부상하게 됩니다.

중상주의 시대에 백성의 수는 매우 중요한 문제였습니다. 왜? 백성이 많아야 농업이나 수공업에 풍부한 일손이 공급될 수 있기 때문이죠. 그리고 이렇게 사람이 많아야 경쟁을 통해서 임금이 떨어집니다. 중상주의에서는 최대한 많은 일손이 최대한 모두 노동에 종사하면서, 최대한 낮은 임금을 받고,

이를 위해 값싼 곡물이 풍부하게 공급돼야 한다고 보았죠. 그렇기 때문에 사람이 많다는 것이 국력이나 국부의 근간으로 여겨지게 됩니다. 그런데, 그렇게 국부가 증대되고 국력이 강화됨으로써 번영하거나 부유해지는 것은 그 사람들 자신, 백성들 자신이 아닙니다. 이게 중상주의 정치의 아주 근본적인 특징이지요. 번영하고 부유해져야 하는 것은 국가입니다. 결코 백성들이 아니죠. 이런 사유 속에서 경제적 차원에서의 인구 개념은 부재할 수밖에 없었습니다.

그런데 고전경제학의 전조인 중농주의의 등장과 함께 중상주의적 세계와 결별하는 18세기에 인구 개념이 등장하게 됩니다. 이와 함께 인구 개념은 중상주의 시대의 '많은 사람'에 대한 지향과 단절하기 시작합니다. 인구는 이제 더 이상 무조건 많아야 좋은 것이 아니라, 자원과 일자리, 가격을 유지하기 위해 필요 충분한 소비에 따라 상대적 가치가 달라지는 것으로 사유되지요. 일정한 조건하에서 적정한 인구, 최적의 인구가 달라지는 것입니다. 중농주의자들은 값싼 곡물이 풍부하게 공급돼야 한다고 보았던 중상주의자들과 달리 곡물의 가치를 제대로 지불해야 한다고 주장합니다. 왜일까요? 최적의 인구는 자원과 노동력과 가격과 소비에 따라서, 즉 경제에 따라서 가변적인 것인데, 인구가 너무 많으면 적정한 임금을 지급받을 수 없고, 노동에 대한 관심도 적절하게 유지될 수 없으며, 상품의 가격도 적절하게 유지될 수 없습니다. 과잉인구를 경계하는 것이죠. 중농주의는 곡물의 가치를 제대로 지불함으로써 임금이 너무 낮아지지 않도록 하고, 그리하여 사람들이 노동에 관심을 가지고 소비함으로써 상품의 가격을 유지하도록 하기 위해 인구가 너무 많아서는 안 된다고 보았습니다.

인구의 등장은 사회에 대한 인식을 독특한 방식으로 만들어냅니다. 사회는 군주의 의지나 명령에 의해 구성되지 않습니다. 사회를 구성하는 것은 인구입니다. 인구는 매우 독특한 개념인데요. 백성이나 혹은 근대적인 의미에서의 시민과 같이 복종시키거나 혹은 규율하거나 할 대상이 아닙니다. 인구는 그 내재적 본성(nature)을 잘 파악하고 숙고해 통치해야 할 대상으로 등장합니다. 여기서 이 nature라는 단어에 주목해 볼까요? nature는 맥락에 따라 본성이라고 번역되기도 하고 자연이라고 번역되기도 합니다만, 이 nature라는 단어가 아주 중요합니다. 인구는 항상 그 내부에 이 nature라는 개념을 함축하고 있습니다. 혹은 자연성(naturalness)의 개념을 항상 함축하지요. 인구를 통치한다는 것은 바로 인구에 내재된 nature, 자연 혹은 본성, 이 자연성의 차원을 잘 파악하고 숙고해야 한다는 것을 의미합니다. 사회가 인구로 구성된다는 것은 무슨 의미입니까? 결국 사회의 작동은 자연(성)의 영역이라는 것이죠. 이렇게 인구 개념은 권력기술(techniques of power)의 장에 '자연'을 도입하는, 정확히 말해 재도입하는 결정적 계기였다고 할 수 있습니다.

3) 인구의 자연성과 통치-과학의 결합

지금 이야기한 인구의 자연성을 우리는 세 가지 차원에서 이야기할 수 있습니다. 첫째, 인구는 일련의 변수에 의존해서 '주어지는 것(datum)'으로 존재합니다. datum은 철학에서 '소여'라고 번역하는데, 이 datum의 복수형이 바로 data입니다. 일련의 변수에 의존하는 데이터가 바로 인구입니다. 즉, 일련의 변수에 따라서 변화하는 것이지 결코 주권자의 명령이나 법으로 변화시킬 수 없다는 것이죠. 여러분, 정부가 출산하라고 한들 출산하겠습니까? 혹은 낳지 말라고 한들 안 낳겠습니까? 주권자의 명령이나 법으로 변화시킬 수 없는 자연적인 현상으로서 출산은 출산에 영향을 미치는 무수히 많은 변수들에 의해서 나타나는 결과입니다. 인구정책은 바로 그 변수들을 면밀하게 검토하고 측정하고 조정하는 과정의 산물이지요. 다른 예를 들어볼까요. 정부가 '코로나19에 걸리지 마라'라고 한다고 해서 우리가 안 걸릴 수 있습니까? 여러 종류의 변수에 의존해서 코로나19 감염이 일어나는 것이죠. 인구의 자연성으로 인해서 인구를 향한 통치의 과정은 인구에 영향을 미치는 요인과 기술에 접근하기 위한 끊임없는 분석을 필요로 합니다. 어떤 분석입니까? 의학적인 것일 수도 있고 당연히 통계학적인 것일 수도 있습니다. 혹은 물론 경제학적일 수도 있죠. 권력과 지식, 통치와 과학은 이렇게 인구의 자연성으로 인해 불가분의 관계로 결합하게 됩니다.

둘째, 인구는 어떻게 변화하고 변동합니까? 왜 사람들이 아이를 낳지 않습니까? 왜 사람들이 결혼하지 않습니까? 혹은 사람들이 왜 자꾸 코로나19에 감염됩니까? 왜 수도권 인구는 늘어나고 '지방'의 인구는 점점 줄어듭니까? 모든 사람이 다 특정한 '욕구'를 가지고 있기 때문이죠. 나가고 싶고, 사람을 만나고 싶고, 함께 무언가를 먹고 싶은 것이죠. 자기 나름의 행복을 추구하기 위해서 결혼하거나 결혼하지 않거나, 아이를 낳거나 낳지 않습니다. 인구 변동을 가져오는 유일한 요인은 무수히 다른 개인들의 욕구라는 거예요. 그렇다면 인구 현상을 관리하기 위해서는, 즉 인구를 통치하기 위해서는, 바로 이 '욕구'를 정확하게 인식하는 것이 관건입니다. 무수히 많은 개인들의 욕구를 정확하게 인식해 내고, 그렇게 인식한 그 욕구를 어떻게, 어떤 방향으로, 어떤 방식으로 장려하고 도모할 것인가? 이것이야말로 통치의 핵심적인 과제가 된다고 할 수 있겠습니다.

셋째, 이처럼 인구는 주권자의 명령과 개입이 불가능하지만, 그리고 무수히 많은 개인의 '욕구'에 따라서만 변동하지만, 그 내부에 놀랍고 흥미로운 일종의 규칙성과 항상성을 가지고 있습니다. 이를테면 뒤르켐이 『자살론』에서 얘기하는 바와 같죠. 자살은 개인의 선택이지만, 자살률은 특정한 규칙성과 항상성을 가지고 있습니다. 인구현상에 내재된 이 내재적인 규칙성과 항상성은 바로 인구현상에 내재된 어떤 본성 혹은 자연성의 차원이라고 할수 있겠습니다. 그럼 그걸 어떻게 해야 됩니까? 역시 인지해야 합니다. 알아야 하는 것이죠, 통치를 위해서는. 이것이 역시 권력과 지식, 통치와 과학을 결합시키는 매우 중요한 인구의 자연성의 차원이었다고 할 수 있겠습니다.

결국 인구는 외재적인 개입이나 인위적인 명령을 통해서는 변화시킬 수 없는 자연적 현상이자, 백성이나 시민과는 달리 내재적 본성, 내재적 자연을 파악하고 숙고해서 통치해야 할 대상으로 등장하게 된 것입니다. 그럼으로써 통치에 대한 관념은 인구의 자연성에 대한 탐구와 결합하게 되는 것이죠. 여러분, 이 자연성이 뭐예요? 바로 고전경제학의 주된 관심입니다. 시장을 작동시키는 원리는 어떤 명령이나 초월적인 체계에 의해서 만들어지지 않습니다. 자연적으로 존재하는 것이죠. 이와 같은 시장의 자연성, 인구의 자연성, 즉 '사회'의 자연성은 고전경제학, 혹은 오늘날에도 계속해서 신자유주의의 논리를 통해 잘 나타나는데, 이 자연성에 대한 주장을 전면적으로 보여주는 것이 바로 맬서스였습니다. 맬서스는 최초의 경제학 교수였습니다. 중농주의와 고전경제학을 거치면서 출현한 인구라는 문제에 대해, 인구의 변동은 오직 자연의 법칙에 속한다는 것이 맬서스의 핵심적인 주장이었습니다.

대체로 맬서스 하면 사람들이 무엇을 떠올립니까? '인구는 기하급수적으로 늘어나는 반면 식량은 산술급수적으로 늘어난다', 이 명제를 떠올립니다. 그런데 맬서스의 주장의 핵심은 '그러므로 인구를 줄여야 한다'는 것이 아닙니다. 맬서스의 주장은 '생존자원(식량)과 인구의 서로 다른 자연적 원리에 따라, 인구가 적정 수준 이상으로 증가했을 때 그것을 그대로 두면 자연 법칙에 따라, 즉 생존자원의 제한으로 인해 다시 줄어들게 된다'는 것입니다. 그렇게 인구는 일정한 파동의 형태를 띠면서 변동하는 것이죠. 인구가 늘어나면 생존자원이 부족해지니까 다시 인구가 감소하고, 그러면 다시 생존자원이 상대적으로 충분해지니까 인구가 늘어나는 식으로, 인구는 스스로의 자연적인 조정 과정을 거치게 된다는 것입니다. 그러니까 어떻게 하라는 걸까요? 개입하지 말라는 겁니다. 증식과 억제가 서로 작용하면서 인구가 균형과 불균형의 상태를 오가는 주기적인 파동을 되풀이하게 되는데, 인간이 이성에 대한 과도한 믿음과 확신에 근거해서 이 자연의 법칙에 맞서는 인위적인 개입을 시도해서는 안 된다, 이것이 바로 맬서스의 주장입니다. 맬서스는 프랑스혁명을 비판하고, 계몽주의를 비판하고, 인간의 진보를 비판하고,

진보에 대한 인간의 믿음을 비판합니다. 구체적으로 보자면 빈곤에 대한 인간의 개입, 구빈법을 비판합니다. 구빈법과 같은 방식으로 인위적인 개입이 있어서는 안 된다고 비판하는 것이죠.

4) 경제학, 자본주의, 자유주의 통치성

권력과 지식은 근대 통치술에 이르러 완전히 새로운 관계를 획득하게 되었습니다. 근대 이전까지 군주에게 필요한 지식은 윤리적 앎이었습니다. 이때 윤리적인 앎이란, 신의 뜻 혹은 신의 법칙을 아는 것이죠. 군주는 인간의 연약함을 인지하고 신의 뜻을 잘 살려서 통치함으로써 자신의 권력을 오용하지 말아야 합니다. 그것을 위해 군주에게 요구되는 앎이 바로 신의 뜻, 신의 법칙에 대한 앎이었죠. 반면 근대에 이르러 통치를 위해 필요한 지식은 사회에 대한 지식입니다. 경제학, 통계학, 인구학 같은 지식, 즉 '과학적'이고 분석적인 지식이지요. 근대의 통치술은 신의 뜻이나 신의 법칙 같은 통치 행위의 기원에는 관심을 두지 않습니다. 근대 통치술의 관심은 통치의 효과를 향하죠. 통치는 다양한 사건과 서로 상이한 합리화 속에서 신중하게 고려되는 실천으로 사유됩니다.

이제 경제학과 자본주의, 자유주의 통치성의 관계를 얘기하면서 마무리해 보겠습니다. 마르크스가 얘기한 노동 착취가 일어나기 위해서는 먼저 근대적 의미의 노동, 노동력이 구성되어야 합니다. 푸코는 개별화하는 권력으로서 규율권력이 근대적 규율을 통해 정상적이고 규범적인 노동자를 만들어내는 과정에 관심을 기울입니다. 동시에 전체화하는 권력으로서 생권력이 적정 규모, 적정 구성, 적정한 질의 인구를 노동력으로 구성해 내는 과정에 주목했습니다. 푸코가 보기에 그것이 바로 '사회'입니다. 그리고 자본주의 산업화를 위한 여러 가지 통치술, 통치의 다양한 테크놀로지가 전개되는 과정에서 지식과 지식, 과학과 과학이 다층적으로 결합합니다. 이렇게 해서 경제학 지식과 자유주의 통치성은 분리 불가능하게 결합하게 되죠.

푸코는 이렇게 말한 바 있습니다. 자신의 작업은 마르크스의『자본』2권의 혈통(lineage)에 속해 있다고 말이죠. 도식적으로 얘기해 본다면 상품이나 시장, 인간 존재의 추상화와 관계된 분석의 전통이『자본』1권과 관계된다면, 자신에게 영감을 준 것은『자본』2권이었다고 말합니다. '자본'의 발생이 아니라 역사적 '자본주의'의 발생에 대한 분석, 자본주의가 발전할 수 있었던 조건에 대한 역사적·구체적 분석을 권력의 분석과 결합시켜 다루는 것이 자신의 관심이라고 말하죠. 프랑스의 지적·정치적 풍조에서 마르크스를 언급하는 모습에 대한 환멸 때문에 마르크스를 직접 언급하지 않기 위해 상당히 세심하게 주의를 기울여 왔다는 말을 덧붙이면서, 푸코는 규율에 관한 자신의 모든 작업은 동일하게 마르크스의 작업과 내재적으로 연결되어 있는 것이라고 말합니다.[6] 어떤 의미에서 미셸 푸코는 자본주의가 작동하기 위한 논리적 조건과 물질적 조건을 구체적인 역사적 맥락을 바탕으로 탐구한 이론가였다고 볼 수 있습니다. 바꾸어 얘기해 보자면 자기 시대의 마르크스주의자들이 자본주의가 작동하기 위한 조건을 충분히 설명하지 못하고 있다고 본 것일 수도 있겠지요. 푸코에 대한 해석이 물론 다양할 수 있겠습니다만 저는 그렇게 해석합니다.

사실상 자본주의는 얼마나 많은 인위적인 개입을 필요로 합니까? 이것이 푸코의 통치성 논의가 보여준 것이죠. 자연적이라고, 자연적인 것이라고 경제학자들이 그토록 주장하고 자유주의자들이 그토록 주장하는 '사회', 인구이기도 하고 시장이기도 한 그 '사회'는, 사실상 아주 특유한 역사적 과정을 거치며 출현한 역사적 구성물이라는 것이죠. 지식과 과학이 다층적으로 결

---

6   Michel Foucault, Colin Gordon, Paul Patton and Alain Beaulieu, "Considerations on Marxism, Phenomenology and Power. Interview with Michel Foucault; Recorded on April 3rd, 1978." *Foucault Studies*, Vol.14(2012), pp.100~101.

합한 산물이며, 무수히 많은 통치의 실천의 산물입니다. 그리고 특정한 양식의 주체화의 결과이기도 하죠. 이것이 푸코의 통치성 논의가 우리에게 보여주고 있는 바입니다.

6. 푸코의 유산

이제 강의를 마무리하면서 마지막 질문을 던져보겠습니다. 우리는 푸코로부터 무엇을 취할 것인가? 결국 우리가 모든 이론가들을 대할 때 품어야 하는 것은 바로 이 질문이 아니겠습니까? 푸코는 '진리'를 밝혀내겠다, 혹은 허위적인 잘못된 앎으로부터 참된 앎으로 나아가게 하겠다 같은 논의들은 모두 허구라고 얘기합니다. 우리가 오늘 처음 시작할 때 제가 이렇게 얘기했었죠, 모든 훌륭한 이론가들은 다 우상 파괴자라고 말입니다. 푸코가 대결하고자 했었던 우상들에 대해서 생각해 봅시다. 푸코는 아주 자명한 것으로 간주되는 것들을 문제화하는, 그리하여 그것을 우상으로 삼고 그것과 대결하는, 모든 훌륭한 이론가들이 가진 그 덕목을 아주 잘 보여준 이론가이기도 했습니다.

동시에 언제나 푸코는 아주 구체적인 역사적인 자료들을 치밀하게 읽어가면서 그것을 바탕으로 자신의 논의를 전개했습니다. 바로 이것이야말로 사회학자들이 주목해야 하는 지점이라고 저는 생각합니다. 푸코는 철학자였으나 자신의 분석과 주장을 언제나 변함없이 대단히 구체적인 자료를 바탕으로 만들어갔습니다. 언제나, 항상, 아주 구체적인 자료를 그 특정한 공간과 특정한 시간의 구체성에 착목하면서 분석했죠. 푸코의 비유적 표현을 가져와서 얘기해 볼까요. 푸코는 자신이 "지도와 달력이 없는 것에 대해서는 탐구하지 않는다"라고 말했습니다.

푸코에 관한 강의를 마무리하면서 저는 여러분에게 이것을 강조하고 당부

드리고 싶습니다. 그런 연구를 하시길 바랍니다. 그런 공부를, 특히 대학원 생들은 그런 연구를 하십시오. 자명한 것들이 우상이 아닌지 의심하고, 그 우상과 대결하고, 그 모든 탐구의 과정에서 결코 공간과 시간의 구체성을 상실하거나 망각하지 않는 연구를 하시길 진심으로 기원하고 바라면서, 이제 오늘 강의를 마치겠습니다.

질의응답

1. 자기검열, 자기감시에 관한 푸코의 비판은 20세기에 등장한 공화주의적 모델과도 접점이 있는 것 같은데 공화주의가 푸코한테 영향을 받은 점이 있나요? 페팃이나 스키너 같은 정치철학자들이 공화주의를 새롭게 이론적으로 제기하면서 "내면적 지배를 받는 인민들은 굉장히 부자연스러운 것이다"라고 주장한 것으로 알고 있는데, 혹시 이러한 이론의 배경에 푸코가 미친 영향이 있을까 궁금해서 질문 드립니다.

공화주의에서 핵심적인 개념은 '덕(virtue)'이라고 볼 수 있죠. 이 덕이라는 개념을 푸코적으로 해석해 보면 후기 푸코가 천착했던 자기 윤리의 차원과 연결시켜 논의할 수 있는 가능성이 굉장히 풍부해집니다. 특히 푸코가 죽기 전에 자기 수양에 관한 이야기들을 하는데, 그래서 실망한 사람들도 있었지만, 이런 논의들을 덕의 차원과 연결시켜서 음미해 볼 만한 대목이 아주 많다고 생각합니다. 실제로 푸코 스스로도 덕에 대해 이야기하면서 이를 비판적 태도와 연결시켜 언급한 바가 있었고, 때문에 공화주의자들의 줄기찬 관심이었던 덕, 시민적 덕성의 개념과 푸코의 이론을 연결시켜서 다룬 논문들이 꽤 있습니다. 주디스 버틀러 역시 이에 관한 에세이를 쓴 적이 있지요.

그뿐만 아니라, 질문하셨듯이 20세기의 공화주의 이론가들, 이른바 '신공화주의'에 속하는 이론가들이 주장하는 '비지배 자유' 같은 개념은 통치, 통치성에 대한 푸코의 논의와 풍부한 접점을 가질 수 있습니다. 푸코는 '어떻게 통치할 것인가'의 문제가 확산되면서 동시에 '어떻게 하면 통치당하지 않을 것인가'라는 물음, 즉 '이런 식으로, 이런 원칙을 위해, 이런 목표들을 위해, 이런 방식으로는 통치당하지 않겠다'는 의지와 기술 역시 확산되었다고 보았습니다. '이런 식으로는 통치당하지 않겠다'는 의지를 신공화주의에서 말하는 '비지배'의 의지, '비지배 자유'를 향한 의지와 연결시켜 해석해 볼 수 있겠습니다. 저는 이 주제가 매우 흥미로운 주제라고 생각하고, 또 실제로 관심을 갖고 있기도 합니다. 그러나 질문자가 말씀하신 것처럼 20세기 공화주의 이론가들이 푸코로부터 어떤 명시적이거나 직접적인 영향을 받았다고 보기는 좀 어려울 것 같습니다. 푸코 역시 덕에 대해서 이야기하기는 했지만 공화주의적 전통에서 얘기하고 있다고 하긴 어렵습니다. 그럼에도 불구하고 공화주의적 사유와 푸코를 연결시키는 논의는 매우 흥미로운 주제라고 봅니다.

2. 인구의 부상이 권력기술의 장에 '자연'을 (재)도입한 것이라는 말이 어떤 의미인지 더 설명해 주실 수 있을까요?

'인구'가 출현하게 되는 역사적 과정에 착목하면서 푸코는 이 인구의 출현, 인구의 부상이 권력기술(techniques of power)의 장에 '자연'을 (재)도입하게 되었다고 이야기합니다. 이 말은 이전에 언젠가 권력기술의 장에 자연이 도입되어 있었고, 그것이 사라졌다가 다시 도입되었다는 의미겠지요? '인구'라는 개념과 함께 말입니다. 여기서 주목해야 하는 것이 16세기 말에서 17세기 초 등장한 국가이성에 관한 논의입니다. 국가이성에 관한 논의 이전까지 통치란, 신이 주관하는 자연적 질서의 일부를 구성하는 것이었습니다. 통치는 우주론적 신학의 세계의 일부로 사유되었습니다. 통치가 자연성의 영역에 자리하고 있었던 것이죠. 그런데 국가이성에 관한 논의가 등장하면서, 이 자연적 질서, 우주론적 신학의 세계와 분리된 합리성의 영역으로서 국가가 다루어지기 시작합니다. 그런 점에서 푸코는 17세기 초의 정치사상가들이 통치의 내재적 '이성'에 관한 탐구를 통해 일종의 이단을 이끌었다고 표현합니다.

그런데 18세기가 되면 다시금 전혀 다른 사유가 등장하게 되죠. 바로 정치경제학입니다. 정치경제학은 통치 이성의 일종의 자기제한의 원리입니다. 통치에 제한을 가하는 것이죠. 무엇에 근거해 제한합니까? 바로 자연입니다. 이때의 자연이란 앞서 강의 중 언급한 바와 같이 인구, 시장, 혹은 '사회'라 이름 붙일 수 있는 것의 근원적인 측면입니다. 인구는 주권적 권력을 통해서 변동시킬 수 없습니다. 인구의 변동을 가져오는 여러 변수들, 특히 무수히 많은 개인들의 욕구에 연관되는 대단히 섬세한 기술을 필요로 합니다. 이 섬세한 기술은 무엇을 필요로 합니까? 바로 인구에 대한 정밀한 지식을 필요로 합니다. 통치와 과학의 결합이라고 얘기했던 차원이죠. 통치와 과학은 결코 분리될 수 없는, 불가분의 관계가 됩니다. 왜 이와 같은 지식, 이와 같은 과학이 필요합니까? 인구는, 혹은 시장은, '자연'이기 때문입니다. 그것이 '사회'이기도 하죠.

이런 점에서, 푸코는 한때 이단을 이끌었던 국가이성에 관한 사유에 다시금 새로운 이단으로 등장한 것이 경제학이었다고 말합니다. 통치를 자연적 질서의 세계의 일부로 간주하던 사유와 단절한 것이 국가이성에 관한 논의들이었다면, 경제학은 그런 단절에 다시 새로운 단절을 가져왔다는 것이죠. '자연'을 재도입함으로써 말입니다.

3. 18세기 권력 작동의 변화를 통치성으로 포착하는 데에는 인구-정치경제학-안전장치의 계기를 통해 특유의 실천을 자연화하는 것으로 이해했습니다. 그렇다면 18세기가 아닌 현재의 통치성 기획들의

계기들을 인구-정치경제학-안전장치의 계기를 특권화하지 않으면서도 '통치성' 분석은 가능하다고 보아도 될까요? 예컨대 보편적 인구가 아닌 계서제를 바탕으로 한 특정 지역의 부분으로서의 '인구'를 목적으로 삼거나, 자연적 변수를 통해 지식을 형성하는 정치경제학이 아닌 담론적으로 구성된 지식을 동원하는 것처럼요.

푸코가 18세기에 주목한 이유는 우리가 모두 저 18세기에 등장하기 시작한 통치성의 시대를 살고 있기 때문입니다. 18세기는 중농주의와 고전경제학이 출현하고 공리주의가 탄생한 시대였습니다. 18세기 후반부터 19세기 초에 걸쳐 전개된 특유의 정치적 합리성, 즉 통치성(governmentality)의 시대를 우리가 살아가고 있다는 것이지요. 이것은 푸코의 시각이고, 이에 대해서 반박하거나 재해석하거나 논쟁할 수 있다고 생각합니다. 다만 저의 생각을 물으신다면, 저 역시 실제 우리가 여전히 그 시대를 살아가고 있다고 생각하고 있습니다. 혹은 그 연속성에 훨씬 더 주목하고 있다고 얘기할 수도 있겠지요. 제가 강의를 통해 강조했습니다만, 푸코가 말하는 통치성의 시대, 18세기에 고안된 정치적 합리성의 시대는 곧 자본주의 사회입니다. 자본주의가 지속되는 한 저 통치성의 작동이 멈출 수 있을까요? 저는 그렇지 않다고 생각합니다. 그렇다면 사회주의는 어떻습니까? 푸코는 현실에서 존재했던 사회주의가 고유의 통치성을 발전시키지 못했으며, 사실상 자유주의의 통치성 내에서, 자유주의 통치성과 접속되어 존재했다고 이야기했지요. 저도 그렇게 생각합니다.

현재 작동하는 통치성의 기획이 인구-정치경제학-안전장치의 계기를 특권화하지 않는다고 볼 수 있을까요? 저는 오히려 인구-정치경제학-안전장치라는 통치성의 구성 요소들이 한층 더 첨예해지고 중요해지고 있다고 생각하고 있습니다. 이전의 그 어느 시대 이상으로 오늘날 인구가 중요해지고 있지요. 20세기 중반 시작된 전 세계적인 산아제한의 시대가 존재하기도 했습니다만, 당시 산아제한의 주된 과녁은 이른바 '제3세계' 국가들이었죠. 지금은 이른바 '제1세계'를 포함해 모든 사회에서 인구가 사회경제적 변동과 정치적 논의의 중심에 자리하고 있습니다. 경제활동인구, 노동력, 사회보장제도, 복지정책, 경제성장 전반, 정치적 의사결정에 이르기까지 인구, 인구변동이 관건이 되고 있습니다. 질문자께서 말씀하신 "보편적 인구가 아닌 계서제를 바탕으로 한 특정 지역의 부분으로서의 인구"란 수도권 인구 같은 것을 의미하는 것일까요? 물론 인구라는 개념 자체가 상당한 정도로 우생학적 사고를 내포하고 있기 때문에, 집합적 신체로서 인구의 질에 대한 관심은 인구의 질을 떨어뜨리는 요소들에 대한 혐오와 공포의 논리를 함축하고 있다고도 할 수 있겠습니다. 가령 한국의 가족계획 사업이 겨냥한 것은 도시가 아닌 농촌 인구를 줄임으로써 산업 자본주의에 부합하는 근대적 노동력을 확보하는 것이었죠. 미국에서 근대적 피임술을 보급할 때 그 타깃은 결코 백인이 아닌 흑인 하층계급이었습니다. 그러나 다른 한편 인구는 언제나 전체를 향하는 관심이라는 점을 기억해야 합니다.

정치경제학과 '담론적으로 구성된 지식'에 관한 얘기로 넘어가 보겠습니다. 통치성이 정치경제학을 주된 지식의 형태로 삼는다는 대목에 주목해 봅시다. 여기서 말하는 '정치경제학'이란 어떤 종류의 지식을 의미할까요? 푸코는 지식에 대한 18세기의 중농주의자들의 견해를 들려줍니다. (정치)경제학은 곧 물리학이며 정치학 역시 물리학이어야 한다는 주장입니다. 여기서 물리학은 무엇을 뜻할까요? 통치에 필요한 지식은 "있음직한 것과 개연성 사이에서 논쟁하는 '의견의 학문'이 아니"라는 것입니다. 통치에 필요한 지식은 자연의 질서를 적용하는 것이어야 합니다. 즉, 물리학처럼 그 원칙이 확실하게 작동하고 항구적이면서 또한 증명 가능한 지식이어야 한다는 것이죠.

오늘날 우리가 사회를 파악한다고 할 때 그 인식적 권위는 어떻게 확보됩니까? 객관적이고 정확한 과학성에 근거하는 것이죠. 소위 이대남·이대녀 같은 '현상'을 문제화하는 방식은 어떻습니까? 그것을 '담론적으로 구성된 지식'의 영역에서 다루지 않습니다. 실증적으로 조사하고 통계적으로 분석함으로써 대상에 대한 '과학적'이고 '객관적'인 이해에 도달할 수 있다고 이야기합니다. 하물며 통치에 대한 지식은 어떻습니까? 어디에 공항을 짓고 어딘가의 원전을 중단하고자 할 때, 재난지원금이나 기본소득의 지급 여부를 결정하거나 그 액수를 정할 때, 사회보장제도를 설계하거나 제도를 수정할 때, 언제나 필요한 것은 '과학적'이고 '객관적'인, 가능한 한 모든 변수를 면밀하게 고려한 실증적 지식입니다. 저출산을 문제화하는 방식도 그렇습니다. 누가 아이를 낳고 누가 아이를 낳지 않는지, 결혼한 사람들이 낳지 않는지, 하나만 낳는 것이 더 문제인지, 대상을 면밀하게 실증적으로 관찰하는 것이죠. 그럼으로써 지식의 대상에 내재한 어떤 자연성의 측면을 파악하고자 하는 것입니다.

4. 어떻게 보면 지금 우리 사회 자체가 판옵티콘이고, 감시자는 없고, 사회 구성원이 서로를 감시하는 것 같다고 생각하고 있습니다. 요즘 사회를 보면 권력을 가지는 감시자가 사람들을 지켜보는 것이 아니라, 억압당하는 사람들이 그 억압에 익숙해지고 자연스러워지면서 억압당하는 사람들끼리 감시자가 원하는 대로 서로가 서로를 감시하며, 감시자가 보지 못한 것마저도 보고하는 경우도 있다고 생각하는데, 이것이 맞는 것인지 궁금합니다.

예를 들어서 말해보자면, 코로나19 때문에 생겨났던 '5인 이상 집합금지' 같은 정책에 대해, 피억압자인 국민들이 제보나 신고를 하는 것처럼 감시자만 감시하는 것이 아니라 감시당하는 사람들 자신끼리 감시하는 상황이 생긴다고 보고 있는데 이것이 맞는 것인가요?

현재의 사회, 특히 팬데믹 이후의 사회를 어떻게 볼 것인가, 여기에 대해서는 매우 많은 논의와 논쟁이 가능하고 또한 필요하겠습니다. 다만 질문자가 제기한 질문의 취지가 푸코의 논의와 연결시켜 논하는 데 있다고 이해하고, 푸코의 논의에 한정해서 이야기해 보도록 하겠습니다. 질문자께서 얘기하신 것처럼 지금 우리는 일종의 판옵티콘의 체계 안에서 살아가고 있다고 얘기해 볼 수 있습니다. 판옵티콘의 건축학적 이미지가 너무나 강렬해서 그 이미지를 걷어내기가 좀 어렵기는 하지만, 우리 모두 스스로를 감시하고 규율하면서 살아가고 있다고 할 수 있습니다.

그런데 저는 이 질문에서 '감시'의 의미에 대해 다시 생각해 보고 싶습니다. 특히 저는 질문자께서 '감시'와 '억압'을 나란히 이야기하고 있는 것에 주목하게 되는데요. 규율권력 개념을 제기하면서 푸코가 말한 감시는 억압과는 전혀 다른 의미입니다. 제가 강의하면서 규율권력-판옵티콘-CCTV-감시사회…… 이런 의미의 연쇄를 버리고 규율권력의 의미를 다시 음미해야 한다고 했던 이유는, 바로 푸코를 평면적으로 수용했을 때 저 감시와 억압을 구분하지 않

게 되는 결과를 낳기 때문입니다. 물론 푸코 자신이 감시에 대해서나 규율권력에 대해서 억압과 유사하게 서술하는 대목들이 있기는 합니다. 그러나 전체적인 푸코의 사유의 궤적을 두고 볼 때 규율권력, 그리고 규율권력과 연결시켜 얘기하는 감시의 의미는 억압과 전혀 다른 것입니다.

억압은 기본적으로 누르는 것이죠. 그런데 푸코의 규율권력에서 감시는 특정한 방식으로 행동하도록 인도하는 것입니다. 죄수가 모범적으로 행동하는 것, 학생이 수업시간에 바르게 앉는 것, 노동자가 출퇴근 시간을 잘 지키는 것, 용모와 품행을 단정하게 하는 것입니다. 스스로를 규범적인 인간으로 만들어가는 것이죠. 물론 이러한 규범에서 벗어났을 때 여러 형태의 제재가 가해집니다. 학생이 지각하면 예전에는 체벌을 했고 최근에는 벌점을 매기죠. 그러나 체벌이나 벌점 자체가 규율권력인 것은 아닙니다. 체벌이나 벌점은 오히려 규율권력이 실패했을 때 나타나는 조치입니다. 규율권력은 체벌하기 위해서, 벌점을 주기 위해서 작동하지 않습니다. 체벌과 벌점이 불필요한 규범적인 상태를 위해 작동합니다.

이제 코로나19에 대해서 얘기해 보겠습니다. '5인 이상 집합금지'와 같은 조치는 사실상 매우 이례적인 것이죠. 제가 전염병에 대한 세 가지 역사적 대응을 언급했습니다만, 코로나19라는 새로운 전염병의 출현은 앞서 얘기한 세 가지 역사적 대응을 한꺼번에 호출해 낸 것이라고 저는 봅

니다. 그러니까 나병(한센병)과 흑사병, 천연두에 대한 대응의 기술이 한꺼번에 작동한 것이죠. 그 이유는 물론 이 전염병에 대해 인간이 아는 바가 너무 없었기 때문입니다. 처음 무방비 상태에서 감염자가 쏟아져 나왔을 때, 감염된 사람들은 사실상 사회적 '추방'이나 다름없이 격리되었습니다. 병에 걸린 사람과 걸리지 않은 사람은 절대 접촉할 수 없도록 분리되었죠. 이것이 어떻게 가능한가요? 엄격한 명령에 의해서입니다. 주권권력이지요.

또한 감염의 경로를 투명하게 들여다볼 수 있도록 하는 여러 장치들이 동원되었습니다. 확진자의 자기 보고와 CCTV, 신용카드 등을 통해서 동선이 면밀하게 추적되었습니다. 질문하신 것 같은 '5인 이상 집합금지'와 같은 조치들이 전개되기도 했습니다. 우리의 행위를 규율하는 것이죠. 규율권력은 반드시 사회를 투명하게 들여다보는 의지를 수반한다고 강의에서 말씀드렸습니다. QR코드와 백신패스 같은 것들이 우리의 행위를 규율합니다. 판옵티콘과 규율권력이지요. 질문자께서 언급한 '감시'가 바로 이 규율권력의 차원을 지목하고 있다고 하겠습니다. 그러나 이때의 규율권력은 방역수칙을 무시하고 벗어나는 자를 처벌하기 위한 권력이 아닙니다. 물론 처벌을 하긴 합니다. 그러나 규율권력이 작동하는 이유는 처벌하기 위해서가 아닙니다. 우리의 행위를 규범적으로 규율하기 위한 것이지요. 전염병이 더 이상 창궐하

지 않을 수 있도록, 우리에게 규범을 부과하는 것입니다.

그러나 이런 형태, 즉 나병에 대한 대응(주권권력)과 흑사병에 대한 대응(규율권력)의 형태만을 계속 지속하면서 우리는 살아갈 수 없습니다. 왜일까요? 우리가 자본주의 시대를 살고 있기 때문입니다. 자본주의 경제는 결코 멈춰질 수 없는 것이니까요. 우리는 한 번도 본 적이 없는 전염병이 등장한 지 채 2년도 되지 않아 '위드코로나'를 이야기하고 있습니다. 정확히 말하자면 '위드코로나'가 아니라 '단계적 일상 회복'이라는 표현을 사용하는 것이 맞겠습니다만, 저는 '위드코로나'라는 말이 사태의 성격을 정확히 드러내준다는 생각을 하게 됩니다. 코로나19와 더불어 살아간다는 것, 즉 전체 인구의 일정 부분은 코로나19에 감염될 수 있지만, 그것을 관리하고 조절하는 방식으로 사회를 지속하는 것이죠. 절대로 코로나19에 감염되는 사람이 없게 만드는 것, 그것이 앞에서 말한 이를테면 중상주의 식의 사유라면, 어느 정도 감염이 일어나는 것이 불가피하다고 인식하는 것, 그리하여 집합적 신체로서의 인구의 일부가 어느 정도 감염되도록 하되 그 감염의 수준을 적절하게 관리하는 것, 이것이 중농주의와 고전경제학 이후의 사유, 생권력의 작동 방식입니다. 생권력과 자본주의는 불가분의 관계지요.

푸코의 생권력 혹은 생정치, 즉 인구의 안전을 보장하기 위한 권력의 작동을 일종의

'억압'과 동일시하는 사유는 흔히 벌어지는 푸코에 대한 오해입니다. 논쟁의 여지가 물론 있겠습니다만, 저는 그렇게 생각합니다. 이를테면 조르조 아감벤(Giorgio Agamben) 역시 코로나19로 인해 안전을 내세워 개인의 자유를 억압하는 사태가 벌어지고 있다고 매우 격정적으로 주장한 바 있죠. 그러나 푸코가 말한 인구의 안전은 개인의 자유를 억압하는 것과 전혀 다릅니다. 나병이나 흑사병에서와 같이 격리시키고 추방하고 통제하고 규율하는 것으로는 이 시대, 자본주의 시대의 통치 기술이 지속될 수 없지요. 궁극적으로는 다시 자유를 부여해야 합니다. 감염을 용인해야 하죠. 이것이 푸코가 말하는 생권력입니다.

조금 더 덧붙여 보자면, 코로나19 이후 한국 사회에서 만개했던 혐오와 비난, 대구를 향하고 신천지를 향하고 이태원을 향했던, 중국인과 개신교와 민주노총을 향했던 그 혐오에 대해서는 우리가 각별히 주시하면서 많은 이야기를 해야 할 것으로 생각합니다. 푸코는 『안전, 영토, 인구』에서 '스스로 인구이기를 거부하고 체계를 마비시키는 사람들', 인구의 조절에 저항하고 안전장치에서 벗어나려는 사람을 '인구'와 구분되는 '인민'으로 지칭했던 루이폴 아베이유(Louis-Paul Abeille)의 논의를 가져오기도 합니다. 집합적 신체로서 인구에 위해를 가하는 자들이지요. 그런데 한국 사회는 다른 사회에 비해서 저 인구의 조절에 저항하는 사람들에 대한 분노가 한층 더 깊은 사회라고 생각됩니다. 미국에서 코로나19가 한창 창궐했을 때, 조지 플로이드 사망 이후 엄청난 시위가 일어났음에도 우려와 달리 감염의 공포와 연결 지어 시위대를 비난하는 정도는 한국보다 훨씬 약했습니다. 이와 같은 현상에 대해서 좀 더 역사적이고 구체적인 분석이 필요하다는 생각입니다.

제가 조금 길게 답하기는 했습니다만, 그럼에도 불구하고 충분히 설명했다고 생각되지는 않네요. 이와 관련해서는 이야기해 볼 만한 지점이 훨씬 더 많고, 특히 코로나19와 관련해서 푸코의 논의는 더욱 깊이 음미되고 해석되고 또한 논쟁되어야 한다고 생각합니다.

읽을거리

고든, 콜린(Colin Gordon) 외. 2014. 『푸코효과』. 이승철 외 옮김. 서울: 난장.

동즐로, 자크(Jacques Donzelot). 2005. 『사회보장의 발명』. 주형일 옮김. 서울: 동문선.

에리봉, 디디에(Didier Eribon). 2012. 『미셸 푸코, 1926~1984』. 박정자 옮김. 서울: 그린비.

조은주. 2018. 『가족과 통치: 인구는 어떻게 정치의 문제가 되었나』(1장, 2장, 8장). 파주: 창비.

푸코, 미셸(Michel Foucault). 2011. 『안전, 영토, 인구: 콜레주드프랑스 강의 1977~78년』. 오트르망·심세광·전혜리·조성은 옮김. 서울: 난장.

_____. 2012. 『생명관리정치의 탄생: 콜레주드프랑스 강의 1978~79년』. 오트르망·심세광·전혜리·조성은 옮김. 서울: 난장.

_____. 2015. 『사회를 보호해야 한다: 콜레주드프랑스 강의 1975~76년』. 김상운 옮김. 서울: 난장.

_____. 2020. 『감시와 처벌』(번역개정2판). 오생근 옮김. 파주: 나남.

_____. 2020. 『성의 역사 1: 지식의 의지』(제4판). 이규현 옮김. 파주: 나남.

뤼크 볼탕스키의 자본주의 비판과 새로운 자본주의 정신

김주호
(경상국립대학교 사회학과 교수)

다섯 번째 강의를 시작하겠습니다. 앞선 네 번의 강의에서 여러분은 마르크스, 뒤르켐, 베버, 푸코 등 사회학의 거장들을 만났습니다. 이들을 꼭 사회학자라고만은 할 수 없지만, 사회학에 끼친 엄청난 영향 때문에 사회학도라면 누구나 그 이름을 알고 있고 어느 정도씩 이들의 사상을 접했을 겁니다. 하지만 여러분이 오늘 만날 사회학자는 그 이름부터 꽤 생소하지 않을까 싶군요. 바로 뤼크 볼탕스키(Luc Boltanski)입니다. 모국인 프랑스를 비롯해 서구 학계에서는 이미 상당한 명성을 쌓고 있지만 아쉽게도 국내에는 거의 알려져 있지 않습니다. 사회학 이론은 물론 산업·노동사회학, 문화사회학 등 다양한 분야에서 비중 있게 참고될 만한 학자지만 국내에는 아직 번역서도 출간되지 않았습니다. 그저 볼탕스키를 다룬 몇 편의 논문만이 제출된 상태입니다. 저는 오늘 그의 대표작이자 이전까지의 작업이 종합적으로 응축된『새로운 자본주의 정신[Le nouvel esprit du capitalisme(The New Spirit of Capitalism)]』(1999)을 중심적으로 다루면서 볼탕스키라는 학자로 가는 길라잡이의 역할을 하고자 합니다.

　아마『새로운 자본주의 정신』이라는 책의 제목만 듣고는 바로 베버를 떠올리지 않았을까 싶습니다. 적잖은 차이가 있긴 하지만 볼탕스키는 적어도 이 책에 한해서는 분명 베버의 후예로 여겨질 수 있습니다. 순전히 경제적인 행위마저 행위자의 주관적 의미와 연관된 행위이며, 따라서 경제적 요인만으로는 경제 현상을 제대로 설명할 수 없다는 베버의 기본 관점은 그대로 볼탕스키에게서도 발견됩니다. 하지만 비경제적 가치에 기반한 개인의 동기만이 아니라 사회구성원들 간의 공유된 가치와 규범을 중시한다는 점에서 집합의식을 말하는 뒤르켐과 맞닿기도 합니다. 또한 명시적으로 직접 말하지는 않지만 볼탕스키에게서는 마르크스의 영향력도 보입니다. 특히 자본주의를 바라보는 그의 시선과 자본주의 동학에 대한 관심에서 그러합니다. 그리고 제가 주목하는 부분이기도 한데, 현 자본주의에서 강조되는 자율성을 비판적으로 바라본다는 점에서 볼탕스키는 푸코와도 비교될 수 있습니다. 앞선 네 번의 강의에서 접했던 학자들이 오늘 강의 곳곳에서 거론될 텐데, 배웠던 내용을 참고하면서 들으시면 보다 심도 있게 이해하실 수 있을 겁니다.

강의는 크게 네 부분으로 구성되어 있습니다. 우선 볼탕스키라는 학자에 대해 간략히 살펴봅니다. 앞선 강의에서 다룬 학자들과 달리 볼탕스키는 국내에 알려진 바가 많지 않기 때문에 일단 그를 짧게 소개할 필요가 있습니다. 학자로서 어떤 사상적 궤적을 그리며 성장해 나갔는지, 주요 저작은 무엇이고 어떤 문제의식을 가지고 있었는지 등이 다뤄질 겁니다. 그다음으로 볼탕스키 이론의 핵심 토대인 '정당화'와 '비판'이라는 개념을 간략히 설명합니다. 어떻게 보면 『새로운 자본주의 정신』은 정당화와 비판의 독특한 상호작용을 자본주의에 적용한 결과물이기 때문에 이 개념들에 대한 사전 이해는 필수적입니다. 이어서 본격적으로 『새로운 자본주의 정신』의 내용을 다루려고 하는데, 먼저 볼탕스키는 자본주의, 자본주의 정신, 자본주의 비판을 어떻게 이해하고 있는지 살펴봅니다. 이 과정 속에서 여러분은 자본주의 정신은 왜 필요한지, 그것은 어떻게 그리고 왜 변화하는지 파악할 수 있을 겁니다. 그리고 마지막으로 앞선 논의에 기반해 새로운 자본주의 정신의 중핵과 기원, 그리고 이 과정에서 자본주의 비판이 수행한 역설적인 역할을 68운동과의 연관 속에서 조명해 봅니다.

1. 뤼크 볼탕스키: 비판사회학에서 비판의 사회학으로

볼탕스키는 1940년 프랑스 파리에서 출생했습니다. 아버지는 유대인 의사이고 어머니는 프랑스인 예술가였다고 하네요. 볼탕스키는 삼형제 중 둘째인데, 형은 언어학자인 장엘리 볼탕스키(Jean-Elie Boltanski)이며, 동생은 설치 예술가 크리스티앙 볼탕스키(Christian Boltanski)입니다. 형제들 중 가장 유명한 사람은 셋째 크리스티앙입니다. 하지만 학자로서 볼탕스키를 설명할 때는 형인 장엘리가 언급될 필요가 있습니다. 왜냐하면 그가 여러분도 잘 알고 있는 현대 프랑스 사회학의 거두이자 볼탕스키의 스승인 피에르 부르디외(Pierre Bourdieu)의 오랜 친구였기 때문입니다. 이런 배경으로 인해 볼탕스키는 일찍부터 부르디외와 교류하고 그로부터 강한 학문적 영향을 받으며 학자로 성장해 나갔습니다. 제가 봤던 한 자료에 따르면, 볼탕스키는 1960년대 초부터 1970년대 말까지 부르디외와 상당히 긴밀하게 협업했다고 합니다. 특히 1970년과 1976년 사이에는 거의 매일 함께 작업을 했다고 하네요. 볼탕스키가 1940년생이니까 20대와 30대의 대부분을 부르디외와 함께 보낸 셈입니다.

하지만 볼탕스키는 1970년대 말부터 서서히 부르디외와 결별하고 자신만의 독특한 이론을 구축해 나가기 시작합니다. 이는 단순히 사적인 문제로 여길 것이 아니라 당시 프랑스 사회학계에서 일렁이던 큰 변화의 흐름 속에서 이해될 필요가 있습니다. 그 흐름이라는 것은 1960년대와 1970년대에 프랑스 사회학계를 압도하던 구조주의에 대한 반발과 결부되어 있습니다. 사회학이라는 것은 여러분도 잘 알고 있듯이 '사회 현상을 설명할 때 개인 행위로부터 출발해야 하는가, 아니면 사회구조로부터 출발해야 하는가?'라는 고전적 질문에 기본적으로 후자의 손을 들어주는 학문입니다. 사회학 이론들은 그간 다양한 갈래로 나눠지면서 꽤나 상이한 모습으로 발전해 왔지만 정도의 차이는 있을지언정 본질적으로 이러한 관점을 공유하고 있습니다. 구조주의는 그중에서도 가장 강경하게 이런 관점을 견지하고 있다고 말할 수 있겠네요. 아주 거칠게 말해, 구조주의는 개인 행위가 사회에 미치는 영향력을 무시해도 될 정도로 모든 것이 이미 구조적으로 결정되어 있다고 보는 편입니다. 바로 이런 관점이 1960년대와 1970년대의 프랑스 사회학계에서 지배적이었다는 겁니다. 분위기가 어땠을까요? 누군가는 개별 행위자가 사회

구조의 영향력에서 벗어나 나름의 방식으로 주어진 상황을 해석하고 행위할 수 있는 가능성이 전혀 고려되지 않았다는 점에서 조금은 갑갑함을 느끼지 않았을까요? 아마도 당시 프랑스의 젊은 사회학자들이 특히 그랬던 것 같습니다. 볼탕스키 역시 예외가 아니었고요. 구조주의에 대한 거부감 속에서 그는 서서히 부르디외로부터 벗어나기 시작합니다. 물론 부르디외를 구조주의자라고 단정할 수는 없지만 아비투스(habitus) 이론 등을 보면 구조주의의 영향에서 완전히 자유롭다고 볼 수도 없을 것 같습니다. 실제로 볼탕스키는 1979년 출간된 부르디외의 『구별짓기』를 접하고 행위자를 수동적인 존재로 여기는 아비투스 이론에 실망했다고 합니다.

볼탕스키에게 부르디외와의 결별은 '비판사회학(critical sociology)'에서 '비판의 사회학(sociology of critique)'으로 나아가는 출발점입니다. 비판사회학은 무엇이고, 비판의 사회학은 또한 무엇일까요? 볼탕스키는 어떤 지점에서 비판사회학과 거리를 두고 비판의 사회학으로 나아간 걸까요? 사회학은 계몽주의의 후예입니다. 그런 만큼 계몽주의의 모순을 그대로 내포하고 있습니다. 인간의 이성을 바탕으로 사회를 개혁해 인간 해방과 사회 진보를 이룩하자는 계몽주의는 한편으로 인간의 이성에 기초한 과학적 분석을, 다른 한편으로 인간 해방과 사회 진보라는 가치의 실현을 지향합니다. 과학적 사회학과 해방적 사회학 사이에서 끊임없이 진동하는 사회학의 태생적 모순은 바로 여기서 생겨난 겁니다. 어떤 사회학 이론이든 과학적 사회학의 면모와 해방적 사회학의 면모를 동시에 띠고 있습니다. 다만 어느 쪽에 더 중점을 두고 둘 사이의 어딘가에 위치하고 있느냐라는 차이만 있을 뿐이지요. 예컨대 마르크스는 해방적 사회학의 대표격이지만 그의 저작들, 특히 『자본』은 과학적 분석으로 가득 차 있습니다. 사회학계에서 마르크스와 동등한 위상을 지닌 뒤르켐이나 베버는 아마도 그 반대의 경우겠지요. 사회학의 과학적·가치중립적 면모를 강조했다고는 하지만 사실 이들 역시 나름의 당파적 시각에서 당대를 해석하고, 정치적·도덕적 신념을 자신들의 이론 속에 담아냈습니다. 사회학자라면 누군가는 인간 해방과 사회 진보를 우선하면서 과학적 분석에 기반해 기존 사회질서의 모순을 폭로하고자 할 것이고, 다른 누군가는 과학적 분석을 우선시하면서 그것을 통해 인간 해방과 사회 진보에 기여하고자 할 것입니다. 볼탕스키의 눈에 부르디외를 비롯한 비판사회학자들은 전자에 속하는 이들이었습니다.

비판사회학은 비판을 통한 해방을 추구합니다. 여기서 사회학은 과학적 분석과 객관적 기술의 도구라기보다는 사회 비판의 도구로 여겨집니다. 인간 해방과 사회 진보라는 것은 일단 비판을 통해 기존 사회질서에 내재된 모순을 폭로하고 은폐된 지배를 가시화함으로써 도모될 수 있는 것이라고 여겨지기 때문입니다. 비판사회학자들은 이를 위해서 일단 사회질서를 총체적으로 파악해야 함을 강조합니다. 사회질서의 모순이라는 것이 한 부분만을 들여다봄으로써 포착될 수 있는 것이 아니기 때문입니다. 비판사회학이 기본적으로 경험연구에 거부감을 가지고 있는 이유도 여기에 있습니다. 그렇다면 비판은 누구의 몫일까요? 볼탕스키에 따르면, 비판사회학에서 비판은 사회를 총체적으로 파악할 수 있는 뛰어난 식견을 전제로 하기 때문에 적어도 평범한 행위자들의 것일 수는 없습니다. 오히려 이들은 기존 사회질서를 무비판적으로 내재화해 행위를 통해 그것을 재생산하는 존재, 즉 진정한 행위자(actor)가 아니라 그저 행위의 대리자(agent)로 여겨집니다.

바로 이 부분이 비판의 사회학이 비판사회학과 갈라지는 결정적 지점입니다. 평범한 행위자들의 비판 능력을 신뢰하지도 이들의 비판에 주목하지도 않는 비판사회학자들과 달리, 볼탕스키는 평범한 행위자들이 주어진 상황을 비판적으로 해석하고 나름의 방식으로 행위할 수 있는 능력을 갖추고 있다고 봅니다. 나아가 그는 경험연구에 대해서도 비판사회학자들과 입장을 달리합니다. 볼탕스키에게 오히려 경험연구는 비판을 통한 해방이라는 비판사회학의 목적지에 더 잘 도달할 수 있는 '우회로'와 같습니다. 사회질서를 사회구성원들의 합의에 기초해 형성된 규범적 질서로 이해하는 볼탕스키에게 관건은 평범한 행위자들이 무엇을 비판하고 있는지, 그리하여 규범적 질서가 어떻게 변화하는지를 파악하는 것입니다. 따라서 우선은 경험연구를 통해 일단 있는 그대로의 현실을 구체적으로 기술할 것을 강조합니다.

비판사회학에서 비판의 사회학으로 나아가는 볼탕스키의 지적 경로는 매우 흥미롭고 중요하지만 오늘 강의에서는 이 정도로 갈무리를 하고, 이제 그의 핵심 저작들을 소개하고자 합니다. 제가 볼탕스키의 모든 저작들을 읽어 보고 그 사상 전반을 꿰뚫어 보고 있다고 감히 말할 수는 없지만, 최소한 제가 아는 한에서, 그리고 오늘 강의에서 다루는 내용과 관련해서 세 개의 핵심 저작이 있다고 생각합니다. 첫 번째는 1991년 로랑 테브노(Laurent Thévenot)와 함께 쓴 『정당화론』입니다. 볼탕스키와 테브노는 이 책에서 사회질서가 어떻게 형성되고 변화하느냐는 사회학의 고전적인 질문에 정당화와 비판을 매개로 대답합니다. 굉장히 독특한 시각을 보여주지만, 솔직히 개인적으로는 조금 불필요하게 복잡하고 추상적이지 않나 싶기도 합니다. 어쨌든 중요한 것은 볼탕스키가 이 책에서 정당화와 비판을 중심으로 한 자신만의 독특한 이론적 틀을 본격적으로 정립했다는 점입니다. 이 이론적 틀이 자본주의에 적용된 것이 바로 두 번째 핵심 저작이라고 할 수 있는 『새로운 자본주의 정신』입니다. 이브 시아펠로(Ève Chiapello)와 공저한 이 책은 볼탕스키의 여러 저작 중 가장 큰 성공을 거둔 책이자, 그의 이론과 방법론 그리고 개인적 경험이 종합적으로 결합된 산물이라고 생각합니다. 오늘 우리가 중심적으로 살펴볼 책이기도 합니다. 세 번째 핵심 저작은 2009년 출간된 『비판론』입니다. 이 책은 2008년 독일 프랑크푸르트에서 있었던 '아도르노강연(Adorno-Vorlesungen)'에 기반하고 있습니다. 프랑크푸르트학파가 태동한 프랑크푸르트 대학교의 사회과학연구소(Institut für Sozialforschung)는 아도르노의 업적을 기리고자 매년 저명한 학자를 초대해 며칠 동안 이어지는 연속 강의를 개최하는데, 2008년 초대받은 이가 바로 볼탕스키였습니다. 이 책에서 그는 프랑크푸르트 비판이론과 대결하면서 사회학에서의 비판의 역할, 비판사회학과 구분되는 비판의 사회학의 특성 등에 관해 서술하고 있습니다. 꽤 추상적인 내용을 담고 있지만 볼탕스키의 비판 개념을 심도 있게 이해하고자 한다면 반드시 읽어봐야 할 책입니다.

본격적으로 강의를 시작하기 전에 먼저 한 가지 언급할 점이 있습니다. 방금 언급한 대로 볼탕스키는『정당화론』을 테브노와,『새로운 자본주의 정신』을 시아펠로와 함께 썼습니다. 따라서 각 저작에 대한 공저자의 공헌을 결코 무시해서는 안 됩니다. 하지만 오늘 강의가 전체적으로 볼탕스키에 초점을 맞추고 있는 만큼 테브노와 시아펠로는 특별한 경우가 아니라면 따로 언급하지 않겠습니다.

2.   출발점: 정당화와 비판

이제 볼탕스키 이론의 핵심 토대인 '정당화'와 '비판'이라는 개념을 좀 더 자세히 들여다봅시다. 두 개념을 이해하기 위해서는『정당화론』의 기본 문제의식을 먼저 살펴볼 필요가 있습니다. 볼탕스키는 이 책에서 사회질서를 기본적으로 구성원들의 합의에 기초해서 만들어진 규범적 질서로 이해합니다. 이것이 무슨 함의를 가지고 있는지 바로 이해되지는 않을 겁니다. 찬찬히 살펴봅시다. 볼탕스키에 따르면 사회과학은 사회질서가 어떻게 형성되느냐는 질문에 그동안 크게 두 가지 상반된 입장에서 대답해 왔습니다. 하나는 개인이 매몰된 집합으로부터 출발하는 입장입니다. 그 전형적인 예를 우리는 집합의식을 말한 뒤르켐에서 볼 수 있습니다. 다른 하나는 경제학에서처럼 개별 이익을 추구하는 원자화된 개인으로부터 출발하는 입장입니다. 볼탕스키는 두 입장 모두 사회질서의 형성에 대한 충분한 설명력을 가지고 있지 않다고 봅니다. 둘 다 너무 일면적이기 때문입니다. '개인주의자들'이

상정하고 있는 것처럼 행위자들이 과연 사회적·문화적 규범의 영향력에서 벗어나 있는 존재일까요? 그렇지는 않습니다. 경제적으로 손해임에도 불구하고 사회에서 바람직하다고 말하는 어떤 가치에 따라 결정하고 행위하는 이들을 우리는 주위에서 자주 목격합니다. 그렇다면 '집합주의자들'이 보는 것처럼 사회구성원들이 그저 기존 질서로부터 주어진 것을 무비판적으로 수용하고 따르는 존재일까요? 사회에는 그 구성원들이 집합적으로 공유하는 하나의 가치만이 존재할까요? 전혀 그렇지 않죠. 상대적으로 지배적인 가치가 있을 수는 있지만 사회에는 사회구성원들이 행위의 준칙으로 삼는 다양한 가치들이 존재하며, 그 가치들은 서로 갈등하고 경합합니다.

그렇다면 여기서 우리는 이런 질문을 던질 수 있을 겁니다. '이렇게 다양한 가치들이 존재하고 서로 경합하는데, 어떻게 사회 구성원들은 합의에 이르고, 어떻게 그 합의에 기반해 사회질서가 형성되는가?' 볼탕스키는 아주 독특한 해답을 내놓습니다. 그에 따르면 사회구성원들은 가장 높은 보편성(generality)을 띠고 가장 많이 공공선에 기여할 것이라고 여겨지는 가치(들)를 기반으로 합의에 이른다고 합니다. 예컨대 어떤 사회에서 일부는 경제적 효용을, 다른 일부는 사회적 연대를 가장 중요한 가치로 여긴다고 가정해 봅시다. 경제적 효용이 더 보편적이고 사회 전체에 더 이롭다고 생각하는 사람이 많아질수록 그 사회의 질서는 사회적 연대가 아닌 경제적 효용에 기초해 형성될 겁니다. 하지만 경제적 효용의 보편성이 의심받고 사회적 연대를 더 바람직한 가치라고 보는 사람들이 많아진다면 사회질서는 이제 경제적 효용이 아니라 사회적 연대에 기반하는 형태로 서서히 변모해 나갈 겁니다.

바로 이 과정에서 정당화의 필요성이 생겨납니다. 경제적 효용을 우선시하는 사람이든 사회적 연대를 더 중요시하는 사람이든 자신들이 내세우는 가치에 기반한 사회를 만들고 싶다면 그 가치가 더 많은 보편성을 띤다는 점을 내세워 그것을 토대로 구축된 사회가 더 정의롭다는 것을 설득력 있게 보여줘야 하는데, 이것이 바로 정당화입니다. 이처럼 정당화는 사회질서가 형성되고 유지되는 데 필수적인 과정입니다.

하지만 한 가지 유념할 것은 여기서 말하는 정당화는 'legitimation'이 아니라 'justification'이라는 겁니다. 두 영어 단어는 한국어에서 모두 '정당화'로 번역되지만 그 뜻은 다소 상이합니다. 전자는 그 자체로 본래 정당한 것과 연관되어 있다면, 후자는 본래 정당한 것인지 아닌지와 상관없이 무언가를 정당하게 만드는 것을 뜻합니다. 여기서 우리는 볼탕스키의 정당화 개념에서 중요한 특성을 포착할 수 있습니다. 정당화 과정에서 내세워지는 가치는 절대적으로 정당한 것이 아니라 그저 정당하다고 여겨졌을 뿐이며, 그러한 가치에 기반한 사회질서는 사회구성원들의 수많은 정당화 과정을 거치면서 일시적으로 만들어진 합의의 산물이라는 점입니다. 이처럼 볼탕스키에게 사회질서는 가변적입니다. 만약 어떤 사회질서가 정당하다고 여겨지지 않는다면 그것은 언제든 새로운 가치에 기초한 다른 형태의 사회질서로 대체될 수 있다는 겁니다.

다음 논의로 넘어가기 전에 잠깐 '시테(cité)'라는 독특한 개념을 알아봅시다. 볼탕스키는 정치철학의 고전들로부터 정당화 과정에서 자주 동원되는 가치들을 추려내고 그것들 각각을 토대로 한 정당화 레짐(justificatory regime)을 만들어내는데, 이것이 바로 시테입니다. 꽤 까다로운 개념입니다. 영어권과 독일어권에서도 다양한 용어로 번역된다는 점에서 뭔가 명확히 그 정체를 파악하기 어려운 개념임이 분명해 보입니다. 어떻게 보면 별로 대단한 내용을 담고 있지 않은 것 같은데, 『정당화론』의 기틀을 세우고 전체를 끌고 가는 개념이기 때문에 쉽사리 간과할 수도 없습니다. 저는 시테가 보편적으로 올바른 것이 무엇인지 판단할 때 기준이 되는, 즉 정당화의 근거가 되는 규범 체계의 이념형, 또는 좀 더 단순하게 표현하자면 어떤 질서를 정당화하는 규범 체계를 이념형적으로 모델화한 것 정도가 아닐까 생각됩니다. 『정당화론』에서 볼탕스키는 시테의 종류를 시장 시테, 산업 시테, 시민 시테, 가족(domestic) 시테, 영감(inspired) 시테, 명성(fame) 시테 등 여섯 가지로 제시하고, 특히 책의 전반부에서 각 시테의 특성과 그것에 기반한 세계의 모습을 구체적으로 그려냅니다. 이 과정에서 나름의 문법(grammar)에 따라 각 시테가 어떤 가치에 기반해 사회구성원들을 평가하고 이들의 차등적 지위를 정당화하는지, 탁월하다고 여겨지는 이의 모습은 어떠한지 등을 꽤 추상적이지만 체계적으로 설명하기도 합니다. 시테의 개념과 각 시테들의 문법을 정확히 이해하는 것은 물론 중요합니다. 하지만 일단은 여러 시테들이 현실에서 상이한 영향력을 가지며 질서는 지배적인 시테 또는 절충된 복수의 지배적인 시테들 위에서 정당화되고 있다는 정도만 인지해도 추후의 논의를 이해하는 데 크게 무리가 없을 겁니다.

다만 한 가지는 지적하고 넘어갈 필요가 있습니다. 볼탕스키는 어떤 근거로 이 여섯 가지 시테를 오늘날 정당화 과정에서 동원되는 대표적인 규범 체계로 꼽는 걸까요? 볼탕스키는 대표적인 정치철학자들의 고전을 참고했다고 합니다. 구체적으로 열거하면 루소(시민 시테), 스미스(시장 시테), 생시몽(산업 시테), 보쉬에(가족 시테), 아우구스티누스(영감 시테), 홉스(명성 시테)에 기대고 있습니다. 실제로 볼탕스키는 『정당화론』에서 이들 저작을 면밀히 분석하면서 각 시테의 구체적인 모습을 그려내는 데 주력합니다. 하지만 여전히 의구심이 남습니다. 시테는 왜 이 여섯 가지로 제한되어야 할까요? 그것들 모두가 정말 정당화 과정에서 전형적으로 볼 수 있는 규범 체계일까요? 혹시 실제 정당화 과정에서 그것들만큼 자주 동원되지만 고려되지 않은 규범 체계는 없을까요? 아쉽지만 이에 대한 납득할 만한 설명을 『정당화론』에서는 찾아볼 수 없습니다. 물론 앞서 언급된 정치철학자들이 사상사에 지대한 영향을 미친 인물들이라는 점에는 의심의 여지가 없습니다. 하지만 문제는 어떤 정치철학자들의 고전을 선택했어야 했느냐가 아닙니다. 중요한 것은 선택의 자의성입니다. 볼탕스키가 먼저 자의적으로 시테를 선정하고 그 구체적인 모습을 나름 적합한 정치철학의 고전에 기대어 그려낸 것 같다는 인상을 받지 않을 수 없습니다.

다시 원래의 논의로 돌아가 봅시다. 앞서 사회질서는 사회구성원들의 수 많은 정당화 과정을 거쳐 이루어진 합의의 산물로서 언제든 변화할 수 있다 고 설명했습니다. 방금 소개한 시테를 가지고 설명하자면, 질서의 변화는 시 테들의 우세함의 정도와 절충의 형태가 변화한 것이라 할 수 있습니다. 그렇 다면 이 변화는 무엇에 의해 추동되는 걸까요? 바로 이 지점에서 우리는 정 당화의 대쌍(對雙) 개념인 비판의 역할을 보게 됩니다. 비판은 기존 질서에 정당성이 결여되어 있음을 지적함으로써 그것이 변화할 수 있는 계기를 마 련합니다. 예컨대 어떤 사회의 질서가 최소의 비용으로 최대의 효과를 거두 는 것을 우선시하는 시장의 가치에 기반해 있다고 가정해 봅시다. 이런 사회 는 더 높은 시장 경쟁력을 확보한다는 명목으로 주당 노동시간, 최저임금, 유급휴가와 같은 노동자의 인간다운 삶을 위한 최소한의 조건이나 기본적인 노동권도 보장하지 않을 수 있습니다. 노동자를 실업이나 산재와 같은 사회 적 위험으로부터 보호하려는 제도도 갖추고 있지 않을 가능성이 높습니다. 하지만 누군가가 그것이 소수의 자본가에게만 유리할 뿐 사회구성원의 다수 를 구성하는 노동자에게는 전혀 도움이 되지 않는다고 비판하면서 평등과 연대의 가치를 내세운다면 어떻게 될까요? 시장의 가치에 기반한 기존 질서 의 정당성에 서서히 균열이 생겨날 겁니다. 모든 것을 시장에 맡기면 최종적 으로 사회 전체에 가장 큰 부가 만들어질 것이라고 했는데 과연 그럴까, 혹 시 그것이 일부 가진 자들이 자신들의 이익을 위해 만들어낸 이야기는 아닐 까, 사회 전체의 부가 다수 개인의 희생 위에서 만들어진 것이라면 그것을 바람직하다고 할 수 있을까 하는 식의 물음과 함께 기존 질서에 대한 의구심 이 높아질 겁니다. 그리고 점점 더 많은 사람들이 효율성과 경쟁과 같은 시 장의 가치가 아니라 평등과 연대라는 가치에 기울어지게 된다면 사회질서는 결국 변할 수밖에 없습니다. 사회질서라는 것은 애초에 가장 보편적이라고 여겨지는 가치에 기초한 사회구성원들의 합의를 통해 만들어진 것에 불과하 기 때문에, 지배적인 가치가 변하고 사회구성원들의 합의에 변화가 생긴다면 사회질서 또한 변화하게 됩니다. 이 일련의 변화가 비단 비판에 의해서만 발생하는 것은 아닐 겁니다. 하지만 비판은 이를 추동하는 하나의 계기이자 그것을 가속화하는 촉진제입니다.

물론 모든 비판이 사회질서의 근본적 변화를 가져오는 것은 아닙니다. 비판이 기성 질서의 사소한 부분만을 문제 삼는다면 근본적 변화는 생겨나지 않습니다. 기성 질서의 틀 내에서 수용되어 중화되기 때문입니다. 예컨대 노동시간을 조금 단축해 노동자들이 충분히 회복할 수 있는 시간을 제공해야만 생산성이 높아진다는 이유로 장시간 노동을 문제 삼는다면 시장의 가치에 기반한 사회질서는 그대로 유지됩니다. 이런 식의 비판은 오히려 기성 질서의 부분적 결함을 교정하고 그 정당성을 높여주는 계기가 될 뿐입니다. 하지만 누군가가 인권의 관점에서 장시간 노동을 비롯한 노동조건 전반의 비인간성과 그것을 방치하는 사회의 무책임함을 지적한다면 어떻게 될까요? 이런 식의 비판은 기존 질서와 양립할 수 없기 때문에 그것의 근본적 변화 없이는 수그러들지 않습니다.

여기서 우리가 놓치지 말아야 하는 것은 그 변화의 방향이 바로 비판의 방향과 일치한다는 점입니다. 어떤 비판이 사회질서의 근본적 변화를 가져왔다면 새로운 사회질서는 그 비판이 내세운 가치 위에서 정당화됩니다. 앞서 언급한 예를 계속 이어가 보겠습니다. 사회구성원의 다수가 인권의 관점에서 노동조건의 비인간성과 사회의 무책임함을 지적한 비판에 공감하고, 시장의 가치가 아닌 인권의 가치가 사회 전체에 더 이롭다고 판단한다고 합시다. 그렇다면 새로운 질서는 인권이라는 가치에 토대를 두고 있을 겁니다. 이 가치는 바로 기존 질서를 비판하던 그 가치입니다. 하지만 새로운 질서 역시 언젠가는 또 다른 비판에 의해 정당성을 공격받고 그 비판이 지향하는 방향으로 변화하게 됩니다. 그리고 이때 질서는 이 비판이 내세운 가치를 통해 새로이 정당화됩니다. 이처럼 질서는 늘 비판의 도전을 받으며, 비판은 늘 질서에 흡수됩니다. 그리고 정당화와 비판의 끊임없는 상호작용 속에서 규범적 질서로서 사회질서는 형성되고 변화합니다.

정당화와 비판을 중심으로 지금까지 소개한 볼탕스키의 문제의식과 설명 방식을 여러분은 어떻게 평가할지 궁금합니다. 저는 꽤 흥미롭다고 생각합니다. 실제로 우리 주변에서 보게 되는 가치와 규범의 변화는 어떻게 보면 분명 수많은 개인들이 행한 수많은 정당화와 비판이 축적된 결과이기 때문입니다. 하지만 사회질서의 변화를 주로 가치와 규범의 차원에서 설명한다는 점에서 사회 기저에서 발생하는 변화의 동력을 포착하는 데 한계가 있지 않나 싶습니다. 또한 기본적인 내용만 소개한 이 강의에서는 잘 드러나지 않았을 수도 있지만 체계적인 이론 틀을 구축하려는 과정 속에서 그것이 과하게 추상적이고 복잡해졌다는 인상도 받습니다. 정치철학의 고전을 참고했다고는 하나 시테를 여섯 가지로 제한한 것도 자의적으로 보입니다. 하지만 평가가 어떠하든 정당화와 비판을 매개로 질서의 형성과 변화를 설명하는 볼탕스키의 통찰은 분명 눈여겨볼 지점이 있습니다. 그리고 그것이 자본주의를 바라보는 그의 시선에 그대로 투영되어 있다는 점에서 이어질 내용을 이해하는 데서도 필수적입니다.

3.　　　　　　자본주의, 자본주의 정신, 그리고 자본주의 비판

이제 세 번째 단계로 들어가 봅시다. 오늘 강의가 총 네 단계로 구성되었다고 했으니 이제 반환점을 돌았네요. 이제 본격적으로 『새로운 자본주의 정신』을 다루려고 합니다. 이 책은 영역본으로, 약 600쪽에 이를 만큼 상당히 두껍습니다. 하지만 이 책이 말하는 바를 최대한으로 축약하면 다음 두 가지로 정리할 수 있지 않을까 싶습니다.

① 자본주의는 자신의 정당성을 강화하기 위해 자본주의 비판을 내부로

흡수하며, 그 결과로 자본주의 정신은 변화한다.

② 현 자본주의를 정당화하는 이데올로기의 중핵은 자율성이며, 그것은 역설적으로 자본주의에 비판적이었던 68운동으로부터 기원했다.

첫 번째 내용을 먼저 봅시다. 이미 파악했을지도 모르지만 이 내용은 우리가 앞서 다루었던 정당화와 비판이 자본주의에 적용된 것이라고 볼 수 있습니다. 기존 질서를 둘러싸고 벌어지는 정당화와 비판의 독특한 상호작용이 그대로 자본주의에서도 발견되는 것이죠. 두 번째 내용은 첫 번째 내용이 오늘날의 자본주의에 적용된 것입니다. 도식적으로 말하자면, 볼탕스키는 『정당화론』에서 정당화와 비판을 중심으로 구축한 자신의 이론 틀을 자본주의에 적용해 자본주의 비판과의 연관 속에서 자본주의 정신의 동학을 설명해 냈고, 자본주의 정신과 자본주의 비판의 독특한 상호작용을 다시 오늘날의 자본주의에 적용함으로써 그것을 정당화하는 새로운 자본주의 정신의 기원과 내용을 설명해 냅니다. 다소 생경하고 추상적인 내용이지 않을까 싶습니다. 그래도 이 강의 이후 이것이 무슨 뜻인지 어느 정도 이해할 수 있기를 기대합니다. 일단 이번 단계에서는 첫 번째 내용을, 다음 단계에서는 두 번째 내용을 중점적으로 살펴보려고 합니다.

『새로운 자본주의 정신』의 첫 번째 핵심 내용을 파악하려면 볼탕스키가 말하는 자본주의, 자본주의 정신, 자본주의 비판의 개념에 대한 이해가 선행되어야 합니다. 먼저 자본주의부터 살펴봅시다. 볼탕스키는 자본주의를 형식적으로는 평화적인 수단을 쓰되 무제한적으로 자본을 축적하는 부조리한 체제라고 정의합니다. 여기서 핵심은 자본주의가 '부조리(absurd)'하다는 겁니다. 볼탕스키는 왜 자본주의가 부조리하다고 했을까요? 마르크스가 말했듯이 자본주의에는 자본가와 노동자라는 양대 계급이 존재합니다. 자본가는 경쟁에서 살아남기 위해 끊임없이 확대재생산을 통해 자본을 축적하는 데 몰두할 수밖에 없습니다. 반면 노동자는 생계유지를 위해 자신이 가지고 있는 유일한 상품인 노동력을 자본가에게 팔아 그에게 종속된 상태로 살아갈 수밖에 없습니다. 볼탕스키는 이런 상황을 근거로 자본주의를 부조리한 체제로 규정합니다. 이런 진단에 동의합니까? 자본주의가 정말 부조리한 체제인지 아닌지를 떠나서 이런 식의 진단은 너무 단순하지 않나요? 저는 그렇다고 생각합니다. 하지만 그렇다고 해서 여기서 우리가 볼탕스키의 진단을 부정할 필요는 없습니다. 아니, 정확히 말해, 부정하면 『새로운 자본주의 정신』을 조금도 파악할 수 없습니다. 왜냐하면 부조리한 체제로서 자본주의에 대한 규정은 이후의 모든 논의의 출발점이기 때문입니다. 제 생각에 볼탕스키는 정말 자본주의가 부조리한 체제라고 생각해서 그렇게 정의한 것이 아니라 자본주의 정당화의 필요성을 도출하기 위해 그렇게 정의한 것 같습니다.

여하튼 다시 원래 논의로 돌아와 봅시다. 자본주의가 부조리하다는 것은 달리 말하자면 자본주의에 정당성이 결여되어 있다는 뜻입니다. 더욱이 볼탕스키에 따르면, 자본주의는 스스로를 정당화할 능력도 없습니다. 그러면 다음과 같은 질문이 던져집니다. 자본주의는 이렇게 부조리한데 왜 자본가와 노동자를 포함해 수많은 개인들은 자본주의적 과정에 참여하는가? 이 부조리함에도 불구하고 이들이 끊임없이 상품을 생산·판매해 이윤을 얻는 데 매진하거나 더 나은 노동력을 갖추려고 노력하고 더 열심히 노동에 임하는 이유는 무엇인가? 물론 경제적 이익 때문이겠지요. 하지만 그것뿐일까요? 단순히 경제적 이익 때문이라면 자본주의에서 일을 하는 모든 사람은 경제적 이익을 위해 '어쩔 수 없이' 일을 하는 것일 겁니다. 하지만 우리 주변에 그런 사람들만 있는 것은 아닙니다. 적지 않은 사람들이 '기꺼이' 자신의 일을 합니다.

바로 이 지점에서 자본주의 정신을 논의할 수 있는 공간이 열립니다. 볼탕스키는 자본주의의 부조리를 가려주는 어떤 가치 덕분에 개인들이 자본주의적 과정에 참여할 수 있는 것이라고 말합니다. 즉, 단순히 이익을 얻을 수 있다는 것 말고 그것을 넘어서는 어떤 의미를 주는 가치 때문에 사람들이 자본주의의 부조리에도 불구하고 자본주의적 과정에 참여한다는 겁니다. 여기서 우리가 주목해야 되는 단어는 바로 '의미'입니다. 볼탕스키는 자본주의적 과정에의 참여, 그러니까 경제 행위에 어떤 경제외적인 가치에 기반한 의미가 중요하다고 보고 있습니다. 경제 행위를 단순히 경제적 요인으로만 설명하려고 하지 않고 행위자의 주관적 의미와 관계된 사회적 행위의 일부로 보고 있다는 것입니다. 그러면 사회학을 어느 정도 배운 여러분 머릿속에 떠오르는 학자가 한 명 있을 겁니다. 그렇습니다, 바로 막스 베버입니다. 그에게 사회적 행위라는 것은 첫째로 타인과 결부되어 있고, 둘째로 행위자의 주관적 의미가 부여되어 있는 행위입니다. '자본주의 정신'이라는 표현도 베버의 것입니다. 베버는 그 유명한 『프로테스탄티즘 윤리와 자본주의 정신』에서 굉장히 금욕적인 프로테스탄트들이 세속적이고 저열한 것으로 여겨지던 돈벌이에 몰두할 수 있었던 이유를 뒤좇습니다. 그리고 프로테스탄트의 교리가 돈벌이를 종교적으로 정당화하고 바람직한 것으로 여기게 하는 어떤 의미를 교인들에게 부여했다는 점에서 그 실마리를 찾습니다.

이런 점에서 볼탕스키는 분명 베버의 후예입니다. 하지만 볼탕스키는 몇몇 지점에서 베버의 자본주의 정신을 비판적으로 넘어서고자 합니다. 첫째, 볼탕스키에게는 자본주의 정신의 기원이 종교에 국한하지 않습니다. 중요한 것은 자본주의가 경제외적인 어떤 가치에 의해 정당화된다는 것이지 그것이 꼭 종교적 색채를 띨 필요는 없습니다. 물론 베버가 자본주의 정신이 반드시 종교적 가치에 기반하고 있다고 말하지는 않습니다. 하지만 그 이외의 가능성에 대해서도 말한 바는 없습니다. 둘째, 볼탕스키의 자본주의 정신은 개인적인 동인뿐만 아니라 공공지향성과도 연결되어 있습니다. 베버는 행위자 개인의 수준에서 자본주의적 과정에의 참여가 어떻게 정당화될 수 있었는지에 주목했습니다. 그러니까 자본주의가 정당화되려면 어떤 가치가 개인에게 어떤 의미를 주면 된다는 점에 주목했다는 겁니다. 프로테스탄트 윤리처럼 말이죠. 하지만 볼탕스키에 따르면 자본주의의 정당화를 가능케 하는 가치는 개인에게 어떤 의미를 주어야 하기도 하지만, 동시에 사회의 공공선에도 부합해야 합니다. 우리가 앞서 볼탕스키의 정당화 개념과 비판 개념을 다룰 때, 더 보편성을 띠고 사회의 공공선에 더 기여한다고 여겨질수록 정당성을 확보한다고 했는데, 그 부분을 상기할 필요가 있습니다. 셋째, 볼탕스키는 자본주의 정신의 변화 가능성에 주목합니다. 개인적으로 이 점이 무엇보다도 중요하다고 생각합니다. 물론 베버가 자본주의 정신은 절대 변하지 않는다거나 자본주의에서 그것은 항상 프로테스탄트 윤리에만 기반하고 있다고 말한 것은 아닙니다. 하지만 자본주의 정신의 변화 가능성에 대해 심도 있게 말한 바도 없습니다. 반면 이전과는 다른 '새로운' 자본주의 정신을 설명하고자 하는 볼탕스키는 기본적으로 자본주의 정신이 변화한다는 점을 전제하고 있습니다. 변하지 않는다면 '새롭다'라고 부를 수 있는 것 자체가 존재할 수 없습니다.

마지막 부분의 논의를 좀 더 이어가 봅시다. 자본주의 정신은 변화할 수 있다고 했는데, 그렇다면 자본주의 정신은 지금까지 어떤 식으로 변화해 왔을까요? 볼탕스키는 자본주의 정신이 크게 세 단계로 변화해 왔다고 봅니다. 명시적으로 말하지는 않지만 이는 서구 선진국의 일반적인 자본주의 발전 단계에 조응합니다. 물론 구체적인 양상은 각국마다 상이하긴 하나, 서구 선진국의 자본주의는 대체로 1930년대와 1970년대 경제위기를 전환점으로 하여 총 세 부분으로 구분됩니다. 초기 자본주의는 자유방임주의의 시대에 형성되었습니다. 보이지 않는 손인 시장의 신비한 역할 때문에 각 경제 행위자들이 자기 이익의 실현에 몰두하면 결과적으로 사회 전체의 부가 증가할 것이라고 본 애덤 스미스(Adam Smith)의 통찰이 가장 원시적인 형태로 구현된 시기라고 할 수 있겠네요. 진취적이고 도전적인 기업가가 등장해 가족을 중심으로 그리 크지 않은 회사를 운영하는 것이 일반적인 시기이기도 합니다. 기업은 체계적 조직과 결정 절차보다는 기업가의 기민함과 영웅적 결단력에 의존해 운영되었고, 더 나은 노동조건과 복지는 국가적 수준에서 제도화되어 있지 않고 기업가의 온정에 기반해 시혜처럼 주어졌었습니다. 19세기 말에 형성된 첫 번째 자본주의 정신은 바로 이러한 자본주의에 조응합니다. 당시는 강력한 권한을 가지고 한 가정을 관리하는 가부장처럼 기업가가 비범한 개인 능력으로 기업의 성장을 이끌고 그 구성원들의 후생을 책임질 것이 기대되었던, 동시에 시장의 효율성에 대한 강력한 믿음이 존재하던 시기였습니다. 그렇기 때문에 볼탕스키는 첫 번째 자본주의 정신이 특히 가족 시테와 시장 시테에 토대를 두고 있다고 보았습니다.

하지만 초기 자본주의는 결정적으로 1929년 10월에 있었던 미국 뉴욕증권거래소에서의 주가 대폭락 이후 급격히 무너집니다. 미국의 금융위기가 실물경제위기로 번지고 그 파급력이 미국을 넘어 유럽으로까지 확산됨에 따라 1930년대에 자본주의는 붕괴 직전으로 내몰립니다. 그러면서 점점 더 많은 사람들이 과연 모든 것을 시장에 맡기는 게 바람직한 것인지 의심하게 됩니다. 더군다나 당시 등장한 사회주의 국가와 파시즘/나치즘 국가에서는 정부가 경제에 적극적으로 개입해 상당히 가시적인 성과를 거두는 와중이었기 때문에 자유방임적 자본주의에 대한 의구심은 더해갔습니다. 이런 상황 속에서 자본주의는 근본적인 변화를 모색합니다. 그 변화의 방향은 시장의 실패를 인정하고 정부의 역할을 인정하는 쪽에 맞춰져 있었습니다. 존 메이너드 케인스(John Maynard Keynes)가 그 이론적 토대를 제공했고, 제2차 세계대전 동안 정부가 적극 개입한 전시경제에서의 긍정적 경험은 변화에 확신을 가져다주었습니다. 그 결과는 여러분도 아는 것처럼 수정자본주의, 혼합자본주의, 케인스주의적 자본주의, 포드주의적 자본주의 등으로 불리는 전후 자본주의의 등장입니다. 1930년대 미국에서 맹아적 형태로 등장한 이러한 자본주의는 종전 이후 서구 자본주의 선진국들에서 확고하게 자리를 잡고 수십 년간 안정적으로 작동했습니다.

물론 자본주의 발전의 구체적인 양상은 국가마다 상이합니다. 하지만 볼탕스키가 그 양상을 국가별로 자세히 살펴본 것은 아닙니다. 심지어『새로운 자본주의 정신』에서 분석 대상으로 삼은 프랑스의 양상을 따로 다루지도 않았습니다. 뒤에서 보다 자세히 설명하겠지만 볼탕스키는 서구 자본주의 선진국에서 볼 수 있는 자본주의 발전의 일반적 경향을 전제로 삼고, 그 토대 위에서 새로운 자본주의 정신이 도래하는 과정만 1970년대 이후의 프랑스를 사례로 설명합니다. 일견 한계처럼 보이지만 저는 이것이 오히려 강점일 수도 있다고 생각합니다. 볼탕스키는 자신의 테제가 프랑스 이외의 국가에까지 적용될 수 있는 보편성을 담지하고 있다고 말할 수는 없겠지만 다른 산업국가들에서도 유사한 현상이 있다고 볼 수 있는 충분한 근거가 있다고 말합니다. 프랑스에 한정하지 않고 다른 서구 자본주의 선진국에서도 볼 수 있는 일반적 경향을 중심으로 자본주의와 자본주의 정신의 변화를 다루었기 때문에 이렇게 말할 수 있는 것이겠지요. 실제로『새로운 자본주의 정신』은 프랑스 이외의 여러 국가에서 주목을 받았는데, 만약 프랑스의 특수성을 해명하는 것에 주력했다면 다른 국가에의 적용 가능성은 그만큼 낮아졌을 것이고 결과적으로 지금과 같은 성공을 거두지는 못했을 겁니다.

다시 논의를 전후 자본주의로 돌려봅시다. 전후 서구 자본주의 선진국에서 정부는 공공성을 내세우면서 금융, 재정, 노사관계, 복지 등 여러 분야에서 시장의 실패를 보완하고자 적극적으로 개입합니다. 또한 기업의 규모가 커짐에 따라 효율적 관리를 위해 노동조직이 피라미드 형태로 위계화되고 관료주의가 발전하게 됩니다. 두 번째 자본주의 정신은 바로 이 시기에 효율성과 공공성에 높은 가치를 두는 산업 시테와 시민 시테를 토대로 형성됩니다. 효율성과 공공성이 다소 대립적으로 보일 수도 있습니다. 하지만 당시의 자본축적이 대량생산과 대량소비에 토대를 두고 있다는 점을 상기할 필요가 있습니다. 대량생산의 관건은 표준화된 상품을 최소한의 시간 내에 최대로 생산할 수 있는 효율성입니다. 하지만 그렇게 생산된 상품이 대량으로 소비되어 경제의 선순환을 가져오기 위해서는 보통 사람들의 충분한 구매력이 필수적입니다. 그것은 충분한 임금뿐만 아니라 안정적 고용과 폭넓은 복지 혜택 등을 통해 가능하기 때문에 국가는 전후(戰後) 시기에 공공성을 내세워 이를 보장하고자 했습니다. 효율성과 공공성의 결합은 이런 맥락에서 이해될 수 있습니다.

하지만 전후 자본주의는 이르면 1960년대 말, 늦어도 1970년대 들어 커다란 도전에 직면하게 됩니다. 전후 자본주의를 떠받치던 여러 요소들이 무너지기 시작했기 때문입니다. 아주 간략히 설명하자면, 가파르게 높아지던 생산성의 향상 속도가 둔화되고 오일쇼크의 여파 속에서 케인스주의가 무기력해졌으며, 기축통화인 달러의 동요와 함께 브레튼우즈 체제가 붕괴합니다. 그 결과는 1970년대의 세계경제위기입니다. 이번에는 다수의 사람들이 1930년대와 정반대로 위기의 원인을 정부의 실패에서 찾고 다시 이전처럼 시장에 기반한 자본주의로 돌아가 보다 유연해질 것을 요구했습니다. 효율성이나 공공성보다는 자율성, 능동성, 창의성, 유연성, 모빌리티와 같은 가치들이 강조되기 시작했고, 위계적이고 관료주의적인 조직 형태를 대신해 네트워크와 프로젝트가 점점 더 확산되었습니다. 이는 탈산업화와 서비스사회의 도래, 지식정보화의 확산, 포스트포드주의의 등장과 같은 당시의 흐름에도 부합하는 것이었습니다.

이러한 변화 위에서 형성된 오늘날의 자본주의를 정당화하는 것이 바로 세 번째 자본주의 정신, 즉 새로운 자본주의 정신입니다. 볼탕스키는 현 자본주의의 정당화 이데올로기를 이전의 여섯 가지 시테로는 설명할 수 없다고 보고 추가적으로 새로운 시테를 고안했는데, 그것이 바로 '프로젝트 시테(cité par projets)'입니다. 볼탕스키는 『새로운 자본주의 정신』의 2장에서 이 시테가 지배하는 사회에 대해 자세히 그려내고 있는데, 그에 따르면 이 사회에서는 단순히 명령에 순종하고 주어진 일을 성실히 잘하는 것보다는, 끊임없이 능동적이고 자율적으로 움직이면서 위험을 무릅쓰고서라도 새로운 일에 도전하고 이 프로젝트에서 저 프로젝트로 빠르게 이동하되 유연하게 적응하는 것이 이상적으로 여겨집니다. 앞서 언급했던 최근 자본주의 사회에서 요구하는 모습과 유사합니다. 어떻게 보면 당연한 것이, 프로젝트 시테는 이 사회를 설명하기 위해 새로 만든 시테이기 때문이지요.

지금까지의 논의를 잠깐 정리해 봅시다. 자본주의는 기본적으로 부조리한 체제이며 스스로 정당화할 수 있는 능력이 없기 때문에 항상 경제외적인 가치에 기반한 정당화 이데올로기를 필요로 합니다. 그것이 바로 자본주의 정신입니다. 자본주의 정신은 자본주의 변화에 조응해 지금까지 총 세 단계로 발전해 왔고, 그 마지막이 바로 새로운 자본주의 정신입니다.

그렇다면 여기서 우리는 이런 질문을 할 수 있습니다. 자본주의 정신은 왜 변화하는가? 자본주의 정신이 자본주의의 정당화 이데올로기라는 점을 상기한다면 그 대답은 명쾌합니다. 기존의 자본주의 정신이 더 이상 자본주의의 부조리를 제대로 가려주지 못해 자본주의의 정당성 문제가 노정(露呈)되었기 때문입니다. 그렇다면 기존의 자본주의 정신은 왜 유효성을 상실하게 된 것일까요? 그 대답 역시 간단합니다. 자본주의가, 보다 정확히 말하자면 자본축적 방식이 변했기 때문입니다. 자본주의가 새로운 자본축적 방식에 기반하게 되면 기존의 자본주의 정당화 이데올로기와 조응하지 않을 수 있습니다. 앞서 살펴보았듯이 자본주의의 변화에 따라 자본주의 정신이 변화한 것도 이 때문입니다. 하지만 단지 그것뿐일까요? 볼탕스키는 이 지점에서 한발 더 나아갑니다. 그는 자본축적 방식 외에 자본주의 정신의 변화를 가져오는 또 다른 중요한 요인을 제시하는데, 그것이 바로 '자본주의 비판'입니다.

볼탕스키에 따르면 자본주의 비판은 감정적 분노에 기반합니다. 하지만 자본주의에 대한 모든 분노가 자본주의 비판은 아니며, 그 분노가 이론과 논증적인 수사법을 통해 보편적 언어로 설명되는 경우에만 자본주의 비판으로 이어집니다. 자본주의에 대한 감정적 분노는 크게 네 가지 이유로 생겨납니다. 즉, 자본주의가 곤궁과 불평등을 야기하기 때문에, 최소한의 사회적 연대마저 파괴하는 이기주의를 조장하기 때문에, 세상이 진정성을 잃게 만들기 때문에, 또는 자율성을 억압하기 때문에 생겨납니다.

이러한 분노의 네 가지 동인에 기인하는 자본주의 비판은 역사적으로 크게 두 가지 형태로 존재해 왔습니다. 하나는 사회적 비판(social critique)입니다. 이는 앞의 두 가지 동인과 관련하는데, 단순히 말해 착취에 대한 비판입니다. 이러한 비판의 담지자들은 주로 임금 인상, 노동조건 개선 등을 통한 사회적 안전(social security)의 강화를 요구합니다. 다른 하나는 나머지 두 가지 동인과 관련하는 예술적 비판(artistic critique)입니다. 이는 소외에 대한 비판으로서 자율성에 대한 요구와 맞닿아 있습니다. 이 두 종류의 자본주의 비판은 시간의 흐름에 따라 강해지기도 약해지기도 합니다. 하지만 자본주의가 존재하는 한 사라지지 않고 각각 자본주의적 착취와 소외를 근거로 자본주의의 부조리를 폭로하면서 그 정당성에 문제를 제기합니다. 하지만 유념할 것은 사회적 비판과 예술적 비판이 자본주의 역사 속에서 항상 동일한 궤적을 그리며 발전한 것은 아니라는 사실입니다. 오히려 반대로 하나가 부각되면 다른 하나가 주변화되는 경우도 적지 않았습니다. 예술적 비판의 요구대로 자율성이 향상되면 사회적 비판에서 요구하는 사회적 안전이 약화되거나 그 역의 상황이 발생하는 식입니다. 『새로운 자본주의 정신』에서 볼탕스키가 주목했던 1970년대 이후의 프랑스에서도 이러한 경향이 발견됩니다.

조금 더 이야기를 진행해 봅시다. 자본주의 비판은 자본주의 정신의 변화를 추동하는 한 요인이지만 그렇다고 해서 모든 자본주의 비판이 반드시 자본주의 정신의 변화를 야기하는 것은 아닙니다. 앞서 우리가 정당화와 비판에 대해 다룰 때 모든 비판이 사회질서의 변화를 야기하는 것은 아니라고 했습니다. 마찬가지입니다. 어떤 자본주의 비판은 정당화 질서의 근본적인 전환 없이 약간의 변화를 통해 무력화될 수 있습니다. 이런 비판을 '교정적 비판(corrective critique)'이라고 합니다. 반면 어떤 자본주의 비판은 기존의 정당화 질서와 양립할 수 없을 정도로 급진적이어서 그것을 무너뜨리고 새로운 정당화 질서가 등장하지 않는 한 무력화되지 않습니다. 이런 비판을 '급진적 비판(radical critique)'이라고 합니다. 예컨대 테일러주의를 통한 빠른 생산성 향상에 기반해 노사가 상대적으로 평등하게 노동몫과 자본몫을 나누어 가지던 전후 자본주의 시대에 더 많은 임금과 향상된 노동조건을 요구하는 자본주의 비판은 효율성과 공공성에 기초한 자본주의 정신을 그다지 위협하지도, 따라서 자본주의의 정당성에 치명상을 가하지도 않습니다. 하지만 테일러주의가 야기하는 비인간적 소외를 문제시한다면 어떻게 될까요? 이러한 비판은 효율성이라는 가치 위에 다져진 자본주의의 정당화 질서와 양립할 수 없습니다.

그런데 자본주의 비판이 자본주의 정당화 질서에 근본적 변화를 가져왔다면 그것을 성공이라고 할 수 있을까요? 그 답을 구하기 위해서는 정당화와 비판의 독특한 관계를 다시 한 번 상기해야 합니다. 앞서 말했듯이 비판은 새로운 질서의 정당화의 원천이 됩니다. 비판은 그것이 지향하는 방향으로 질서에 변화를 가져올 수 있지만, 이는 달리 보면 비판이 질서에 흡수된 것이라 할 수 있습니다. 자본주의 비판도 마찬가지입니다. 자본주의 비판이 적절하면 적절할수록 역설적으로 그것이 토대로 하는 가치와 규범은 새로운 자본주의를 정당화하는 가치와 규범이 될 가능성이 높습니다. 곧 설명하겠지만 자본주의에 비판적이었던 68운동의 정신이 오늘날의 자본주의를 정당화하는 새로운 자본주의 정신의 기원이 된 것도, 68운동에서 제기된 자본주의 비판이 그만큼 적절했기 때문입니다. 말하자면 자본주의 비판은 성공했기 때문에 자본주의에 흡수되어 오히려 그것의 정당성 문제를 해소하는 데 예상치 못한 기여를 하게 되는 겁니다.

다음 논의로 넘어가기 전에 한 가지 명확히 할 것이 있습니다. 볼탕스키는 자본주의 정신의 변화를 설명하는 데서 자본축적 방식이라는 요인을 간과하지는 않지만 기본적으로 자본주의 비판과의 연관성에 초점을 맞추고 있습니다. 그것이 어느 정도로 설득력이 있는가에 대해서는 물론 평가가 상이할 수 있습니다. 하지만 한 가지 분명한 것은, 그는 자본주의 비판 자체가 자본주의의 변화를 야기한다고 보지는 않는다는 점입니다. 이 부분에서 적지 않은 사람들이 오독을 합니다. 볼탕스키는 자본주의의 변화를 설명하기 위해서가 아니라 그것을 정당화하는 이데올로기, 즉 자본주의 정신의 변화를 설명하기 위해 자본주의 비판을 끌어들입니다. 볼탕스키는 자본주의의 동학은 부분적으로만 비판과 결부되어 있고 자본주의 비판은 그저 자본주의 정신의 변화를 촉진하는 촉매제의 역할을 할 뿐이라고 분명히 말합니다.

4.   68운동의 정신: 자본주의 비판에서 자본주의 정당화로

오늘 강의의 네 번째 단계로 들어가겠습니다. 앞서 말했듯이, 이 단계에서는 『새로운 자본주의 정신』의 두 번째 핵심 내용, 즉 '현 자본주의를 정당화하는 이데올로기의 중핵은 자율성이며, 그것은 역설적으로 자본주의에 비판적이었던 68운동으로부터 기원했다'는 점을 살펴보려고 합니다. 지금까지의 강의를 통해 여러분은 자본주의 정신이란 자본주의를 정당화하는 이데올로기이며, 새로운 자본주의 정신이란 세 번째 자본주의 정신, 즉 1980년대 이후에 등장해 오늘날까지 지속되는 자본주의를 정당화하는 이데올로기라는 점을 알고 있을 겁니다. 그렇다면 두 번째 핵심 내용이 새로운 자본주의 정신의 내용물과 기원에 관한 것임을 어렵지 않게 포착할 수 있을 겁니다. 저는 이 중에서도 특히 기원에 대한 부분에서 볼탕스키의 학술적 기여가 높다고 말하고 싶습니다. 사실 오늘날의 자본주의를 정당화하는 이데올로기 또는 그것의 에토스가 자율성에 있다는 지적이 그리 새롭지는 않습니다. 예컨대 푸코는 이미 1970년대 말에 이 현상을 포착하고 그것을 설명하기 위해 '통치성(governmentality)'이라는 개념을 고안해 냈습니다. 그리고 그 뛰어난 설명력으로 인해 한국에서도 2000년대 중후반부터 상당한 각광을 받았습니다. 현 자본주의에서 자율성이 중요하다는 것은 또한 인지자본주의에서도 자주 강조되고 있습니다. 독일에서는 1990년대부터 노동의 주체화에 대한 논의가 뜨거웠는데, 그 안에도 노동하는 이의 자율성이 전제되어 있습니다. 전후 자본주의에서 신자유주의적 자본주의로든, 산업자본주의에서 인지자본주의로든, 아니면 포드주의적 자본주의에서 포스트포드주의적 자본주의로든 상관없이 어떤 식으로 자본주의 전환을 본다고 할지라도 그 전환의 핵심에 노동의 변화가 있고 자율성이 강조된다는 점은 동일합니다. 하지만 현 자본주의 정신의 기원이 68운동에 있다는 지적은 꽤 새롭습니다. 이전에 직관의 수준에서 그 연관성을 언급한 이들이 있었을지 모르지만 하나의 이론 틀 안에서 그것을 체계적으로 설명한 이는 없지 않을까 싶습니다. 물론 단순히 새롭다고 해서 더 중요하다는 것은 아닙니다. 현 자본주의 정신의 기원에 대한 지적이 그 내용에 대한 지적보다 더 주목받아야 하는 보다 중요한 이유는 그 기원을 알게 됨에 따라 자율성을 강조하는 현 세태를 비판적으로 바라볼 수 있게 되기 때문입니다.

이 부분에 대한 설명은 강의 막바지에 이어가기로 하고 일단은 다시 본론으로 돌아가 새로운 자본주의 정신에 대한 볼탕스키의 기본 문제의식을 살펴봅시다. 볼탕스키는 1970년대와 1980년대 사이에 프랑스에서 일어난 어떤 근본적 변화에 주목했습니다. 1970년대에는 노동운동을 포함한 각종 사회운동들이 거세게 몰아쳤고 상대적으로 노동 측에 유리한 분배가 이루어졌는데 1980년대에는 공세적인 사회운동과 전투적 노조가 자취를 감추고 불안정 노동이 확산되며 자본 측에 유리한 분배가 이루어졌다는 겁니다. 이는 전후 시기에 노동자들에게 보장되었던 사회적 안전이 약화되었음을 의미하는데, 어떻게 이런 변화가 별다른 저항 없이 진행될 수 있었을까요? 바로 이 지점에서 자본주의 정신의 역할이 존재합니다. 볼탕스키는 자본주의를 정당화하는 새로운 가치와 규범 덕분에 이런 변화가 '무난하게' 완수되었다고 봅니다. 말하자면, 사회적 안전의 약화라는 새로운 자본주의의 이면을 가려주고 사람들로 하여금 새로운 여건에서도 기꺼이 자본주의적 행위를 하도록 돕는 가치와 규범이 있다는 겁니다. 예상했듯이, 그것이 바로 새로운 자본주의 정신이며, 그 중핵에 자율성이 자리 잡고 있습니다.

이 점을 설명하기 위해 볼탕스키는 프랑스에서 1960년대와 1990년대, 정확히는 각각 1959~1969년과 1989~1994년에 출간된 경영서적을 양적 내용 분석을 통해 분석합니다. 시기 구분은 특별한 설명이 없더라도 이해가 될 것이라고 생각합니다. 1970년대를 전환점으로 두 번째 자본주의 정신이 약화되고 세 번째 자본주의 정신이 등장하기 때문이겠지요. 그런데 경영서적을 분석 자료로 삼은 이유는 무엇일까요? 언제부터인가 한국 서점가를 장악하고 있는 경영서적 내지 자기계발서라고 부를 수 있는 책들을 떠올리면 그 이유를 찾기 쉬울 겁니다. 이런 책들은 대체로 오늘날 우리가 처한 세계는 어떤 모습인지, 그리고 그 안에서 우리가 성공하기 위해서는 어떤 마음가짐과 습관을 가지고 살아가야 하는지 등을 그 핵심 내용으로 하고 있습니다. 당대 노동세계의 지배적인 가치와 규범이 이런 책들 속에 응축되어 있는 겁니다. 그렇기 때문에 볼탕스키는 두 시기에 출판된 경영서적의 비교 분석을 통해 자본주의적 전환에 동반된 가치와 규범의 변화를 보여줄 수 있을 것이라고 기대했을 겁니다. 실제 분석 결과는 이 변화를 증명합니다. 분석은 각 시테와 관련한 단어들이 1960년대와 1990년대의 경영서적에서 얼마나 자주 출현했는지를 측정하는 다소 단순한 방식으로 진행되었는데, 그 결과에 따르면 1960년대 우세했던 시테들과 관련한 단어들은 1990년대 들어 대체로 그 출현 빈도가 꽤 감소한 데 반해 프로젝트 시테와 관련한 단어들은 폭발적으로 증가했다고 합니다.

이런 가치와 규범의 변화는 왜 생겨난 것일까요? 간단합니다. 새로운 자본주의가 그것을 필요로 하기 때문입니다. 아마도 여러분은 과거와 달리 오늘날에는 지식과 정보가 가치를 창출하는 데 매우 중요하고 다변화된 소비자의 취향에 맞게 다양한 상품이 생산되고 있다는 말을 들어본 적이 있을 겁니다. 실제로 오늘날 우리는 셀 수 없을 정도로 다양한 종류의 상품과 따라잡을 수도 없을 정도로 빠르게 등장하는 신제품을 보면서 살아가고 있습니다. 그 과정에서 새로운 과학적 지식에 바탕으로 한 첨단 기술이 핵심적인 역할을 하고 있고요. 하지만 불과 몇십 년 전까지만 하더라도 전혀 그렇지 않았습니다. 지식과 정보가 중요했지만 지금처럼 결정적이지 않았고, 다품종 소량생산이 아니라 소품종 대량생산이 지배적이었습니다. 그 시대에는 이미 있는 기술을 토대로 몇몇 개의 표준화된 상품을 얼마나 빨리 생산하느냐가 관건이었습니다. 그렇기 때문에 전 생산 과정을 극단적으로 세분화해 고도로 단순한 업무를 노동자들에게 할당함으로써 작업 효율을 극대화하는 테일러주의라는 생산 방식이 일반적이었습니다. 노동하는 이들은 마치 기계처럼 한 치의 오차 없이 정해진 대로 움직여야 했습니다. 이를 위해 현장 감독관들이 노동 과정을 직접적으로 감시하면서 노동을 통제했습니다. 기업 조직은 어떤 모습이었을까요? 효율적인 통제와 일사불란한 움직임을 위해 최고 관리자를 정점으로 중간 관리자, 현장 감독관, 일선 노동자로 내려가는 거대한 피라미드 형태가 확산되었습니다.

하지만 축적 방식의 변화와 함께 이런 식의 자본주의는 서구 선진국에서 막을 내렸습니다. 특히 탈산업화와 지식정보화의 흐름 속에서 소위 비물질적 노동이 가치 창출의 핵심으로 부상함에 따라 기존의 생산 방식, 노동통제 방식, 기업 조직은 그에 걸맞게 변화하지 않을 수 없었습니다. 비물질적 노동이란 비기술적 지식, 정보, 감정, 소통 등 물질적이지 않은 재화를 생산하는 노동을 말합니다. 이런 노동에 적합한 역량, 예컨대 창의성, 공감 능력과 의사소통 및 협력 능력 등은 어떻게 함양·발휘될 수 있을까요? 이것들은 외부에서 강제로 주입될 수도, 감시하고 다그친다고 해서 향상될 수도 없습니다. 오히려 일터가 아닌 일상의 공간에서, 노동시간이 아닌 여가시간에 이루어지는 사적인 활동을 통해 함양될 수 있는 것이며, 노동하는 이가 자발적으로 움직일 때 더 잘 발휘되는 것입니다. 널리 알려져 있는 구글의 자유로운 업무 환경을 생각해 봅시다. 일방적인 지시는 물론 정해진 출퇴근 시간도 정해진 작업 공간도 없습니다. 직원이 원하는 시간에 원하는 곳에서 하고 싶은 일을 하면 됩니다. 구글이 직원에 대한 특별한 배려심이 있어서 이런 자유로운 업무 환경을 만든 걸까요? 그보다는 그것이 구글 직원들의 노동에서 가치를 창출하는 데 더 적합하기 때문일 겁니다. 정도의 차이는 있지만 이러한 경향은 구글을 넘어 오늘날의 노동세계 전반에서 발견되고 있습니다. 과거에 지배적이었던 테일러리즘, 직접적 감시와 통제, 피라미드 형태의 위계적 조직은 오히려 가치 창출의 걸림돌이 되었습니다.

이처럼 노동하는 이의 자율성은 자본주의가 필요로 하는 것입니다. 하지만 자본주의가 자율적 인간을 원한다고 해서 자본주의에 참여하는 사람들이 곧바로 자율적으로 움직이는 것은 아닙니다. 자본주의적 전환이 원활히 이루어지고 새로운 자본주의가 안정적으로 작동하기 위해서는 그에 상응하는 가치와 규범의 변화가 필수적입니다. 베버의 『프로테스탄티즘 윤리와 자본주의 정신』에서는 자본주의 초기에 여전히 '전통주의적' 토대에 머물러 있는 노동자에 대한 흥미로운 예가 나옵니다. 하루 2.5모르겐을 수확해 2.5마르크의 보수를 받던 노동자가 있었습니다. 1모르겐의 수확량당 1마르크의 보수를 받는 셈이지요. 노동자가 더 많이 일해 더 많이 수확하게 만들고 싶었던 고용주는 인센티브라는 '근대적' 방법을 도입해 1모르겐의 수확량당 1.25마르크를 주기로 합니다. 하지만 기대와 달리 노동자는 더 많은 돈을 벌기 위해 3모르겐을 수확하는 것이 아니라 오히려 2모르겐을 수확하고 맙니다. 왜냐하면 그것만으로도 이전과 같은 2.5마르크의 보수를 받을 수 있기 때문이지요. 이 노동자에게는 매일 얼마나 벌 수 있는지가 아니라 필요한 만큼을 벌려면 하루에 얼마나 일해야 하는지가 중요했던 겁니다. 베버가 말했듯이, 초기에 자본주의가 제대로 정착할 수 있었던 것은 이러한 노동자들이 전통주의적 태도를 버리고 노동 자체를 절대적인 자기 목적처럼 여겼기 때문입니다. 오늘날의 자본주의도 마찬가지입니다. 자본주의가 자율적일 것을 요구한다고 해서 자율성에 기반한 자본주의가 작동하는 것은 아닙니다. 그것은 자본주의에 참여하는 사람들이 자율적인 것을 바람직한 것으로 여기고 자신들의 삶의 목적으로 삼아야만 가능합니다. 말하자면, 자본주의적 전환에 상응하는 가치와 규범의 변화, 이데올로기의 변화가 필요한 것입니다.

그렇다면 이러한 변화를 가져온 결정적 계기는 무엇이었을까요? 이 지점에서 볼탕스키는 굉장히 흥미로운 통찰을 보여줍니다. 그는 자본주의에 비판적이었던 68운동이 역설적으로 오늘날의 자본주의를 정당화하는 가치와 규범의 변화를 추동했다고 말합니다. 자율성을 핵심으로 하는 68운동의 정신이 새로운 자본주의 정신의 밑거름이 되었다는 겁니다. 좁게 보면 68운동은 1968년 5월 프랑스에서 발생한 대규모 사회 변혁 운동을 말합니다. 낭테르 대학교에서의 작은 소요로 시작해 대대적인 학생운동으로 발전했고, 여기에 노동자의 자발적 파업과 샤를 드골 정권에 반대하는 시민들의 반정부 시위까지 결합하면서 사회 전체를 뒤흔들어 놓았습니다. 보다 넓게 보면 68운동은 1960년대 말 프랑스, 서독, 미국, 이탈리아, 영국, 아일랜드 등 서구 선진국에서 연쇄적으로 발생한 사회 변혁 운동을 말합니다. 각국에서 68운동이 발생하게 된 정세와 계기가 다양한 만큼 그 성격을 하나로 규정하는 것은 쉽지 않습니다. 프랑스에 한정하더라도 그렇습니다. 그럼에도 불구하고 68운동은 모든 권위에 도전해 개인의 자율적 영역을 확보하려는 움직임이었다고 말해도 크게 무리는 아닐 겁니다. 부모 세대의 가부장적 위계질서와 순응주의적 문화, 권위주의적이고 상아탑에 갇힌 대학, 관료주의에 물들고 야성을 상실한 구좌파, 고정된 젠더 관념과 낡은 성문화 등은 68운동의 주요 비판 대상이었습니다.

자본주의에 대한 비판의 목소리 역시 68운동에서 들을 수 있었습니다. 앞서 볼탕스키는 자본주의 비판을 크게 사회적 비판과 예술적 비판으로 구분한다고 했는데, 이 두 종류의 자본주의 비판이 모두 68운동에서 강하게 표출

되었습니다. 한편에서는 노동자들을 중심으로 경제적 불평등과 착취에 대한 분노가 사회적 비판으로 응축되어 나타났습니다. 이들은 임금 인상과 노동조건 개선 등을 내세우면서 사회적 안전의 향상을 요구했습니다. 하지만 비판의 이유가 비단 경제적인 것에만 있지는 않았습니다. 다른 한편에서는 자본주의가 야기하는 소외와 주체성 억압을 문제시하고 자율성 향상을 요구하는 예술적 비판이 부각되었습니다. 학생들이 그 중심에 있었지만 일부 노동자들 역시 예술적 비판의 담지자였습니다. 이들은 단순히 더 많은 임금을 요구한 것이 아니라 공장 내 권위주의적 문화와 위계질서에 반발하면서 생산 및 노동 과정에서의 더 많은 자율성을 요구했습니다. 사실 하나의 역사적 사건으로서의 68운동의 역사는 그리 길지 않습니다. 프랑스의 경우 그 대단한 기세가 두 달도 채 지속되지 않았습니다. 하지만 68운동에서 분출된 사회적 비판과 예술적 비판은 1970년대의 노동세계에서 누그러지지 않고 지속되었습니다.

이러한 비판들에 고용주들은 어떻게 대응했을까요? 초기에 이들은 지금까지 해왔던 것과 마찬가지의 방식으로 비판을 누그러뜨리고자 했습니다. 이들은 전후 시기에 그랬던 것처럼 임금 인상, 직업 안정성 강화 등을 통해 노동자들의 사회적 안정을 높여주면 비판이 약화될 것이라 보았습니다. 하지만 이런 식의 대응은 별다른 효과를 가져오지 못했습니다. 더 높은 임금, 더 나은 노동조건을 제공했음에도 불구하고 비판의 목소리는 사그라지지 않았습니다. 특히 고등 교육을 많이 받고 전문적 지식을 갖춘 젊은 노동자들이 지닌 불만은 여전했습니다. 이들은 대체로 68운동이 한창인 시기에 대학교를 다니거나 파업에 참여했고 테일러주의와 같은 기존의 생산 방식에 거부감을 가지고 있었는데, 이들의 불만은 낮은 임금이나 불안정한 고용 등에 있지 않았습니다. 이들이 원하는 것은 일터에서의 자율성이었습니다. 즉, 이들이 제기했던 비판은 사회적 비판이 아니라 예술적 비판이었고, 이는 기존의 대응 방식으로는 누그러지지 않는 급진적 비판이었습니다.

이런 상황에서 고용주들은 전략을 바꿔 이제 자율성을 보장하는 방식으로 대응하기 시작했습니다. 그들은 생산 방식, 노동통제 방식, 기업 조직 등 노동세계의 전반에서 자율성을 높이는 방향으로 혁신했습니다. 예컨대 고용관계, 노동시간, 노동조건 등이 유연화되었고 극단적 분업과 단순반복 작업, 직접적 감시와 통제 등도 지양되었습니다. 위계적·관료주의적 조직 대신 네트워크와 프로젝트 형태의 조직이 확산되었습니다. 핵심 과정을 제외한 나머지 생산 과정을 외부의 소규모 기업들에 맡기는 식으로 기업 형태도 달라졌습니다. 노동 세계 전반에서의 탈중앙화, 탈위계화, 탈관료주의화의 흐름과 함께 자율성이 향상되었고, 이런 식의 변화가 바람직한 것으로 여겨졌습니다.

이런 경향을 어떻게 평가할 수 있을까요? 자율성 향상을 이루었다는 점에서 긍정할 수 있을 겁니다. 이는 자본주의적 소외를 문제시하면서 자본주의의 정당성을 공격했던 이들이 바라던 것이었습니다. 하지만 이것은 동시에 1970년대 세계경제위기 이후 등장한 새로운 자본주의가 원하던 방향이기도 합니다. 말하자면, 자율성은 자본주의의 요구이자 자본주의 비판가의 요구였고, 노동세계는 이러한 요구가 수용되는 방향으로 변화했습니다. 그렇다면 문제가 없는 걸까요? 볼탕스키는 이러한 노동세계에서의 자율성 향상이 사회적 안전을 대가로 한 것이었음을 지적합니다. 사실 자율화는 유연화의 다름 아닌 경우가 많습니다. 앞서 언급한 노동세계의 변화는 우리가 그동안 유연화라는 이름으로 자주 접했던 변화와 크게 다르지 않습니다.

여기서 자본주의 비판, 정확히는 예술적 비판이 행한 어떤 역설적 역할을 볼 수 있습니다. 자본주의는 자본축적 문제를 해결하기 위해서라도 유연화되어야 했습니다. 그것은 필연적으로 상당한 수준의 임금 및 고용의 불안정 등 사회적 안전의 약화를 야기합니다. 이 과정에서 당연히 격렬한 사회적 저항이 뒤따르게 될 겁니다. 하지만 앞서 언급했듯이 이러한 변화가 별다른 저항 없이 진행되었는데, 이는 유연화가 자율화라는 이름으로 진행되면서 사회적 안전의 약화라는 새로운 자본주의의 이면을 가려주었기 때문입니다. 사회적 안전을 대가로 자본축적 문제를 해결하기 위한 자본주의적 변화들이 비인간적인 노동과 단절하기 위한 변화로 정당화될 수 있었던 겁니다. 자율성을 말하는 새로운 자본주의 정신은 사람들이 사회적 안전의 약화에도 불구하고 기꺼이 자본주의적 과정에 참여할 수 있는 어떤 '의미'를 주었습니다. 그런데 애초에 그 의미란 68운동이 자본주의에 저항했던 사람들에게 선사했던 바로 그 '의미'였습니다.

이제 강의를 마무리할 시간입니다. 볼탕스키는 오늘날의 자본주의 정신이 역설적으로 자본주의에 비판적이었던 68운동의 정신에서 기원했다고 말합니다. 이러한 지적은 그 자체로도 흥미롭지만 우리 주변에서 진행되는 자율성에 대한 논의를 비판적으로 바라볼 수 있게 해준다는 점에서 상당히 시사하는 바가 많습니다. 68운동에서 자본주의에 비판적이었던 이들이 요구했던 자율성은 적어도 외견상으로 오늘날의 자본주의에서는 보다 잘 실현되고 있습니다. 하지만 그것은 자본주의가 정당성 문제는 물론 자본축적 문제를 해결하기 위해서라도 필요로 하던 것이었고, 결과적으로 자본주의가 다시금 원활히 작동할 수 있도록 하는 동력이 되었습니다. 마치 트로이의 목마처럼 자본주의에 비판적이었던 68운동의 성공이 역설적으로 그 '적'인 자본주의의 승리로 이어졌다고 볼 수 있는 대목입니다. 그렇기 때문에 오늘날 강조되고 있는 자율성을 긍정적으로만 평가하기에는 뭔가 석연치 않습니다. 물론 자율성, 그리고 자유는 너무나 중요한 가치입니다. 어쩌면 가장 중요한 가치라고 말할 수도 있을 겁니다. 하지만 오늘날 이야기되는 자율성과 자유가 진정한 자율성과 자유인지 따져 물을 필요가 있습니다. 오히려 자율성과 자유라는 이름으로 그것들의 진정한 발현을 막아서고 있는 것은 아닌지 숙고해 봐야 합니다.

오늘 강의는 여기서 마치겠습니다. 긴 시간 경청해 주셔서 감사합니다.

1. 오늘 강의에서 볼탕스키는 자본주의 비판을 크게 사회적 안전에 대한 요구와 관련한 사회적 비판과 자율성에 대한 요구와 관련한 예술적 비판으로 구분한다고 배웠습니다. 하지만 이런 식의 구분은 현실과 다소 동떨어져 있다고 생각합니다. 왜냐하면 두 종류의 자본주의 비판이 구분할 수 없을 정도로 결합되어 나타나는 경우가 많기 때문입니다. 사회적 안전을 요구하는 사람이 자율성까지 요구하기도 하고, 자율성 향상을 바라는 사람이 사회적 안전의 향상까지 바라기도 합니다. 어떻게 생각하시는지요?

정확한 지적입니다. 실제로 몇몇 학자들이 볼탕스키의 자본주의 개념의 결함이라고 말하는 부분이기도 하고요. 확실히 볼탕스키는 사회적 비판과 예술적 비판을 다소 이분법적으로 구분하고 이 둘 간의 대립적 성격을 부각시키는 경향이 있습니다. 하지만 이런 식의 구분은 상당히 도식적입니다. 오히려 현실에서는 양자가 어느 정도 서로 중첩되어 있고 상호의존적일 겁니다. 볼탕스키는 사회적 비판과 예술적 비판을 아우르는, 그러니까 사회적 안전에 대한 요구와 자율성에 대한 요구를 동시에 담아내는 자본주의 비판이 제기되기가 쉽지 않

다고 했지만, 적어도 제 판단으로는 현실에서 접하는 대부분의 자본주의 비판은 정도의 차이는 있을지언정 사회적 비판의 면모와 예술적 비판의 면모를 동시에 지니고 있습니다. 자본주의에 부정적인 사람이 착취를 비판하면서 소외를 비판할 수도 있고, 소외를 비판하면서 착취를 비판할 수도 있는 겁니다. 어쩌면 자본주의적 착취를 제대로 문제시하기 위해서라도 자본주의적 소외를 다루어야 하며, 자본주의적 소외를 정확히 짚어내기 위해서라도 자본주의적 착취를 함께 언급해야 합니다. 볼탕스키가 상정하고 있듯이 예술적 비판의 주요 담지자인 학생, 지식인, 예술가 등은 일터와 일상에서의 자율성에 가장 민감한 이들입니다. 하지만 이들은 또한 어떤 사회집단보다도 착취에 예민한 문제의식을 가지고 있는 이들입니다.

이처럼 현실에서 사회적 비판과 예술적 비판은 볼탕스키가 『새로운 자본주의 정신』에서 말하는 것만큼 명확히 구분되지 않습니다. 하지만 그렇다고 해서 이런 식의 구분이 완전히 잘못됐다거나 무용하다고 말하고 싶지는 않습니다. 무엇인가를 이론적으로 개념화하고 체계화하는 과정에서 현실은 다소 단순화될 수밖에 없기 때문입니다. 이 과정은 현실을 상세히 아주 정확하

게 그려내는 대신 그것의 핵심적인 윤곽을 뚜렷하게 보여주는 것에 목적을 두고 있습니다. 만약 그렇지 않다면 현실을 분석해내는 이론적 틀이 우리에게 주어지지 않을 겁니다. 다들 아시다시피 마르크스는 자본주의 사회의 구성원을 크게 자본가 계급과 노동자 계급으로 구분합니다. 현실을 정확하게 반영하고 있나요? 꼭 그렇지는 않습니다. 양대 계급의 어느 한쪽에 속한다고 명쾌하게 말할 수 없는 경우도 많습니다. 더욱이 마르크스가 살던 시대보다 오늘날 이런 식의 이분법적인 계급 구분으로는 담아내지 못하는 경우들이 더 많이 생겨나고 있습니다. 하지만 그렇다고 해서 마르크스의 계급 개념이 유용성을 상실했다고 말할 수 있을까요? 전혀 그렇지 않습니다. 불완전하지만 그 개념으로 우리는 여전히 많은 사회 현상을 체계적으로 이해할 수 있기 때문입니다. 예컨대 마르크스의 계급 개념이 없다면 우리는 노사갈등을 그저 노측과 사측 간 감정 대립 또는 분배를 놓고 벌이는 단순한 충돌 정도로 이해하고 말 겁니다. 마찬가지로 볼탕스키의 다소 도식적인 자본주의 비판 개념이 없다면, 즉 사회적 비판과 예술적 비판이라는 개념을 알지 못한다면 우리는 자본주의에 가해지는 비판들이 다소 상이한 성격을 띠고 있으며 지배적인 자본주의 비판의 성격이 시대에 따라 변화한다는 점을 쉽게 포착하지 못할 겁니다.

2. 자본주의 정신의 변화에도 불구하고 자본주의는 왜 살아남는지 알 수 있을까요?

자본주의, 자본주의 정신, 자본주의 비판의 관계에 대해 다시 한 번 정리할 수 있는 좋은 질문입니다. 다만 볼탕스키가 말하고자 하는 바를 명확히 하기 위해 표현은 조금 정정할 필요가 있습니다. 볼탕스키에 따르면 자본주의는 자본주의 정신의 변화에도 '불구하고'가 아니라 자본주의 정신의 변화 '덕분에' 살아남습니다. 앞서 설명했듯이 자본주의에는 두 가지 중요한 문제가 있습니다. 하나는 자본축적의 문제이며, 다른 하나는 정당화의 문제입니다. 볼탕스키가 명시적으로 이렇게 말하는 것은 아닙니다. 『새로운 자본주의 정신』의 방점은 확실히 후자에 놓여 있습니다. 하지만 저는 그가 중심적으로 다루고 있는 정당화의 문제를 오해 없이 이해하기 위해서는 자본주의가 가지고 있는 또 하나의 문제로서 자본축적의 문제를 인지해야 한다고 생각합니다.

이 두 가지 문제는 완전히 분리되어 있지 않습니다. 자본주의는 자본축적의 문제를 해결하기 위해서라도 정당성의 문제를 해결해야 하는 겁니다. 후자를 해결하지 않고 자본주의가 원활히 작동할 수는 없습니다. 왜냐하면 정당성의 문제가 해결되어야만, 즉 사람들로 하여금 자본주의적 과정에 참여하는 일을 의미 있는 것으로 받아들여 기꺼이 그렇게 하도록 만들어야만 자본축적이 이루어지기 때문입니다. 『프로테스탄티즘 윤리와 자본주의 정신』의 전통주의적 노동자에 관한 예를 다시 상기해봅시다. 이 노동자들이 필요한 만큼만 버는 것이 아니라 가능한 한 많이 버는 것이 의미 있는 일이라고 여겨야만 실제로 인센티브 방법이 효과를 발휘하고 끊임없이 생산이 이루어지며 자본축적이 원활해지는 겁니다.

그런데 만약 지배적인 자본축적 방식에 변화가 생겨 그것을 정당화하는 기존의 이데올로기, 즉 이전의 자본주의 정신과 충돌한다면 어떻게 될까요? 이전만큼 많은 사람들이 자본주의적 과정에 참여할 의미를 찾을 수 없게 되어 그만큼 덜 자본주의적 과정에 참여하게 되고, 결국 자본주의는 그만큼 제대로 작동할 수 없을 겁니다. 그 상황이 심각해진다면 자본축적의 위기가 도래할 것이고요. 그렇기 때문에 새로운 가치와 규범에 기반한 자본주의의 정당화 이데올로기가 필요한 겁니다. 새롭게 등장한 자본주의 정신이 다시금 많은 사람들에게 자본주의적 과정에 참여할 의미를 제공하고 실제로 그렇게 하도록 만들어야만 자본주의는 위기에서 벗어나 자본축적의 문제를 해소하고 살아남을 수 있게 됩니다.

3. 볼탕스키에게 자본주의 정신은 자본주의를 정당화하는 이데올로기로 이해된다고 생각합니다. 실제로 오늘 강의에서 정당화 이데올로기라는 표현이 종종 거론되었고요. 볼탕스키가 말하는 이데올로기는 우리에게 익숙한 기존의 이데올로기, 특히 마르크스주의적 의미에서의 그것과 개념적으로 상이한 것인가요?

맞습니다. 볼탕스키는 자본주의 정신을 자본주의 정당화 이데올로기 정도로 이해하고 있습니다. 그리고 이데올로기의 개념에 대한 물음이 있을 것이라 예상했는지 『새로운 자본주의 정신』 서문의 첫 페이지에 자신이 사용하는 이데올로기라는 개념의 의미가 무엇인지 명확히 규정하고 있습니다. 볼탕스키는 이 책의 주제가 최근 자본주의 전환 과정에 수반된 이데올로기 변화라고 밝히면서 여기서 이데올로기란 특히 마르크스주의에서 자주 거론되는 것처럼 물질적 이해관계를 감추기 위한 도덕적 담론이라는 의미로 환원될 수 있는 것은 아니라고 말합니다. 달리 말해 행위자가 처해 있는 현실과 모순되는 허위의식을 만들어내는 그릇된 이념 체계라는 의미의 이데올로기와는 거리를 두고 있습니다. 그 대신 제도에 각인되어 있고 행위자의 행위와 결부된, 즉 현실에 단단히 기반을 두고 있는 일련의 공유된 신념으로 이데올로기를 보다 폭넓게 정의합니다.

하지만 그렇다고 해서 볼탕스키의 이데올로기 개념이 우리에게 익숙한 기존의 이데올로기 개념과 완전히 상반되고 그것과 배타적인 관계에 있다고 말할 수는 없을 겁니다. 볼탕스키가 자본주의를 어떻게 정의

했고 자본주의 정신이 왜 필요하다고 보았는지 상기해 봅시다. 그에게 자본주의는 기본적으로 부조리한 체제입니다. 그렇기 때문에 그 부조리함을 가려주고 자본주의를 정당화해 줄 이데올로기, 즉 자본주의 정신을 필요로 하는 겁니다. 베버와 비교해 봅시다. 단순하게 말하는 것일 수도 있지만 베버에게 자본주의 정신은 그저 개인에게 자본주의적 행위를 하도록 동기를 부여하는 것이었다면, 볼탕스키에게 그것은 동기 부여뿐만 아니라 자본주의의 부조리한 현실을 보지 못하게 하는 기능을 합니다. 새로운 자본주의 정신도 마찬가지입니다. 사회적 안전이 무너지는 현실이 자율성에 대한 찬미 속에서 가려지고 있습니다. 이런 점에서 어떻게 보면 볼탕스키는 『새로운 자본주의 정신』을 통해 현 자본주의에서 우리가 가지고 있는 일종의 '허위의식'을 지적하려고 했던 건 아닐까라는 생각도 듭니다.

4. 볼탕스키가 『새로운 자본주의 정신』에서 '신자유주의' 또는 '지식정보사회'와 같은 개념을 적극적으로 사용하는지 여쭙고 싶습니다. 강의에서 언급하셨던 것처럼 현 자본주의와 새로운 자본주의 정신에 대한 그의 분석이 푸코의 신자유주의적 통치성이나 인지자본주의에서의 비물질노동 등과 꽤 관련성이 있는 것 같습니다.

결론적으로 말하자면 볼탕스키는 '신자유주의' 또는 '지식정보사회'와 같은 개념을 적극적으로 사용하지 않습니다. 『새로운 자본주의 정신』이나 다른 관련 논문들에서 이 용어는 거의 등장하지 않습니다. 어쩌면 전혀 등장하지 않는다고 말할 수도 있겠네요. 새로운 자본주의 정신에 관한 그의 분석은 신자유주의 또는 지식정보사회에 대한 분석과 내용상 적잖이 관련되기 때문에 분명 이 개념들을 언급할 만한데, 전혀 그렇지 않아 저 역시도 그의 책과 논문을 읽으면서 의아해했었습니다. 의도적으로 사용하지 않은 것 같다는 인상도 받습니다. 제 추측입니다만 볼탕스키는 새로운 자본주의 정신에 관한 자신의 분석이 신자유주의 또는 지식정보사회에 관한 기존 논의의 맥락에서 이해되는 것을 경계하고자 했던 건 아닐까 싶습니다. 예컨대 신자유주의 개념을 적극적으로 사용할 경우 독자는 의식적이든 무의식적이든 볼탕스키가 말하고자 하는 바의 핵심을 신자유주의적 불평등의 확산에 기여한 68운동의 자율성 요구 정도로 단순화해 이해할 개연성이 높아집니다.

실제 이유가 무엇이든 저는 '신자유주의' 또는 '지식정보사회'와 같은 개념을 적극적으로 사용하지 않은 볼탕스키의 판단이 결과적으로 적절했다고 생각합니다. 그의 분석의 강점이 보다 잘 부각되기 때문입니다. 앞서도 말했지만 새로운 자본주의 정신을 구성하는 내용물에 대한 볼탕스키의 분석에는 그다지 새로운 것이 없습니다.

유사한 분석이 이미 여러 이론적 논의들 속에서 다양한 방식으로 이루어져 왔습니다. 프로젝트 시테와 같은 새로운 개념이 등장한다고는 하지만 냉정히 말해 흥미로운 변주에 불과합니다. 오히려 너무 추상적이어서 간결한 이해에 방해가 될 수도 있습니다. 하지만 새로운 자본주의 정신의 기원에 관한 그의 분석은 분명 새롭습니다. 더욱이 그 분석이 자본주의, 자본주의 정신, 자본주의 비판에 관한, 더 나아가 정당화와 비판에 관한 그의 탄탄한 이론적 토대 위에서 이루어졌다는 점에서 분명 학술적으로 높게 평가할 만합니다. 만약 '신자유주의' 또는 '지식정보사회'가 자주 언급되었다면 상대적으로 이 강점이 덜 드러나지 않았을까 생각됩니다.

5. 볼탕스키의 자본주의 비판은 강도의 측면에서 교정적 비판과 급진적 비판으로 구분된다고 설명해 주셨습니다. 하지만 교정적 비판이든 급진적 비판이든 결국 자본주의 정당화 질서로 흡수된다는 점에서 볼탕스키의 이론에는 자본주의의 극복 가능성, 즉 자본주의 자체를 무너뜨릴 수 있는 혁명의 가능성은 제거되어 있다고 이해해도 되는 건지요?

굉장히 좋은 질문입니다. 볼탕스키 이론의 맹점 중의 하나를 정확히 짚어내고 있습니다. 교정적 비판은 어차피 소규모 개혁 수준의 변화만을 가져올 수 있기 때문에 논

외로 하고 급진적 비판을 중심적으로 다뤄봅시다. 급진적 비판은 그 비판의 정도가 '급진적'이라고는 하나 사실 진정한 의미에서 보면 그리 급진적이지 않습니다. 일반적으로 자본주의를 비판한다고 할 때 그 비판이 급진적이라고 한다면, 우리는 자본주의를 넘어서 새로운 대안적 체제로 나아가는 길을 트는 수준의 비판을 생각하게 됩니다. 하지만 볼탕스키가 말하는 급진적 비판은 그 수준까지 나아가지 않습니다. 68운동과 새로운 자본주의 정신의 관계에서 보았듯이, 아무리 비판이 급진적이고 성공적이라고 할지라도 결국에는 자본주의에 흡수되어 그것을 정당화할 뿐입니다. 자본주의에 대한 급진적 비판이 이룰 수 있는 최고 성과는 그저 자본주의의 정당화 질서에 근본적 변화를 가져오는 정도에 불과합니다. 마르크스의 용어로 말하자면 기껏해야 상부구조의 변화만을 가져올 뿐 토대의 변화를 가져올 수는 없는 겁니다.

이처럼 볼탕스키에게는 어떤 자본주의 비판이든 다시 자본주의로 흡수될 수밖에 없습니다. 하지만 우리가 현실에서 접하게 되는 자본주의 비판 중에는 자본주의를 넘어서려는 목소리를 담고 있는 비판도 있습니다. 이런 비판도 분명 자본주의 비판임이지만, 어쩌면 진정한 의미에서의 유일한 자본주의 비판이지만 볼탕스키에게서는 전혀 고려되고 있지 않습니다. 정당화와 비판을 토대로 하는 그의 이론 틀에서 전혀 소화할 수 없는 것이기 때문입니다. 볼

탕스키도 이러한 맹점을 인지하고 있었지만 체계적인 이론 틀을 구축하기 위해 이런 식의 자본주의 비판을 배제한 것이 아닐까 추측해 봅니다. 볼탕스키의 제한적인 자본주의 비판 개념은 해결 불가능한 근본적 한계로 남아 있을 수밖에 없습니다.

6. 볼탕스키의 이론을 이해할 때 우선적으로 읽어야 할 텍스트가 있을까요?

제가 볼탕스키의 모든 저작을 읽은 것은 아니기 때문에 어떤 것이 가장 핵심적이라고 단정적으로 말할 수는 없습니다. 그리고 그의 이론이 꽤나 방대하기 때문에 어떤 측면에서 관심을 갖느냐에 따라 중요한 저작이 달라질 겁니다. 다만 최소한 오늘 강의에서 다룬 내용을 중심적으로 이해하고자 한다면 앞서 언급했던 대로 『새로운 자본주의 정신』, 『정당화론』, 『비판론』, 이 세 권이 가장 중요하다고 생각합니다. 당연한 말이지만 그중에서도 특히 『새로운 자본주의 정신』을 우선적으로 읽어야 합니다. 다른 두 권은 새로운 자본주의 정신 테제가 기본적으로 정당화와 비판이라는 볼탕스키 이론의 근간을 이루는 두 개념을 자본주의에 적용한 결과물이라는 점에서 보다 심도 있는 이해를 위해 일독할 필요가 있는 저작들입니다.

하지만 『새로운 자본주의 정신』을 읽는 것도 만만치 않습니다. 국내에는 번역본도 존재하지 않으며 관련 연구도 손에 꼽습니다. 볼탕스키가 각 장의 마지막에 소결을 달아두긴 했지만 600여 쪽에 이르는 방대한 분량을 읽다 보면 자칫 길을 잃기 십상입니다. 제 생각에는 볼탕스키가 이 책에서 말하려는 내용의 전체적인 윤곽을 먼저 파악한 후 본격적으로 책을 읽는 것이 좋지 않을까 싶습니다. 오늘 강의가 어느 정도 도움이 되었길 바라지만 아무래도 볼탕스키가 직접 쓴 텍스트를 통해 그 윤곽을 파악하는 게 더 좋겠지요. 이를 위해 저는 특히 다음 두 텍스트를 추천합니다. 하나는 『새로운 자본주의 정신』의 서문입니다. 볼탕스키 자신도 독자들이 어려움을 겪을 것을 우려했는지 서문에서 단순히 책의 기본 문제의식을 소개하는 것을 넘어 매우 압축적으로 핵심 내용을 간추려 놓았습니다. 다른 하나는 2005년 출간된 동명의 논문입니다. 사실 볼탕스키는 새로운 자본주의 정신 테제를 소개하는 여러 편의 글을 썼는데, 조금씩 방점이 다르기는 하나 대부분 대동소이한 내용을 담고 있습니다. 그래도 그중에서 방금 소개한 논문이 가장 간결하게 핵심을 설명하고 있기에 우선적으로 일독을 권합니다.

읽을거리

김주호. 2016. 「현 시대의 자율성을 바라보는 두 시선: 푸코의 '통치성'과 볼탕스키와 시아펠로의 '새로운 자본주의 정신'」. ≪경제와사회≫, 29호, 59~94쪽.

_____. 2018. 「68운동의 정신, 자본주의 비판에서 자본주의 정당화로: 볼탕스키와 시아펠로의 '새로운 자본주의 정신'을 중심으로」. ≪서양사론≫, 138호, 66~96쪽.

서동진. 2008. 「자본주의의 심미화의 기획 혹은 새로운 자본주의의 소실매개자로서의 68혁명」. ≪문화과학≫, 53호, 202~221쪽.

하홍규. 2013. 「사회 이론에서 프래그머티즘적 전환」. ≪사회와이론≫, 23호, 49~74쪽.

Birnbaum, Danieland Isabelle Graw (ed.). 2008. *Under Pressure: Pictures, Subjects, and the New Spirit of Capitalism*. Frankfurt am Main: SternbergPress.

Bogusz, Tanja. 2010. *Zur Aktualität von Luc Boltanski*. Wiesbaden: VS Verlag für Sozialwissenschaften.

Boltanski, Luc. 2010. *On Critique: A Sociology of Emancipation*. Oxford: Polity Press.

Boltanski, Luc and Ève Chiapello. 1999(2005). *The New Spirit of Capitalism*. London and New York: Verso.

_____. 2005. "The New Spirit of Capitalism." *International Journal of Politics, Culture, and Society*, 18(3-4), pp.161~188.

Boltanski, Luc and Laurent Thévenot. 1991(2006). *On Justification*. Princeton: Princeton University Press.

Celikates, Robin. 2018. *Critique as Social Practice: Critical Theory and Social Self-Understanding*. New York and London: Rowman & Littlefiled Publishers.

Chiapello, Ève and Norman Fairclough. 2002. "Understanding the New Management Ideology" *Discourse & Society*, 13(2), pp.185~208.

Honneth, Axel. 2010. "Dissolutions of the Social: On the Social Theory of Luc Boltanski and Laurent Thévenot." Constellations, 17(3), pp.376~389.

Wagner, Gabriele and Philipp Hessinger. 2008. *Ein neuer Geist des Kapitalismus?: Paradoxien und Ambivalenzen der Netzwerkökonomie*. Wiesbaden: VS Verlag für Sozialwissenschaften.

엮은이

비판사회학회 비판사회학회는 한국 사회에 대한 비판적 연구와 실천적 변화를 위한
연구자들의 모임이다. 1984년 진보적 지향을 지닌 사회과학 연구자 모
임인 '한국산업사회연구회(산사연)'로 창립했고, 1996년 '한국산업사회
학회(산사학)'로, 2007년에는 '비판사회학회'로 개칭했다. 현재 전국 대
학교의 사회학과 및 유관 학과, 관련 기관의 교수 및 연구자들이 참여하
고 있다.

지은이(수록순)

백승욱 중앙대학교 사회학과 교수. 세계체계분석, 마르크스주의, 중국의 사회
변동 분야에 관심을 가지고 연구를 하고 있다. 비판사회학회 회장과 현
대중국학회 부회장을 역임했다. 『자본주의 역사강의』(2006), 『생각하
는 마르크스』(2017), 『중국 문화대혁명과 정치의 아포리아』(2012) 등의
저서가 있고 『장기 20세기』(개정판)(2014), 『우리가 아는 세계의 종언』
(2001) 등의 역서가 있다.

김주환 동아대학교 기초교양대학 교수. 고전 및 현대 사회이론 특히 포스트구조
주의적 비판사회이론에 관심을 가지고 현대 사회의 비판적 분석과 실천
을 위한 연구를 하고 있다. 비판사회학회 운영위원으로 있다. 「생명권력
의 시대, 사회의 생물학적 조직화와 그 위험들」(2019), 「말의 힘과 사회
적 주술 의례」(2018), 「선물 교환에서 물신과 주술 그리고 적대와 사회
적인 것의 문제」(2018) 등의 논문이 있다.

김성윤 문화사회연구소 연구원. 이데올로기와 감정, 문화연구와 문화이론, 대
중문화 등을 연구하고 있다. 비판사회학회 운영위원으로 활동하고 있으
며 문화사회연구소 소장을 역임한 바 있다. 『18세상』(2014), 『덕후감』
(2016) 등의 저서가 있고, 「우리는 차별을 하지 않아요: 진화된 혐오 담

론으로서 젠더 이퀄리즘과 반다문화」(2018), 「플랫폼과 '소중': 생산과 소비의 경합이라는 낡은 신화의 한계상황」(2017) 등의 글을 썼다.

조은주 전북대학교 사회학과 교수. 생산과 재생산의 정치에 주목하면서 통치성의 맥락에서 가족 및 인구에 관해 연구하고 있다. 비판사회학회 연구위원장, 한국사회학회 총무이사 등을 역임했다. 저서로 『가족과 통치: 인구는 어떻게 정치의 문제가 되었나』(2018), 『사회과학 지식의 담론사』(공저, 2019), 『경제학들의 귀환』(공저, 2022), 논문으로 「인구통계와 국가형성」(2014), 「발전국가와 젠더: 통치의 성별화, 성별화된 주체화」(2021), "Making the 'Modern' Family: The Discourse of Sexuality in the Family Planning Program in South Korea"(2016) 등이 있다.

김주호 경상국립대학교 사회학과 교수. 전공 분야는 정치사회학이며, 주로 민주주의, 포퓰리즘, 시민권, 지방정치 등을 연구하고 있다. 비판사회학회 운영위원을 맡고 있다. 저서로 *Die paradoxe Rolle der Demokratie beim Übergang zum neoliberalen Kapitalismus in Südkorea* (2016), 역서로 『기업가적 자아』(2014)가 있으며, 볼탕스키 관련 논문으로는 「현 시대의 자율성을 바라보는 두 시선」(2016), 「68운동의 정신, 자본주의 비판에서 자본주의 정당화로」(2018) 등이 있다.

한울아카데미 2384

비판사회학 강의 1

비판사회이론
경제학 비판

ⓒ 백승욱·김주환·김성윤·조은주·김주호, 2022

엮은이 비판사회학회 ❘ **지은이** 백승욱·김주환·김성윤·조은주·김주호
펴낸이 김종수 ❘ **펴낸곳** 한울엠플러스(주)

편집책임 신순남 ❘ **편집** 임혜정

초판 1쇄 인쇄 2022년 7월 8일 ❘ **초판 1쇄 발행** 2022년 7월 29일

주소 10881 경기도 파주시 광인사길 153 한울시소빌딩 3층
전화 031-955-0655 ❘ **팩스** 031-955-0656 ❘ **홈페이지** www.hanulmplus.kr
등록번호 제406-2015-000143호

Printed in Korea
ISBN 978-89-460-7384-5 93330

※ 책값은 겉표지에 표시되어 있습니다.

혐오의 해부

천 년의 역사를 아우르며 혐오의 세계를 미시적으로 해부하다

이 책은 먹고 배설하고 부패하고 죽는 기본적인 생명 과정에 대해 우리가 갖는 불안한 감정을 자세히 설명한다. 이 책은 혐오가 삶의 양면성에 깊이 뿌리를 두고 있다고 본다. 혐오가 위험한 이유는 우리는 역겨움을 느낄 때 혼돈을 막기 위해 경계를 정하려고 하기 때문이다. 또한 이 책은 혐오가 사회적 위계질서를 만들고 유지하는 데 중요한 정치적 역할을 한다는 것을 입증한다. 그 사례로 민주주의가 사람에 대한 존중보다는 경멸의 균등한 분배에 의존한다는 것을 제시한다. 따라서 혐오는 분열의 위험한 신호이다. 낮은 계층이 오염을 유발하는 근원이라는 믿음은 민주주의를 심각하게 위협하므로 서로 존중하는 사회를 만들기 위해서는 반드시 혐오라는 감정에 주목해야 한다고 이 책은 강조한다.

이 책은 혐오라는 복잡한 주제를 다루기 위해 철학, 사회학, 인류학, 신학, 심리학, 정신분석학, 문학에 이르는 방대한 학문을 넘나들면서 중세부터 근대에 이르기까지 천 년에 걸친 서구 역사를 아우른다. 밀러가 펼치는 섬세한 해부학의 기술은 독자들을 미시적인 혐오의 세계로 인도할 것이다.

지은이
윌리엄 이언 밀러

옮긴이
하홍규

2022년 6월 30일 발행
신국판
480면

우리는 세계를 파괴하지 않고
세계를 먹여 살릴 수 있는가

**사람들이 굶주리는 것은 먹을거리가 부족하기 때문이 아니라
너무나도 가난해서 먹을거리를 살 수 없기 때문이다**

오늘날 한편에서는 음식 쓰레기가 넘쳐나는데 다른 한편에서는 세계 인구의 3분의 1이 기아와 영양실조로 고통받고 있다. 게다가 먹을거리의 직접 생산자인 농부들마저 기아를 겪고 있다. 이 책은 이 이율배반적이고 역설적인 현상이 자본주의 경제체계를 지탱하는 중요한 요소인 과잉생산에 기인한다는 점을 밝힌다. 하지만 먹을거리가 과잉생산되면 농부들은 농산물 가격을 생산비용 이하로 낮출 수밖에 없다. 이는 농부들을 가난하게 만들어 먹을거리를 살 수 없게 한다. 그러면 농부들은 먹고살기 위해 더 많은 것을 생산해야 하고, 더 많은 것을 생산하기 위해서는 더 많은 농약과 비료를 투입할 수밖에 없다. 이로 인해 기아, 빈곤, 환경파괴가 점차 심화되는 악순환이 반복된다.

식품 관련 독점 기업들은 세계경제포럼에서 제4차 산업혁명의 신기술이 기아를 종식시킬 것이라고 주장한 바 있다. 실제로 지구상의 기아를 해결하기 위해서는 2050년경까지 먹을거리 생산을 두 배로 늘려야 한다는 분석이 지배적이며 다양한 계획도 수립되고 있다. 하지만 이 책은 지금도 먹을거리는 충분히 과잉생산되고 있음을 정치경제학적 관점에서 입증한다. 이 책의 저자 홀트-히메네스는 기아 종식을 명분으로 더 많은 생산을 고집하는 것은 가난한 사람들을 먹여 살리지 못할 뿐만 아니라 지구를 파괴하고 우리 모두를 위험에 빠뜨릴 뿐이라고 분명하게 경고한다.

지은이
에릭 홀트-히메네스

옮긴이
박형신

2021년 9월 24일 발행
변형신국판
160면

사회를 보는 새로운 눈 제3판
과학적 사고와 비판적 인식을 위하여

진짜 필요한 것은
세상과 사회를 보는 통찰력과 성찰적 비판 능력!

지식과 정보의 십중팔구는 인터넷에 접속만 해도 얻을 수 있다. 지식과 정보가 생겨나는 속도도 빠르고, 그 양도 많아서 새로운 지식이라도 조금만 지나면 낡은 것이 되어버릴 수도 있다. 『사회를 보는 새로운 눈』의 저자들은 여기서 의문을 제기한다. "우리는 변화와 발전을 추구함에도 불구하고 변화하지 않는 세상을 발견하게 된다. 무엇 때문인가? 또한 기득 권력과 자본이 아무리 막강해도 영원한 것은 없다. 왜 그런가? 현 체제에 내재되어 있는 문제와 모순을 찾아내어 청년들이 살아갈 미래 대안을 찾아야 한다. 어떻게 할 것인가?" 진짜로 필요한 것은 세상과 사회를 보는 통찰력과 성찰적 비판 능력이다. 그리고 이 책은 바로 이러한 물음과 함께 세상에 의문과 통찰을 갖게 만들기 위한 목적으로 기획되었다. 이 책을 쓴 15명의 저자는 각자의 전문 분야에 대해 다방면으로, 쉽게, 그리고 날카롭게 서술하며 독자의 이해를 돕는다.

기획
김귀옥

지은이
강명숙·공제욱·김귀옥·
김선일·김창남·손미아·
송주명·신정완·이영환·
장시복·지주형·천정환·
최윤·최은영·홍성태

2021년 3월 26일 발행
변형크라운판
472면

표준으로 바라본 세상
일상에서 만나는 표준의 정치경제학

우리 삶을 규정하고 지배하는 표준에 대한 고찰

우리는 표준에 둘러싸여 살아간다. 농식품의 안전 규정, 요즘 부쩍 가치가 높아진 마스크의 기준 규격, 컴퓨터 자판의 배열 방식, 스마트폰 충전 케이블의 형태, 도로의 제한 속도 등등 표준은 우리 삶의 모든 순간을 지배하면서 우리의 행동 하나하나에 영향을 미친다. 표준이 생활에 막대한 영향을 미치는데도 대부분의 사람은 표준의 존재를 의식하지 못한다. 표준은 마치 공기와 같아서 그것이 사라질 때만 존재감을 갖기 때문이다.

표준이 중요한 이유는 우리의 행동을 규정하는 만큼 한번 자리를 잡으면 바꾸는 것 또한 매우 어렵기 때문이다. 표준이 어떻게 정해지는가에 따라 기업의 이해관계가 크게 달라지므로 표준이 정해지는 과정에서는 각종 협상과 정치적 암투가 일상적으로 벌어지기도 한다. 이 책은 표준과 관련된 여러 가지 역사적 사건과 기업들의 경쟁 사례를 통해 지금까지 표준으로 인해 우리 삶이 얼마나 달라졌는지, 그리고 앞으로 글로벌 경쟁에서 표준이 얼마나 막강한 도구가 될 수 있는지를 분석한다.

지은이
이희진

2020년 9월 7일 발행
신국판
256면

자살하려는 마음

'자살학의 아버지' 에드윈 슈나이드먼의 대표작
자살 시도자의 언어를 통해 다가가 본 자살하려는 마음의 실체

'자살학의 아버지'로 불리며 평생을 자살 예방을 위한 연구와 치료에 헌신한 에드윈 슈나이드먼의 대표작이다. 자살 연구의 역사적 고전인 이 책에서 슈나이드먼은 자살하려는 마음을 불러일으키는 근본 원인을 분석하고, 이를 어떻게 이해하고 다뤄야 하는지 설명한다.

슈나이드먼은 그동안 쌓아온 자살 연구의 핵심적 결론을 이해하기 쉽게 소개하는 한편, 임상 현장에서 만났던 자살 시도자 세 명의 사례를 통해 자살이라는 치명적 선택으로 이끄는 마음의 실체를 그들의 말과 글로써 드러내 보여준다. 그리고 이를 바탕으로 자살하려는 이들의 10가지 심리적 공통점과 이를 다루기 위한 24가지 심리치료 기제를 제시함으로써, 자살하려는 마음을 치유하는 데 필요한 실질적인 방법을 알려준다.

지은이
에드윈 슈나이드먼

옮긴이
서청희·안병은

2019년 12월 23일 발행
변형국판
280면

사회학 제2판
비판적 사회읽기

**한국 사회의 구체적 현실을 비판적으로 살피는
우리의 사회학**

"사회학이 '위기'를 맞은 데는 사회학이 대중과 유리되어 스스로를 상아탑에 가둔 탓도 있음을 부정할 수 없다. 기존 사회학 개론서는 주로 대학 강의나 고시용 교재에 그쳤으며, 거대담론에 대한 추상적 서술로 채워져 있는 때가 많았다. 『사회학: 비판적 사회읽기』는 강단용 사회학 교재를 벗어나 최대한 '대중적 교양서'의 성격을 담으려 노력했다."

『사회학: 비판적 사회읽기』는 비판적 담론의 틀을 유연하고 개방적으로 넓히겠다는 의미로 학회가 '비판사회학회'로 이름을 바꾸고 펴내는 첫 번째 사회학 개론서다. 원고지 4,000매 이상의 방대한 분량을 4부 18장의 구성으로 치밀하게 엮었다. 이 책은 기존 『사회학』을 계승하면서도 변화한 사회현실을 적실성 있게 반영하고, 또한 대중에게 구체적이고 친숙한 모습으로 사회학의 비판적 시각을 전달하려 했다. 그래서 단순히 강의를 위해 사용되는 사회학 교재의 틀을 넘어서 다양한 사회현상과 사회 현실을 이해하는 데 도움이 되는 대중서로 읽힐 수 있도록 사례, 통계자료, 도표, 그림 등을 제시하면서 좀 더 쉽고 구체적으로 서술하려고 노력했다. 『사회학』의 제2판인 이 책은 2014년까지의 최신 자료, 사례 등을 업데이트하여, 더욱 현실 사회에 적합한 체제를 갖추었다.

엮은이
비판사회학회

지은이
**정태석·유팔무·지주형·
신경아·엄한진·정영철·
신광영·조효래·김정훈·
박준식·공제욱·노중기·
장세훈·강이수·김해식·
김호기·강정구·최태룡·
구도완**

2014년 8월 30일 발행
변형크라운판
832면

돌봄노동자는 누가 돌봐주나?
건강한 돌봄을 위하여

돌봄노동자가 건강해야 건강한 돌봄 서비스를 받을 수 있다!
돌봄노동을 '괜찮은 일자리'로 만들기 위한 해법

고령화, 여성의 경제활동참여 증가 등의 영향으로 한국 사회에서도 돌봄의 문제가 대두하기 시작했다. 즉, 과거에 사적인 가족 안에서 여성이 담당했던 노동이 공적인 사회로 나오면서 이 노동이 차지하는 위치와 그 일을 담당하는 사람들에 대한 논의가 시작되고 있는 것이다. 그간 여성이 가족 내에서 무임금으로 담당해 왔던 돌봄이 공적인 사용관계로 편입되면서 이 노동의 가치가 제대로 평가받고 있는지, 사회에서 돌봄노동을 수행하고 있는 돌봄노동자들의 노동환경은 어떠한지 살펴야 할 필요성이 커지고 있다.

특히 돌봄노동자의 노동환경에 대한 고찰은 돌봄을 제공받는 입장에서는 돌봄노동자가 행복하지 않을 경우 제대로 된 돌봄, 보살핌을 받기 어렵고 돌봄노동자의 입장에서는 자신들이 처한 노동조건에 대한 기본적인 권리가 보장되어야 하는 이유에서 더욱 민감하게 다뤄야 할 쟁점이다. 그러나 현재 돌봄노동자들은 불안정한 고용, 저임금, 과중한 노동, 법적 보호장치의 미비 등 열악한 노동조건 속에서 일하고 있다. 이 책에서는 여기에 초점을 맞추어 돌봄노동의 현실을 진단하고 돌봄노동자들의 노동환경을 개선하기 위해 어떤 대안이 마련되어야 하는지에 대한 논의를 시작하고자 한다.

지은이
정진주·문현아·김은정·
이상윤·정최경희·김인아·
김유미·박홍주·박선영·
오카노 야요

2012년 3월 15일 발행
신국판
244면